Sibylle Plogstedt

# WARUM HAT DAS NIEMAND ERZÄHLT?

SIBYLLE PLOGSTEDT

# Warum hat das niemand erzählt?

## Vom Entdecken meiner unbekannten Großfamilie zwischen Riga, Königsberg, Prag und Berlin

HELMER

ISBN 978-3-89741-490-7


Covergestaltung unter Verwendung eines Bildes von © Dirk Hinz / Photocase
Druck und Bindung: CPI GmbH, Germany
Klimaneutral gedruckt auf FSC-zertifiziertem Frischfaserpapier

Ulrike Helmer Verlag
Klosterhofstr. 3, 65843 Sulzbach am Taunus
info@ulrike-helmer-verlag.de

**www.ulrike-helmer-verlag.de**

# Inhalt

# I. Familiengeheimnisse

## Meine Kindheit

Drei Fotos spielten eine Rolle. Ihr Sinn war mir unklar. Das erste war das Bild von meinem Vater. Sein Porträt fiel mir in die Hände, da war ich sechs und begann im Geheimfach des Schreibtischs meines Großvaters herumzustöbern. Sofort nahm meine Mutter das Foto an sich. »Das brauchst du nicht mehr, jetzt sind wir ja eine Familie. Du, der Vati und ich.« Sie packte es wieder ein und verschnürte das Bündel. Die Fäden zurrte sie eng.

Mein Stiefvater war in die Familie gekommen. Das Bild würde ich bekommen, wenn ich groß sei, sagte sie. Groß wurde ich offenbar nie. Ich musste es mir mit 50 Jahren – gestärkt durch eine Therapie – erkämpfen. Peinlich genug: Die Suche nach dem Foto meines Vaters geriet zur Hausdurchsuchung bei meiner Mutter.

Diese Geschichte habe ich in meinem Buch »Niemandstochter« (Piper Verlag) erzählt. Das Buch entstand als eine Momentaufnahme meiner Gefühle, ich habe es unter Angstanfällen geschrieben, wie sie beim Durchbrechen von Tabus entstehen. Die Niemandstochter musste endlich zu einer von jemandem werden. Die Kraft des Tabus, den eigenen Vater nicht treffen zu dürfen, spürte ich mit voller Wucht, als ich mich auf den Weg machte, meine Halbbrüder zu treffen. Da war mein leiblicher Vater längst tot.

Heute, dreißig Jahre später, habe ich diese Gefühle bearbeitet. Die Geschichte meines Vaters ist aufgeklärt. Mein Verhältnis zu ihm ist realistischer geworden.

Das zweite Bild war ein Briefkopf. Darauf die Zeichnung einer Fabrik in Bad Münder. Hatte diese Fabrik existiert? Meine Mutter wusste nichts von ihr. Es war die Familie meiner Großmutter, die weibliche Seite ihrer Herkunft, die unterschlagen wurde.

Karsten Wispler, ein Cousin meiner Mutter, wusste immerhin, dass es eine Stuhlfabrik in Bad Münder gegeben hatte. Er meinte, die Zeichnung sei in ihrer Größe wohl reine Fantasie gewesen. Vielleicht hätten sie den Betrieb auf Zuwachs geplant, als sie das Briefpapier entwarfen.

Das dritte Bild. Eine Familie in Ostpreußen. Großbürgerlich mit Silbergeschirr. Mit Bleistift schrieb meine Mutter auf die Rückseite, wer wer war. Der kleinste Junge mit dem Holzpferd war mein Großvater. Auf der Rückseite des Fotos stand noch »Im Hause Rudolf Sandmann«. Wer war Rudolf Sandmann? Und was für ein Haus war das?

Eine Cousine meiner Mutter wiegelte ab. Das Haus sei wahrscheinlich die Kulisse eines Fotografen gewesen. Ihre Familie hätte immer in einer Etagenwohnung gelebt. Solch eine Villa hätten sie nie besessen.

Drei Fotos, drei Fragezeichen, drei Familiengeheimnisse weckten in mir den Wunsch, mehr zu erfahren. Die Leerstellen wurden, je mehr ich mich mit ihnen beschäftigte und sie füllte, zu Geschichten. Ich gehe, während ich sie aufschreibe und erzähle, in der Familiengeschichte immer weiter zurück. Von jetzt zu damals.

Immer neue Familienstämme kommen hinzu. Auch sie haben ihre Geschichte – und ihre Geheimnisse. Eine bisher unbekannte Großfamilie entfaltete sich vor meinen Augen. Und gewinnt an Farbe.

Ich musste mir jeden Schritt abringen, um die Geschichten und meine Familie zusammenzubringen. Ich danke all denen, die mir geholfen haben, mich im Familienlabyrinth zurechtzufinden.

# Einstieg ins Labyrinth

»Über meine Familie weiß ich wenig. Meine Mutter hat so gut wie nichts erzählt.« Ich klagte immer wieder darüber. Auch bei einer privaten Einladung. »Und schon gar nicht über ihre Zeit im Nationalsozialismus«, fügte ich hinzu. Meine Gastgeberin, eine Psychotherapeutin, widersprach: »Ich habe das Gefühl, du weißt viel mehr als alle anderen.« Ich reagierte verblüfft. »Ich?« Bei ihren Klienten habe sie manchmal Erfolg, wenn sie ihren ersten Eindruck spontan formuliere, erklärte sie.

Sie kannte mich nicht. Aber ihre Annahme stieß in mir etwas an. Zu Hause setzte ich mich an meinen Computer und begann zu schreiben. Ich erinnerte Episoden, wollte Geschichten erzählen. Egal ob sie zueinander passten. Oder eben nicht.

Andeutungen, Geheimnisse, die ich nie verstanden hatte, fielen über mich her, wollten endlich aus meinem Gedächtnisspeicher hinaus ans Tageslicht und in den Speicher meines Computers umziehen. Dort ließen sich die Erinnerungen ordnen.

Ich staunte, wie viel Wissen ich in Dokumenten, Reiseeindrücken, Erinnerungen bereits beisammenhatte. Da lagen zig Dokumente, abgeheftet, aber nie wirklich beachtet. Ich sammelte und sammelte. Dabei war mir nicht einmal bewusst, dass ich sammelte. Irgendwann hatte ich in einem Archiv eine Auskunft beantragt. Als die Antwort kam, war ich gerade mit anderem beschäftigt und hatte die Seiten ungesehen abgelegt. Ich habe gesammelt, ohne die Erwartung, etwas zu finden und zu verstehen. Meine Suche war fragmentiert.

Familiengeheimnisse und Tabus gehören zusammen. Zum Zusammenfügen der Fundstücke gehört ein Stück Bewusstheit. Ich könnte auch sagen, ich habe sie vor mir selbst versteckt. Nach und nach kam ich mir auf die Schliche.

## Das letzte Tabu

Es war, als meine Mutter im Sterben lag. Da lag sie in einem Mehrbettzimmer im Berliner Johannesstift, schaute in die strahlend weiß aufgetürmten Wolken und das letzte Herbstlaub. »Berchtesgaden«, deutete sie auf die Wolken. Die Alpen, wo sie im Frühjahr mit Freundinnen jedes Jahr Ski lief. Eine glückliche Zeit nach dem Krieg.

Ich vergewisserte mich, ob sie wusste, wo sie war. »Ich gehe nicht mehr zurück ins Heim«, versicherte sie mir. »Erkennst du mich?« Sie nickte und drückte meine Hand. Ein warmer Abschied nach einem lebenslang schwierigen Verhältnis. »Morgen früh komme ich wieder«, versprach ich.

Auf der Fahrt zu ihr erreichte mich der Anruf: »Ihre Mutter ist gerade gestorben.« Ihr Körper war noch warm, als ich ankam. Ich rief Christa, die religiöse Frau meines Onkels, an. Sie betete mit mir am Telefon, während ich neben meiner toten Mutter saß.

Der letzte Moment von Wärme zwischen uns. Er ließ mich sicherer in der Welt zurück. Dieses Gefühl von festem Boden wollte ich mir erhalten. Das war ein Grund, warum ich selbst nach dem Tod meiner Mutter darauf verzichtet hatte, den Fragefaden über ihr Leben, ihre Familie und meine Herkunft neu aufzunehmen und weiterzuverfolgen. Das positive Gefühl, das ich nun endlich zu meiner Mutter hatte, wollte ich nicht durch negative Erkenntnisse zerstören.

Doch die Fragen drangen immer wieder an die Oberfläche. Endlich entscheide ich mich, ihnen nachzugehen.

## 1945 in Berlin-Ruhleben

»Nicht meine Tochter!«, soll meine Großmutter geschrien haben. Die Russen wollten Eva, ihre jüngere Tochter, mitnehmen. Meine Mutter Ilse stellte sich dazwischen, sagte: »Ich bin ja schon schwanger«, als könne ihr nichts passieren. Noch in der Gebärmutter wurde ich Zeugin der Gewalttat.

Wollte meine Tante, die mir das erzählte, mir helfen, als sie abwiegelte: Der mongolische Soldat habe ja gar nicht in sie eindringen können. »Guck doch in den Spiegel. Dann siehst du, ob er dein Vater war.«

Doch etwas von dem Erlebten haftet in mir und stattet mich mit einer besonderen Resilienz aus. Mein Leben begann ja erst nach der Gewalttat. Nach jedem Unglück begann ich neu, begann ich wieder zu leben. Wie eine Stehauffrau konnte ich auf enorme Überlebenskräfte zurückgreifen.

Als ich zur Welt kam, war der Krieg gerade ein halbes Jahr her. Acht Stunden hätte es gebraucht, bis ich da war, klagte meine Mutter über die Schmerzen, die meine Geburt für sie bedeuteten. Mein Vater soll kurz im Krankenhaus aufgetaucht sein. Er warf einen Blick auf mich, bestätigte per Unterschrift die Vaterschaft. Mehr Vater wurde er nie.

Ab und an traf mich ein langer Blick meiner Mutter. Prüfend schaute sie mich an. Wonach forschte sie? Wollte sie sehen, ob ich nach meinem Vater komme? Oder nach ihr? Oder suchten sie in mir etwa nach sichtbaren Spuren der Vergewaltigung durch den mongolischen Soldaten? Ihr Blick war mir unangenehm. Ich lernte, Andeutungen und minimale Zeichen zu registrieren und zu interpretieren. Vielleicht nicht immer richtig. Aber Geheimnisse erspürte ich immer.

Ob meine Mutter mich liebte? Spüren konnte ich das nicht. Fragte ich sie, um mich zu vergewissern, erhielt ich die Antwort: »Ich hätte dich ja auch abtreiben können.« Das wäre damals möglich gewesen, doch Liebe klingt anders. Nach allem, was sie durchgemacht hatte, konnte sie da überhaupt noch lieben? »Dieses Kind hat so viel mitgemacht: Es soll leben«, soll meine Großmutter gesagt haben.

Solange es ging, stillte meine Mutter mich. Dass es acht Monate wurden, darauf war sie ein Leben lang stolz. Leicht war es nicht, mich durchzukriegen. Ich mag ein Jahr gewesen sein, als sie mich in eine Klinik brachte. Ich nahm keine Nahrung mehr auf. Und dann der extrem kalte Winter 1947. In Ruhleben gab es nichts zum Heizen. Ich war unterkühlt. Eine ihrer Freundinnen hatte einen Kachelofen. Zu der brachte sie mich. Ein Verwandter verhungerte. Es gelang der Familie nicht, ihn zu schützen.

Essen und heizen. Darum drehte sich unser Leben. Die Zentralheizung in Ruhleben funktionierte nicht, sie musste nach dem Krieg repariert werden. Wasser wurde in der Küche heiß gemacht und in Eimern ins Bad gebracht. Nacheinander badeten wir im selben Wasser. Die nackten Körper meiner Mutter und meiner Großmutter bleiben mir präsent.

Das Wohnzimmer und die Küche waren die einzigen beheizbaren Räume. Neben dem Kachelofen wurde ein Allesbrenner angeschlossen. Gemeinsam verbrachte die Familie den Winter im Wohnzimmer. Meine Mutter und ihre Schwester gingen in den Wald, um Holz zu schlagen. Meiner Tante sei ein Baum auf den Kopf gefallen. Ihr Kopf habe alle Farben angenommen: blau, gelb und grün.

Sobald ich laufen konnte, begleitete ich meine Mutter bei der Suche nach Nahrung. Bei Dunkelheit mussten wir früh morgens vor Hunden weglaufen, die ein Bauer auf uns hetzte. Die Angst vor großen Hunden ist geblieben.

Klein wie ich war, schickte meine Mutter mich durch Tannenschonungen, die Zweige reichten bis zum Boden. Dort gab es Maronen und Steinpilze. Auch das Glück, Pilze zu finden, begleitete mich fortan. Eine Freundin schenkte mir ein großes Pilzbuch mit der Widmung: »Für deine zweite Leidenschaft.«

Not kennt auch Glücksmomente. Oft hatten sie mit Essen zu tun. An der Ostsee auf einem Balkon fütterte meine Mutter mich mit einem Löffel Quark, dick bestreut mit Zucker. So gut war Quark nie wieder. Da war ich zwei Jahre alt.

In Ruhleben gab es einen Teich, in dem Krebse lebten. Es war dunkel, als die Erwachsenen mit einer Laterne loszogen.

In großen Töpfen wurde in der Küche auf dem zweiflammigen Gasherd Wasser zum Kochen gebracht. Wohlige Wärme und eine gespannte Erwartung breiteten sich aus. Aus dem Dunkeln kamen die Erwachsenen zurück in die helle Küche, die Eimer voller Krebse. In dem kochenden Wasser verfärbten sie sich knallrot.

Jahrelang kurvten Jeeps durch die Straßen. In Ruhleben wurden noch immer junge Frauen zusammengerufen, um für die Soldaten Kartoffeln zu schälen. Die russischen Offiziere, die bei meinen Großeltern einquartiert waren, waren nicht mehr da. Die Furcht der Frauen bestand weiter. Nie war klar, ob es wirklich ums Kartoffelschälen ging.

Von ihren Jeeps aus verteilten die Soldaten Bonbons und Kaugummi an uns Kinder. Aus weggeworfenen Zigarettenschachteln bastelten wir ein Pokerspiel. Wir tauschten die Motive. Virginia, Lux, Ernte und ägyptische Zigarettenbilder.

Da oben wohnen die Engelländer, wies ich in Kindersprache auf die Soldaten. Die britischen Soldaten waren oberhalb von Ruhleben in den einstigen Unterkünften der Sportler der 1936er Olympiade untergebracht. Die Straße zu ihnen war durch einen Schlagbaum abgeriegelt.

Die Landschaft war aufgewühlt von Panzerspuren. Vor allem rund um die ehemalige Kaserne, in der unsere Grundschule lag. Mit sechs Jahren bauten wir uns zur Einschulung dort mit unseren Schultüten auf.

Auf dem Weg nach Hause suchten wir nach Munitionshülsen. Wir waren gewarnt, die Patronen anzufassen. Eine, die noch scharf war, hatte einem Jungen den Arm weggerissen.

Während sich meine Mutter um den Lebensunterhalt kümmerte, übernahm meine Großmutter tagsüber die Verantwortung für mich, übte Lesen und Schreiben mit mir. Mit meiner Kleidung hatte sie eigene Vorstellungen. Sonntags wurden mir weiße Kniestrümpfe und schwarze Lackschuhe angezogen. Der Großvater war gelähmt und an seinen Sessel gebunden. Ich sah ihm von hinten zu, stehend im Ställchen. »Komm mal her, Sibyllchen, sag mir guten Tag«, lockte er. »Nein«, beharrte ich, »ich kann nicht, ich muss beten.« Den trotzigen Kinderspruch schrieb meine Mutter auf.

Den Willen während der Trotzphase zu brechen, war damals ein erklärtes Erziehungsziel. »Sonst wirst du später nie mehr mit ihr fertig«, erklärte meine Mutter. Hatte ich etwas angestellt, gab meine Großmutter meine Untat an meine Mutter weiter. Ich lief vor ihr weg, umkreiste den Esstisch, flüchtete zur Großmutter. »Zu irgendjemandem muss sie ja Vertrauen haben können«, sagte die trotz ihres doppelten Spiels.

Bestraft wurde ich auch, wenn ich die Chance nutzte, mich in der Speisekammer zu verstecken. Normalerweise war die abgeschlossen, die Lebensmittel waren kostbar. Ich kassierte Stubenarrest. Und wenn ich nicht aufaß, sperrte man mich ins Klo. Irgendwann musste ich an den Tisch zurück, um weiterzuessen.

Kam in Ruhleben die Familie zusammen, war im Wohnzimmer immer wieder von der Flucht der Töchter vor den Russen die Rede. Das klang nach Abenteuer. Über die Balkone, durch miteinander verbundene Keller, von einem Haus zum anderen ging die Flucht. Mit acht Jahren stand ich vor dem gelben Kachelofen und erklärte: »Wenn ich mal groß bin, drehe ich einen Film über Gewalt gegen Frauen.« Vergewaltigung hätte ich nicht sagen können. Den Unterschied verstand ich noch nicht. Augenblicklich verstummte die Familie. Sie hatten nicht erwartet, dass ich schon verstand, worüber sie redeten. In meiner Gegenwart war von den Russen nie wieder die Rede. Das konkrete Wissen ging über in den Bereich der Familiengeheimnisse.

Trotzdem blieb die Gewalt gegen Frauen mir ein Lebensthema. Und auch die von russischen Soldaten.

Beim Lesen und Wiederlesen all der Erfahrungen, die meine Mutter machen musste, begannen ganz, ganz langsam erste empathische Momente zu wachsen. Zum Mitfühlen gehört Wahrheit. Zumindest Offenheit. Erst am Ende ihres Lebens konnte ich die Liebe meiner Mutter kurz spüren. Da stand nichts mehr zwischen ihr und mir. Wie schön wäre es gewesen, sie ein Leben lang fühlen zu können.

## Lesezirkel Gentzen

Meiner Mutter fiel die Aufgabe zu, die Familie zu ernähren. Das waren meine Großeltern und ich. Jemand riet ihr, einen Lesezirkel zu gründen. Nach der Zeit der gleichgeschalteten NS-Presse war das Interesse an Informationen riesig. Die Menschen mussten sich neu orientieren. Politisch, wirtschaftlich und auch familiär. Viele Männer waren noch nicht aus der Kriegsgefangenschaft zurückgekehrt, oder wenn, dann erschienen sie vollkommen verändert, waren von Sieger zu Verlierer geworden.

Im Alltag dominierte der Wunsch nach Ruhe und Schönheit, nach Rezepten und Kleidung. Schnittmuster wurden wichtig. Frauen wollten sich wieder schön kleiden.

Der *Lesezirkel Ilse Gentzen* wurde beim Amtsgericht Berlin-Mitte angemeldet. Dort versicherte sie am 1. Juli 1948 an Eides statt, dass sie weder der NSDAP noch einer ihrer Gliederungen angehört hatte und dass sie deshalb nicht unter Teil I und II der Denazifizierungsanordnung der Alliierten Kommandantur in Berlin vom 26. Februar 1946 falle. Der Lesezirkel existierte bis zum 7. Juli 1960, also 14 Jahre lang.

Geld für Investitionen hatte meine Mutter keines. In der Währungsreform legten alle Familienmitglieder ihre 50 Mark zusammen, die sie für den Neustart bekommen hatten. Dieses Startgeld half meiner Mutter. Den Einsatz ihrer Verwandten zahlte sie über Jahre zurück.

In Ruhleben ging meine Mutter von Haus zu Haus und warb ihre ersten Lesemappenkunden. Es gab Bezieher für die erste, die zweite, die dritte Klasse. Mit jeder Klasse waren die Mappen eine Woche älter. Bis zur zehnten oder sogar zwölften Woche ging das. Die erste Klasse lieferte sie an Ärzte, die lag in den Wartezimmern aus. Bei Friseuren lag die zweite oder dritte Klasse. Die letzte Klasse ging in die Nissenhütten und Laubenkolonien am Rand von Ruhleben, die damals ganzjährig bewohnt waren. Nach dem Krieg herrschte Wohnungsnot.

Als Kind zog ich den roten Anhänger mit der Aufschrift *Lesezirkel Ilse Gentzen* durch Ruhleben und lieferte die Mappen aus. Die Erwachsenen belohnten mein frühes Erwerbsstreben mit Trinkgeld. Ich hatte, jung wie ich war, das Gefühl, immer Geld zu haben. Vor allem für die rosa, grünen und weißen Bonbonkissen im hohen Glas im Lebensmittelgeschäft Gebauer im Stendelweg.

Der Fleischerladen hatte drei oder vier Hortensien in einer Vase im Schaufenster. Fleischerblumen nannten wir sie damals. Das dritte Geschäft der kleinen Ladenzeile war der Friseur. Zu dem brachte mich meine Großmutter. Mit drei Jahren bekam ich die Dauerwelle. Die ätzende Flüssigkeit lief mir in die Augen und den Hals hinunter in den Kragen. Stundenlang saß ich da. Es dauerte, bis sich die Haare endlich lockten. Die Dauerwelle passte zu den schwarzen Lackschuhen und den weißen Kniestrümpfen, die meine Großmutter für mich vorsah. Familienfreunde kommentierten: »Die Sibylle wird bestimmt mal eine Dame.« Eva, die Schwester meiner Mutter, kritisierte den Dauerwellenterror. »Man muss ein Kind doch so akzeptieren, wie es ist.«

Hinter dem nächsten Haus lag die Kohlehandlung. Im ersten Stock des Vorderhauses residierte Tante Anneliese Gentz, meine Kindheitszahnärztin, eine Freundin meiner Mutter aus Riga. Nach ihrer Zeit im Baltikum studierte Anneliese in Ostberlin und eröffnete dann ihre Praxis im Westen. Ihr Bohrer brummte dumpf in meinen Zähnen. Tapfer hielt ich stand.

Läden oder Gewerbe fanden sich damals in jedem Haus. Alle wurden von Frauen geführt. Die Nachbarin rechts von uns hatte im Souterrain eine Drogerie. Wir gingen durch den Kellereingang ins Geschäft und holten Waschpulver für die große Wäsche. Eine Straße weiter gab es ein Fischgeschäft. Milch holten wir beim

Bauern am Hempelsteig. Nur über der Schlachterei mit dem Pferdefleisch hing ein Tabu.

Dank ihrer großen Gärten konnten sich in Ruhleben viele Menschen selbst versorgen. Der Onkel meiner Schulfreundin Brigitte hatte Bienen, Gemüse und Obststräucher. Brigitte hatte keine Eltern mehr und war von den Verwandten aufgenommen worden. Wir pflückten kleine Sträuße und verkauften sie vor ihrem Gartenzaun für 10 Pfennig den Strauß.

Unsere Freundschaft war labil. Auf dem Weg zur Schule habe ich Brigitte gemeinsam mit Gerd, einem Mitschüler, verprügelt. Später hat Brigitte mich einmal gefragt: »Warum hast du das damals getan?« Ich war sprachlos. Und ratlos. Erst in der Therapie, die ich aufgrund meiner politischen Haft in Prag Jahrzehnte später brauchte, dachte ich wieder darüber nach: Brigitte ging es schlechter als mir, weil sie weder Vater noch Mutter hatte. Und ich, die ich ohne Vater aufwuchs, wehrte meine Verzweiflung ab. Brigitte durfte mich nicht traurig machen. Dabei wusste ich das mit meinem Vater ja nicht einmal. Das Geheimnis entfaltete solch eine Kraft, dass ich mein Handeln kaum steuern konnte. Ich verstand nicht, warum ich Brigitte das antat.

Eine weitere Kindheitsfreundin war Punkt-Sibylle. Punkt-Sibylle wohnte über uns. Ihr Vater, ein Polizist, pflanzte auf dem Grundstück seiner Mutter Gemüse und Obst, hielt Hühner und Kaninchen. Wurden die Hühner geschlachtet – Herr Punkt erledigte das mit dem Beil – liefen sie ohne Kopf weiter. Punkt-Sibylles Großmutter rupfte die Hühner und sengte die Stoppeln, bis sie schwarz waren. In der Jauche schwammen Kaninchenköpfe.

Neben dem zweistöckigen Haus, in dem unsere Wohnung lag, gab es einen kleinen Grünstreifen. Der Hauswart erntete im hinteren abgezäunten Teil Johannis-, Stachelbeeren und Rhabarber. Vorn pflanzte meine Mutter Tomaten, Erdbeeren und Salat. Der schlimmste Hunger muss da schon vorbei gewesen sein, denn ich durfte ein ganzes Beet mit Cosmeen für mich haben. Ich liebe die zarten Farben der Blüten bis heute.

Dass Kauffrau ihre Berufsbezeichnung war, war für meine Mutter klar. Sie setzte sie gegenüber den Ämtern durch. So wie sie auch darauf bestand, als Alleinerziehende mit Mitte dreißig nicht mehr mit Fräulein angeredet zu werden, was damals durchaus üblich war.

Ihr Chefinnenzimmer bestand aus einem Schreibtisch und einer Sitzecke. Einst war hier das Büro meines Großvaters gewesen. Die Kundenkarten waren das Herz des Geschäfts. Die brauchte der Bote, wenn er die Mappen auf den unterschiedlichen Touren auslieferte.

Im Lesezirkel hatte meine Mutter Hilfskräfte. Eine war Ottilie Römer, die stets mit Frau Römer angesprochen wurde, obwohl sie sogar jedes Weihnachtsfest mit uns verbrachte und mit mir Königsberger Marzipan herstellte. Ihr Mann war in Riga Arzt gewesen und hatte den Krieg nicht überlebt. Menschen aus ihrer Zeit in Riga fanden bei meiner Mutter Unterschlupf.

Im Vorzimmer wurden die Lesemappen, die die Boten zurückbrachten, aufgearbeitet. Die Hefte bekamen einen neuen Umschlag. Mit einer Papierschneidemaschine wurden die Seiten beschnitten. Alle zehn Hefte einer Mappe mussten wie neu aussehen. Das Altpapier befand sich in einem halbhohen Abstellraum unter den Balkonen. In meiner frühen Kindheit war dort die Zinkwanne, in der ich im Sommer mit Punkt-Sibylle gebadet wurde. Auch die große Wäsche wurde darin eingeweicht und nach dem Kochen rund um den Rasen aufgehängt. Die Leinen wurden zwischen krumme Holzstäbe gespannt. Später standen in dem Halbkeller auch die Anhänger mit der Aufschrift *Lesezirkel Ilse Gentzen* und die Fahrräder der Boten.

Meine Mutter arbeitete bis spät in die Nacht. Vor ein Uhr machte sie selten Feierabend. Die Touren für die Boten mussten fertig werden. Die fuhren durch halb Berlin. Später bekamen sie ein Moped samt Anhänger.

An ihrem Schreibtisch durfte ich meine Mutter nicht stören. Vor allem nicht, wenn sie am Rechnen war. Laut zählte sie die

Einzelposten der bezahlten Lesemappen, um nicht abgelenkt zu werden. Meine Tante nahm mich in Schutz, wenn sie sah, dass meine Mutter mich abwies. »Wenn du sie immer wegschickst und nie Zeit für sie hast, kommt sie irgendwann nicht mehr«, warnte sie. Zeitweise schlief sie im selben Zimmer wie ich. »Deine Mutter hat nie gehört, wenn du geweint hast.« Sie nähte mir einen Spielanzug. Solange wir in der Wohnung meiner Großeltern wohnten, war vor allem meine Großmutter für mich da.

Mit ihrem Lesezirkel ernährte meine Mutter die gesamte Familie. Die Großmutter, den Großvater, die Haushaltshilfe und zum Teil auch meine Tante, die Bürokräfte und Boten. Im Berliner Stadtarchiv finde ich Zahlen. Der Umsatz des Lesezirkels betrug im Jahr 1947 25.147,16 Mark. Davon gingen an meine Großmutter 1254,70 und an meine Tante 506,06 Mark. Der Gewinn meiner Mutter lag bei 3.456,38 Mark. Die Hilfen verdienten 50 Mark im Monat.

Während der Währungsreform überlegte meine Mutter, ob es wohl lohnte, den Betrieb weiterzuführen. Doch Anfang 1949 stellte sie bei den Behörden den Antrag, die Betriebsgenehmigung wieder aufzunehmen. Ihr Betrieb hatte die Unwägbarkeiten des Geldumtauschs überwunden.

»Deine Mutter ist sehr tüchtig. Tüchtiger als alle in der Familie«, bewunderte Tante Eva ihre Schwester. Ja, arbeiten habe ich bei ihr gelernt. Durchhalten, Organisieren, auch das Aufbauen eines Betriebs habe ich mir von klein auf bei ihr abgucken können.

Sonntags schlief meine Mutter aus. Ich war das reine Gegenprogramm und entwickelte mich zur Frühaufsteherin. Stundenlang spielte ich allein, bis zum Frühstück hatte ich mit den Bauklötzen ganze Städte entworfen. Und, weil das ohne Echo blieb, wieder zerstört.

Ab Ostern radelten wir nach Pichelsdorf mit seinen Spreewaldähnlichen Kanälen. Dort lag das Bootshaus mit unserem hölzernen Paddelboot. Mit Sandpapier schliffen wir den Lack ab und trugen neuen auf. Und dann ging es los in Richtung Stößensee. Durch kleine Kanäle, unter Trauerweiden hindurch, vorbei an Wochenendhäusern. Wir paddelten die Havel entlang bis nach Wannsee, manchmal bis zur Pfaueninsel. Am Bismarckturm machten wir meist eine Pause. Bei gutem Wetter war dort der Eisverkäufer, aus seinen Pappschachteln dampfte die Kälte. Vanilleeis mit Schokoladenüberzug.

Als Sonnenanbeterin, die meine Mutter war, konnte sie sich ewig bräunen. Ich starb vor Langeweile. Nachmittags ging es im Boot zurück. Uns entgegenpaddelnde Wassersportler sangen uns an: »Ach Sibylle-bylle-bylle mit der Sonnenbrille-brille-brille, setz sie bitte ab.« Ich versank vor Scham. Und begriff nicht, dass gar nicht ich gemeint war. Es war das Boot, das Sibylle hieß.

Von einer ihrer regelmäßigen Skiurlaube mit Freundinnen in Berchtesgaden, von denen sie mir stets ein mageres Trachtenpaar mitbrachte, kam sie Anfang der Fünfzigerjahre mit einem Freund zurück. Ich mochte die Trachtenpuppen nicht. Ernst Plogstedt hieß ihr neuer Schwarm. Meine relative Sicherheit in der Frauenfamilie, in der es als männlichen Part bis zu meinem fünften Lebensjahr nur den gelähmten Großvater und sporadisch den Onkel gab, war gefährdet.

Ernst Plogstedt, geboren 1920, hatte nach seiner Entlassung als junger Soldat in Berlin zunächst eine Kneipe gegründet. Die ging in Konkurs. Der eine oder andere Teller seiner Kneipenwirtschaft zog in die Schränke unseres Ruhlebener Haushalts ein. Neben dem edlen Geschirr meiner Großmutter. Künftig saß er mit im Paddelboot und übernahm das Steuer.

Ich spürte, dass es meiner Mutter gut mit ihm ging. »Heirate doch Herrn Plogstedt«, riet ich naiv. Widerstand habe ich keinen geleistet. Aber ich begann plötzlich im Geheimfach des Schreibtischs meines Großvaters zu kramen. Dort fand ich das Foto eines Mannes, den ich nicht kannte. Meine Mutter überraschte mich bei der Suche. »Das ist dein Vater, das brauchst du nun nicht mehr«, sagte sie und nahm mir sein Bild weg. Meine Herkunft wurde zum Tabu. Es dauerte Jahrzehnte, bis ich mich gegen ihr Verbot auflehnte und ihr Geheimnis, das zu einem Familiengeheimnis geworden war, lüftete.

Mit Beginn der Grundschule wurde mein Geburtsname geändert. Einfach so. Ich wusste nicht, wie mir geschah. Aus Gentzen wurde Plogstedt. In der Schule sollten erst gar keine Fragen aufkommen. Ich war nicht mehr Sibylle Gentzen. Meine Mutter fand, ich müsse dem neuen Vati dankbar sein, dass er mich angenommen hatte. Das Unbehagen an dem Namenswechsel geht mir bis heute nach. Mir ist mein Geburtsname bis heute nahe.

Auch der Lesezirkel änderte sich. Ein zweiter Schreibtisch kam ins Chefinnenzimmer. Bei der Arbeit saß Ernst Plogstedt meiner Mutter tagein, tagaus gegenüber. Es war nun noch schwieriger, an sie ranzukommen.

Wie jeder bei meiner Mutter beschäftigte Bote lieferte auch Ernst Plogstedt Lesemappen aus. Im Sommer nahm er mich mit, setzte mich ab am Ufer des Glienicker Sees und verschwand bei einer Kundin. Nach mehr als einer Stunde kam er zurück und sprang ins Wasser. Ich war sein Alibi. Dass ich meiner Mutter nichts darüber erzählen durfte, war mir intuitiv klar.

Solange wir in der Wohnung meiner Großmutter lebten, war meine Mutter die Chefin. Das blieb sie auch, während sie ihren Betrieb besaß. Mein Stiefvater bewirkte, dass nun investiert wurde. Ein Lieferauto für die Boten wurde angeschafft. Und ein Ford für die Familie. Mit dem fuhren wir an die Nordsee. Unterwegs besuchten wir Verwandte.

Ein Nachhall der Eheschließung traf mich Jahrzehnte später. Es war eine Archiverfahrung der besonderen Art, als ich in Berlin Akten über meine Mutter einsehen wollte.

## Villa in der Heerstraße

Die Einträge, wurde mir mitgeteilt, seien für 100 Jahre gesperrt. Angst überfiel mich. Was sollte da verborgen werden? Und für so lange. Es waren die Ängste, die jedes Lüften von Tabus begleiten. War der Grund mein richtiger Vater? Waren es Informationen über die NS-Zeit? Erstaunlich genug: Mein Antrag auf Entfristung des Eintrags wurde problemlos genehmigt.

Ich schaute die Filmaufnahmen der Akten durch. Fast hätte ich den Eintrag nicht gefunden. Wo ich ganze Konvolute erwartete, gab es gerade mal zwei oder drei Seiten. Und das Ergebnis war unglaublich banal: Meine Mutter hatte geheiratet und gab dem Amt bekannt, dass sie den Betrieb nun nicht mehr unter dem Namen Gentzen, sondern unter ihrem Ehenamen Plogstedt weiterführen würde.

Nach Jahren in der gemeinsamen Wohnung mit meiner Großmutter begannen meine Mutter und mein Stiefvater über einen Umzug nachzudenken. Die Vierzimmerwohnung plus zwei Räumen für den Lesezirkel und dem Zimmer unter dem Dach für das Hausmädchen wurde zu eng.

Eine Villa in der Heerstraße mit riesigem Kieferngrundstück schien geeignet. Vier Zimmer unten. Ein Wohnzimmer, zwei für den Betrieb, eines für das Hausmädchen. Oben drei Zimmer. Meine Großmutter wollte mit uns ziehen, mein Großvater war ja bereits im Jahr 1950 an einem seiner vielen Schlaganfälle gestorben. Sie beanspruchte oben das große Zimmer mit Terrasse für sich. Das hätte ihr ein unabhängiges Leben ermöglicht. Meine Mutter widersprach. »Du sitzt ja sowieso den ganzen Tag über im Wohnzimmer.« Das Prachtzimmer sollte ihr Schlafzimmer werden. Meine Großmutter verzichtete und blieb allein in Ruhleben zurück.

Ein Schock. Die Großmutter, die mich erzogen und geprägt hatte, war nicht mehr da. Auch die Freiheit, die ich hatte, solange sie da war, gab es nicht mehr. Obwohl mein Radweg von der Spandauer Kaserne mich jeden Tag durch Ruhleben führte, durfte ich nicht zur Großmutter. Ich wurde zum Essen in der Heerstraße erwartet. Pünktlich. Meine Großmutter sah ich nur noch an Sonntagen, wenn sie zu Besuch kam und die Erwachsenen im

Garten in den schweren Gartenmöbeln gemeinsam Kaffee tranken.

Ich floh. Baute mir Verstecke unter der Erde und am Rande des Gartens. So weit wie möglich weg von den Eltern. Nur meine Großmutter nahm ich an die Hand und zeigte ihr meine Hütte am Rand des Gartens. Mit angelegten Beeten, einem Zaun abgetrennt von den Brennnesseln.

Einmal ging meine Großmutter – ganz wie früher – in die Küche und machte sich ein Brot. Hinter ihr schloss sich die Tür wie von allein. Ich sollte nichts mitbekommen. Ein Riesenkrach ging los, weil meine Großmutter sich im Hause ihrer Tochter immer noch so bewegte, als gehöre alles ihr. Der Kampf um Autonomie begann bei meiner Mutter sehr spät. Zu spät.

Meine Großmutter soll bitterlich geweint haben, weil sie Sozialhilfe in Anspruch nehmen sollte, um ihre Wohnung zu halten. Sie vermietete einen Teil ihrer Wohnung.

Meine Großmutter wurde krank. Am ganzen Körper hatte sie blaue Flecken. Sie musste ins Krankenhaus. Leukämie! Als sie gestorben war, durfte ich sie nicht sehen. »Der Tod ist nichts für Kinder«, hieß es. Erst zur Beerdigung durfte ich mit.

Kontakte meiner Mutter ließ der Stiefvater nur noch zu seiner Familie zu. Meine Mutter passte sich an, sie wollte die Ehe ja. Sonntags gingen wir mit Curt-Dietrich, dem ältesten Bruder des Stiefvaters, und seiner Familie in Dahlem essen. Er betrieb eine Anzeigenagentur namens *Propaganda-Plogstedt.* Oder wir fuhren zu seiner Schwester Evemie an den Fehrbelliner Platz. Selbst der Kontakt zu meiner Tante Eva schmolz auf ein Minimum. Lediglich Felix-Heiner, der Bruder meiner Mutter, galt etwas. Zu ihm fuhr mein Stiefvater mit nach Leipzig.

Meine Mutter klagte später, es sei ihr größter Fehler gewesen, dass sie mich so lange und vollständig ihrer Mutter überlassen hatte. Für mich war die Großmutter meine Rettung. Nach ihrem Tod begann ich, meine Tante Eva zu besuchen. Mein Kontakt zu ihr wurde nicht unterbunden. Mit ihrer vierköpfigen Familie lebte sie in der Fredericiastraße in einer Zweizimmerwohnung. Damals waren die Wohnungen im Hinterhaus noch kein so begehrter Wohnort.

Als die Menschen wieder genug verdienten, um sich selbst ihre Zeitschriften neu kaufen zu können, verlor der Lesezirkel als Geschäft seine Zukunft. Ernst Plogstedt überzeugte meine Mutter, den Betrieb zu verkaufen. Von dem Geld wollte er sich eine Existenz aufbauen. Eine erstaunlich lakonische Stellenanzeige »Melden bei Herrn Schmidt« brachte ihn in Kontakt zur Bausparkasse Wüstenrot. Fortan beriet er Kunden, wie sie ihr Haus finanzieren konnten. Auf einmal kauften meine Eltern Mietshaus um Mietshaus. Immobilien, die sich damals noch über Mieteinnahmen innerhalb von zehn Jahren selbst finanzierten.

## Enge im Reihenhaus

Die allererste eigene Immobilie war ein Reihenhaus im Siepesteig. In das zogen wir 1959 ein und gaben dafür die Mietvilla in der Heerstraße auf. Mein Stiefvater entwickelte handwerkliches Geschick, baute dreieckige Hocker, einen Nierentisch, überzog die Hocker gelb, an der Wand ein Spiegel in Form einer Malerpalette. Als alles modern eingerichtet war, wurde das Haus den Bausparkunden vorgeführt. Die schoben sich an den Wochenenden durch das Haus.

Meine Mutter wollte sich eine Arbeit suchen. Der Stiefvater verbot es nicht, obwohl das noch bis 1975 rechtlich möglich gewesen wäre. Es genügte, dass er ihr vorrechnete, dass er dann selbst eine Kraft einstellen müsse, die genauso viel verdienen würde wie sie als Sekretärin. Meine Mutter gab auf. Und hatte keine Aufgabe mehr. Ihr Statusverlust war kaum zu ertragen.

Das Hausmädchen, das in Ruhleben und in der Heerstraße bei uns gewohnt, geputzt und gekocht hat, hatte im Reihenhaus keinen Platz. Plötzlich zog meine Mutter mit Staubsauger und

Staubtuch durch das Haus. Nun wurde sie, die hochgelobte Chefin, zur Hausfrau. In meinen Augen, ich war 14 oder 15, zählte das wenig bis nichts. Und ich war keineswegs motiviert, im Haushalt zu helfen. Das war ich nicht gewohnt.

Plötzlich begann sie, ihre Erziehungsaufgabe als Mutter an mir wahrzunehmen, für die sie all die Jahre nie Zeit gehabt hatte. Meine Schularbeiten erledigte ich immer schon allein. Da hätte sie mir nicht helfen können.

Als meine Nachbarsfreundin Uta von der Schule abging und Sekretärin wurde, hätte ich am liebsten die Schule geschmissen. Meine Ausbildung war meinem Stiefvater völlig egal. »Die heiratet ja doch«, meinte er abfällig. Ich solle doch Reisekauffrau lernen, das sei interessant. Aber nachdem ich mir schon in wenigen Tagen das Tippen mit dem Zehnfingersystem selbst beigebracht hatte, konnte ich auch dem Sekretärinnenberuf nicht mehr viel abgewinnen. Und entschied mich, an der Schule zu bleiben und zu studieren. Meine Mutter atmete auf: »Endlich habe ich mal etwas richtig gemacht.«

Kurz nach dem Abitur zog ich aus. Klammheimlich. Als die beiden in ihrem Ferienhaus auf Bornholm waren, packte ich meine Sachen. Zum Abschied schrieb ich einen Brief, mietete ein kleines Zimmer in der Nähe der Krummen Lanke – eines mit großer Terrasse, ganz ähnlich der, die der Großmutter einst verwehrt worden war.

Dass ich kein Stipendium bekommen würde, war mir klar. Dafür verdiente mein Stiefvater zu viel. Also bat ich meine Eltern um Unterstützung. Solange ich in Berlin studierte, müsse ich zu Hause wohnen, erklärte der Stiefvater. Schon vorher hieß es ja immer: Solange ich meine Füße unter seinen Tisch stellte … Meine Mutter hielt zu mir. Ohne mit mir darüber zu sprechen, setzte sie eine Geldzahlung in Stipendienhöhe durch. Ich musste nicht zurück ins Reihenhaus.

Die Enge dort war schwer zu ertragen gewesen. Meine Mutter litt unter Herzschmerzen. Plötzlich fuhr sie allein ins Ferienhaus auf Bornholm oder zur Kur in Österreich. Sie ahnte, dass ihr Mann sie betrog. War sie da, fuhr sie gegen 23 Uhr nachts los, klapperte eine Kneipe nach der anderen ab, um ihren sieben Jahre jüngeren Mann zu finden. Mal war es eine Hauswartsfrau, die eins der gemeinsamen Mietshäuser betreute, mal eine Sekretärin, mal eine Kneipenbekanntschaft. Als sie ihn schließlich mit der Sekretärin von Wüstenrot abpasste, ging die Ehe in die Brüche.

Er wollte eigentlich nicht gehen. Aber als die Sekretärin von ihm ein Kind erwartete, bestand meine Mutter darauf. Das Kind sollte nicht darunter leiden. Sie hatte das ja alles selbst durchgemacht. Mit mir.

Beide teilten ihren Besitz, selbst das Reihenhaus und das Ferienhaus, einfach durch zwei. Dass sie sich trennen würden, hatten beide noch nicht begriffen. Auch nicht die Härte, mit der sie um ihren Besitz kämpfen würden.

Ich bewarb mich um ein Stipendium. Als die Studienstiftung mich aufnahm, bat ich meinen Stiefvater, mir eine Bescheinigung zu schicken, dass er mein Studium nicht mehr finanziere. Auf einer Postkarte stellte er mich bloß: »Du unterminierst das System, von dem ich mich ernähre.« So etwas könne ich nicht einreichen, antwortete ich und bekam per Post eine neutrale Version.

Als ich 1969 in Prag in politische Haft kam, versuchte mein Stiefvater, mir sogar die kleine Einzimmerwohnung mit Außenklo im Hinterhof ihres Mietshauses in Steglitz zu entziehen. Ab sofort sollte ich Miete zahlen. Meine Mutter fand, ich sollte mein Zuhause behalten, und überwies die Miete in Höhe von 50 Mark. Ich bekam ihre großzügige Geste nicht mit. Ich saß ja in Haft.

Mit dem Scheidungsvertrag wurde ihr Streit auf Jahrzehnte festgeschrieben. Jahr für Jahr musste meine Mutter nachweisen, dass mein Stiefvater ausreichend verdiente, um ihr Unterhalt zu zahlen. Dazu saß sie mindestens eine Woche lang im Büro seines Steuerberaters und sah seine Finanzakten durch. Lange genug hatte sie ja seine Bücher geführt. Sie wusste, wo er etwas zu verstecken pflegte. Das Ergebnis war ein Unterhaltsprozess nach dem anderen. Die Prozesse waren die Fortsetzung der Ehe mit anderen Mitteln, kommentierte ich wenig mitfühlend. Verwandte meinten, sie hätte die Phase der Treulosigkeit durchstehen sollen.

Ihr ging es um die Ehre. Um den Ausgleich verletzter Gefühle. Als sie einmal eine Nachzahlung des Unterhalts von mehr als 10.000 DM zugesprochen bekam, warf sie ihm das Geld voller Verachtung vor die Füße. In dreizehn Prozessen verschaffte sie sich eine halbwegs angemessene Versorgung. Samt einer Abschlusszahlung über seinen Tod hinaus, für die seine nächste Ehefrau aufkommen musste.

Mein Stiefvater hat mit harten Bandagen gekämpft, meine Mutter war ständig im Abwehrkampf. In der Verwandtschaft bekam sie den Spitznamen: Arme Ilse. Der Stiefvater überschrieb seine Hälfte des Reihenhauses an die neue Ehefrau. Die schickte meiner Mutter Käufer ins Haus. Solange bis meine Mutter ihr das durch einen Eintrag ins Grundbuch untersagen ließ. Das Haus wurde für den Stiefvater unverkäuflich.

Meine Mutter begann endlich wieder, eigenes Geld zu verdienen. Nach drei, vier Stellen schaffte sie noch einmal den Aufstieg zur Chefsekretärin, diesmal bei Alfred Bauer, dem Leiter der Berliner Filmfestspiele. Für sie waren die Jahre bei Bauer eine glückliche Zeit. Alle zwei Jahre konnte sie ihre Überstunden in einen mehrmonatigen Urlaub umwandeln, den sie im Ferienhaus auf Bornholm verbrachte. Meine Mutter hatte die ungeraden Jahre, mein Stiefvater und seine Ehefrau die geraden.

Nach Alfred Bauers Tod im Jahr 1986 kam seine SA-Mitgliedschaft, sein Engagement im Nationalsozialistischen Studentenbund ans Licht. Auch seine Funktionen in der Reichsfilmkammer gingen durch die Medien. Er hatte im Entnazifizierungsverfahren gelogen. Ob meine Mutter davon wusste, als sie ihre Position bei ihm antrat, weiß ich nicht. Erst recht nicht, ob sie die Stelle durch alte Netzwerke bekam. Mit Unterhalt und Verdienst war sie finanziell nicht schlecht gestellt und konnte ärmeren Verwandten mit kleinen Summen sogar etwas unter die Arme greifen.

Mitte der Neunzigerjahre starb mein Stiefvater. All die Jahre hatte ich keinen Kontakt mehr zu ihm gehabt. Und hatte auch nicht den Wunsch danach. Vor seinem Tod besuchte ich ihn im Krankenhaus. Im Krankenzimmer wich seine Frau nicht von seiner Seite. Sie fürchtete wohl, er könne verraten, wo er sein Vermögen verbarg, und dass meine Mutter weiter klagen würde.

Er erzählte, sein Verhältnis zu meiner Mutter sei eher kameradschaftlich gewesen. Seine Liebe habe er erst danach gefunden. Aber bis zum letzten Tag wisse man ja nicht, ob sie es war.

»Und was erinnerst du über mich«, wollte ich wissen. Er schüttelte den Kopf. Da könne er sich an nichts erinnern. Das empfand ich kränkend, nachdem wir immerhin 13 Jahre im selben Haushalt gelebt und miteinander auch einige Kämpfe ausgefochten hatten.

Als sie schon im Heim lebte, wollte ich meiner Mutter wenigstens einen Abschied von ihrem verstorbenen Mann ermöglichen. Bei der Friedhofsverwaltung erfragte ich seine Grabnummer und schob meine Mutter im Rollstuhl zu seinem Grab. Sein Urnengrab war verwildert. Ich schämte mich für seine Familie. Sie hatte nicht einmal den Friedhofsgärtner bezahlt. Meine Mutter reagierte pragmatisch. Sie ließ sich zum Blumengeschäft schieben, kaufte einen großen Topf Margeriten und stellte ihn dekorativ aufs Grab. So bekam es Kontur.

Trotz aller Streitigkeiten: Meine Mutter war froh, wenigstens einmal in einer Ehe gelebt zu haben. 13 Jahre waren beide verheiratet gewesen.

Mit dem eigenen Leben aber haderte sie. Kurz vor ihrem Tod, als sie auf keine Zukunft mehr hoffen konnte, fragte sie sich: »Und das soll es nun gewesen sein?«

Meine Mutter wurde fast 89 Jahre alt. Sie starb im Jahr 2001.

# II. Meine Familie in der NS-Zeit

Das Tabu über meine Herkunft hat mich belastet. Daneben häuften sich auch noch all die Geheimnisse aus der NS-Zeit. Das Unausgesprochene wurde zum Unaussprechlichen. Das Verschwiegene machte es mir schwer, einen Bezug zum Leben und der Geschichte meiner Mutter zu gewinnen.

Über ihre Berufstätigkeit während des Zweiten Weltkriegs redete sie nicht. »Ich kann nicht lügen«, erklärte sie einmal. »Ich bringe dann nur durcheinander, was ich zuvor gesagt habe. Also schweige ich lieber.« Die Wahrheit würde sie nicht sagen, das war klar. Die wäre ein Kompass gewesen, sich im Erzählten zurechtzufinden. Und welch ein Kontrast zu dem Angebot, das sie mir von klein auf machte: Ich könne sie alles fragen. Stimmt. Nur eine Antwort gab es nicht.

Die Familiengeheimnisse aus der NS-Zeit betrafen nicht nur meine Mutter. Mein Großvater, mein Vater, mein Onkel, meine Tanten – was hatten sie alle wohl zu verbergen? Auch die Freunde und Bekannten. Alle, die zwischen 1933 und 1945 erwachsen waren, gearbeitet und gelebt haben.

Als Erster mein Großvater.

## Mein gelähmter Großvater

Dr. Ing. Felix Gentzen stand auf dem Namensschild an der Tür im Stendelweg. Als Kind bestand meine Aufgabe darin, das Messingschild mit Sidolin blank zu halten. Je strahlender das Schild, desto wertvoller erschien mir der Titel.

Geboren am 17. Februar 1883, wuchs mein Großvater als Sohn eines Arztes in Königsberg auf. Sein Vater hatte in die Familie Sandmann eingeheiratet. Damit gehörte mein Urgroßvater zu den Reichen von Königsberg. Max, der Bruder meines Großvaters, wurde ebenfalls Arzt.

Pianist werden, das wäre es gewesen. Mein Großvater spielte hervorragend Klavier. Wagner war sein bevorzugter Komponist. Unterhalb der Ruhlebener Wohnung sollen sich Menschen versammelt haben, wenn er spielte. Im Musikzimmer stand der schwarzglänzende Bechstein-Konzertflügel bis zu seinem Tod.

Als Älteste liebte meine Mutter ihren Vater abgöttisch. Bis ins hohe Alter bekam ihre Stimme einen schwärmerischen Ton, wenn sie von ihm sprach. Bei keinem Konzert war sie zufriedenzustellen. Leicht arrogant fügte sie hinzu: »Da bin ich Besseres gewohnt.« Klavier spielen, verhieß Anerkennung in der Familie. Ich hätte gern Klavier gelernt. Die C-Flöte, die mir stattdessen zugeteilt wurde, mochte ich nicht. Nach einigem Weihnachtsgepiepse gab ich auf.

Im Jahr 1950 kam der Flügel zu meinem Onkel Felix-Heiner nach Leipzig. Die Leipziger Familie war hoch musikalisch. Christa, seine zweite Frau, sang im Chor des Gewandhausorchesters. Beide Cousinen spielen Instrumente und singen. Ich dagegen bin fast ohne Musik aufgewachsen. Nach dem Krieg und ihrer Vergewaltigung konnte meine Mutter jahrelang keine Musik ertragen.

Für die Wohnung in Leipzig war der Flügel zu groß und wurde gegen einen kleineren eingetauscht. Der Konzertflügel meines Großvaters fand seinen Platz in der Fachschule für Gastronomie. Bei unseren Besuchen in Leipzig ist mir nie aufgefallen, dass der Flügel wohnungsgerecht geschrumpft war.

Statt sich als Pianist zu verwirklichen, wurde mein Großvater Architekt. Beinahe hätte ich denselben Fehler gemacht. Ich hatte vor, Bildhauerin zu werden, meine Mutter unterstützte mich nicht. Das sei kein Brotberuf, argumentierte sie. Dann studiere ich eben Architektur, beschloss ich, um ihr ein Schnippchen zu schlagen. An der Hochschule der Künste hätte ich dann ja auch Kunst hören können. Großvater war bekannt für seine kunstgeschichtlichen Vorträge. Die konnte er aus dem Stegreif halten.

Karsten Wispler, ein Cousin meiner Mutter, gehörte als Nachkömmling einer Zwischengeneration an. Als Architekt riet er mir von seinem Beruf ab. Nach einer langen Zeit in einem Architekturbüro begann er gerade wieder zu zeichnen. Zum Broterwerb aber wurde er Kioskbesitzer an einem U-Bahnhof. Wie mein Großvater hatte er sich stets als Künstler gefühlt, nicht als Architekt. Und kam mit seinem Beruf nicht klar.

Meine Bewerbung schickte ich an die Hochschule der Künste und begann ein Praktikum auf dem Bau. Eisenmatten flechten, Wände verschalen und mit Beton ausgießen: Ich erprobte meine Kraft, trug gleich mehrere Matten auf einmal über dem Kopf. Vor den Bauarbeitern wollte ich nicht einknicken. In der Pause mit den Arbeitern zu sitzen und Bier zu trinken, das mochte ich. Wenn es regnete und in der Bauhütte viel Bier floss, wurde ich vom Polier von den Arbeitern weggeholt und musste die Pause mit der Putzfrau verbringen.

Die drei Monate auf dem Bau haben mir deutlich gemacht, dass ich mein Leben nicht mit Bauplänen und unendlich vielen geraden Linien verbringen mochte. Ich zog meine Bewerbung an der HdK zurück. Mit Bedauern holte ich meine Bilder ab. Dann ändere ich halt die Gesellschaft, blieb ich trotzig bei meinem Protest. Und begann Soziologie zu studieren.

Meinem Großvater hat die Architektur wenig Meriten eingebracht. Er lernte gut, promovierte mit Erfolg über die Kanzelhäuser in Danzig, versagte aber in der Praxis. Die erste Mühle, die er baute, stürzte ein. Der Müller hatte zu viel Korn eingelagert. Das nächste Gebäude war eine Kaserne in Rastenburg. In den Achtzigerjahren bin ich extra nach Rastenburg gefahren. Inzwischen gibt es im Internet Fotos von der Hindenburg-Kaserne. In Rastenburg/Ketrzyn wurden meine Mutter und ihr Bruder Felix-Heiner geboren. Das war in den Jahren 1913 und 1914.

Im Ersten Weltkrieg kam es zur Schlacht bei Tannenberg. Großvater gab seine berufliche Sicherheit als Regierungsbaumeister auf. Meine Großeltern flohen mit beiden Kindern nach Berlin. Während der Flucht wäre der kleine Felix-Heiner beinahe verhungert. Sie erreichten Berlin, wo eine Krise die andere jagte. Der Spanischen Grippe folgten die Wirtschaftskrisen.

Dass mein Großvater in die Arbeitslosigkeit abrutschen würde, war absehbar. Meine Großmutter ließ nicht zu, dass er nichts tat. Sie drohte, zu ihrer Familie zurückzukehren. Infolge meldete er sich im Ersten Weltkrieg zum Straßenbau im besetzten Teil Frankreichs.

Während die Verwandten Ostpreußen nicht verließen oder dorthin zurückkehrten, blieben meine Großeltern im krisengeschüttelten Berlin der Zwanzigerjahre. Not und Hunger begleiteten sie. Meine Mutter zitierte ihren Vater, wenn er der Familienschar beim Spazierengehen voranschritt und kommandierte: »Augen links, rechts ein Bäckerladen.«

In einem Fragebogen gab mein Großvater als jährliches Einkommen 10.000 Reichsmark an. 1924 entsprach eine Reichsmark 3,60 Euro. Aktuell entspräche das etwas mehr als sechs Euro. Wenig für eine fünfköpfige Familie. Eva, die zweite Tochter, war inzwischen auch geboren.

Von einem architektonischen Erfolg war merkwürdigerweise nie die Rede. Dabei muss er 1926 einen großen Triumph gefeiert haben, als er unweit vom heutigen Bundeskanzleramt in der Tucholskystraße das Fernsprechamt fertigstellte. Das riesige Postamt steht unter Denkmalschutz und gilt als meisterhaftes Zeugnis des Art déco.

Ich konnte die Augen kaum davon abwenden, als ich es zum ersten Mal sah. Eine Freundin, die mit mir unterwegs war, beschwerte sich: »Endlich sehe ich dich mal wieder und dann ist nur von deinem Großvater die Rede.« Die Bilder vom Treppenhaus mag ich besonders.

Im Netz steht als Architekt: Dr. Ing. Felix Gentzen. Wo waren meine Mutter und ihre Geschwister denn, als ihr Vater sich so verdient machte?

Familiengeheimnisse haben eine merkwürdige Eigendynamik. Ich fragte mich, warum ich immer wieder von Müllers zusammenbrechender Mühle erfuhr, nichts hingegen vom Berliner Telegraphenamt. War dieses Verschweigen ein Understatement, das ihm weitere Erfolge erst ermöglichen sollte? Oder hat die Familie den Großvater so in den Himmel gehoben, dass sie seine Fehler nur komisch fand? Ich dagegen war froh, endlich auch etwas Gutes von ihm und über ihn zu finden.

Oder lag es daran, dass mein Großvater wieder einmal kein Geld mehr hatte, um die Miete für die große Berliner Wohnung in der Genthinerstraße zu zahlen? Alle drei Kinder mussten auf Verwandte aufgeteilt werden. Über die Trennung von der Familie sprach meine Mutter immer mal wieder. Von der ostpreußischen Familie war wenig zu erwarten. Dort gab es reiche und arme Zweige. Man war daran gewöhnt und half sich wenig.

1935/36 soll mein Großvater an der Bauleitung der Prora beteiligt gewesen sein, dem Riesenbauwerk für Massentourismus auf Rügen. Laut Familiensaga sei er dort gleich zu Beginn auf Korruption gestoßen und habe die nach oben gemeldet. Mit der Konsequenz: Er wurde aus der Bauleitung gedrängt.

Im Jahr 1933 begannen die Nazis das Unternehmen Hertie von Hermann Tietz zu ›arisieren‹. Großvater soll an der Schätzung des Besitzes der Hertieerben beteiligt gewesen sein. Er war freiberuflicher Gutachter und arbeitete von seinem Büro in Ruhleben aus. Das lag im Hochparterre, unter unserer Wohnung.

Kurz bevor sie starb, vertraute meine Mutter mir an: Nach dem Tod des Großvaters habe die Familie alle Unterlagen über den Hertiekonzern dem Berliner Stadtarchiv übergeben. Als ich die dort anforderte, fand man nichts. Was stimmte nun? Gewiss ist nur: Die Hertieerben haben jahrzehntelang um die Höhe ihrer Wiedergutmachung kämpfen müssen. Und um die Unterlagen, mit denen sie ihre Ansprüche belegen konnten.

Ob meine Großmutter daran verzweifelte, dass ihr Mann sich bei solchen Aufgaben die Finger schmutzig machte? Ich weiß nur, dass man sich unter den Geschwistern meiner Großmutter vor den Familienangehörigen warnte, die Nazis waren. Vor meinem Großvater wurde gewarnt. Vor dem Mann einer ihrer Schwestern ebenfalls. Trotzdem: Meine Großmutter pflegte ein enges Verhältnis zu ihren Geschwistern.

## Der Ariernachweis meines Großvaters

Vom Ariernachweis war in der Familie die Rede. Als der unmittelbar nach der Machtübernahme der Nazis erbracht werden musste, legte sich mein Großvater voll ins Zeug. Die Aufgabe wollte er nicht nur erfüllen, sondern unbedingt übererfüllen. Er ging mehrere Generationen weiter zurück als notwendig.

Auch meine Großmutter musste ihren Teil beibringen. Gegen ihre Familie war mein Großvater stets misstrauisch gewesen. Die Mutter meiner Großmutter Sophie Gentzen (geb. Wispler) war eine geborene Daniel und stammte aus Bederkesa bei Bremerhaven. Daniel sei gewiss ein jüdischer Name, mutmaßte der Großvater. Aber bei ihr fand sich nichts.

Großvaters Vorfahren hießen Gentzen, Sandmann, Evers, Ostendorff, Ruffmann und Steinfurt – und stammten aus den bekannten Industriellenfamilien Ostpreußens. Die Daten aus den Kirchenbüchern enthielten Geburts-, Tauf-, Hochzeits- und Todesdaten samt allen Paten und Trauzeugen.

Gegen 1800 war in den Kirchenbüchern plötzlich keine Taufe mehr verzeichnet. Der Grund war die Heirat mit einer Jüdin. Meine Großmutter, genervt durch die ständigen Angriffe auf ihre Familie, triumphierte: »Da hast du endlich deinen Juden!«

Es fehlte nicht viel und Großvater hätte sich umgebracht. Am 24. Januar 1938 bat er Hitler in einem Brief um Gnade: »Ersuch um Belassung in der Partei. Mitgliedsnummer 181347. Gau Gr.

Berlin. Kreis I Ortsgruppe Heerstraße.« Unter dem Druck eines Parteiausschlusses legte mein Großvater offen, wie viel die Nazis ihm bedeuteten:

»Mein Führer!

Am heutigen Tag erhielt ich Urkunden, aus denen einwandfrei hervorgeht, dass unter meinen 16 Ururgroßeltern sich ein Jude befindet.

Weder ich noch die Familie meiner Mutter, in deren Linie der Jude erscheint, haben jemals von dieser Tatsache gewusst. Meine Mutter sowie deren Eltern und Geschwister sind bzw. waren sämtlich hellblond. Bilder der aufsteigenden Linie bis zur Tochter des Juden (Halbjüdin geb. 1801) lege ich bei. Ebenso ist die Ahnentafel beigefügt, aus der hervorgeht, dass 94 % meiner Ahnen arisch sind.

Mein Führer! Ich weiß, dass mit dieser Entdeckung mein Verbleib in der Partei infrage gestellt ist. Wenn ich heute die Bitte ausspreche, mich ausnahmsweise in der Partei zu belassen, so bitte ich folgende Punkte zu berücksichtigen:

1) Die Entfernung aus der Partei würde unverschuldet mein Ehrgefühl so schwer treffen, dass meine seelischen, körperlichen und wirtschaftlichen Widerstandskräfte bei meinem Alter (54 Jahre) vielleicht nicht mehr ausreichen würden.

2) Jüdisches Erbgut ist m. E. weder in meinem Äußeren noch in meinem Charakter vorhanden. Für das Erste mögen die Bilder ein Beweis sein, für das Letztere das Urteil der unten verzeichneten Persönlichkeiten.

3) Über meine politische Tätigkeit für die Bewegung wird man

mir das Urteil nicht versagen können, dass ich stets zur Stelle war, wenn man mich rief, und dass ich dort, wohin ich gestellt war, meine Pflicht getan habe. Wie weit ich mich seit meinem Eintritt in die Partei im Dezember 1929 (Mitgl. Nr. 181.347 vom 1.1.1930) zu einem Nationalsozialisten entwickelt habe, überlasse ich dem Urteil anderer. An meinem Bemühen hat es nicht gefehlt.

In den Hauptzügen lag meine politische Tätigkeit in Folgendem:

1930–1933 Mitwirkung in der kommunalpolitischen Abteilung (Schulungskurse, Arbeitsgemeinschaften, Bürgerdeputierte im Bezirksschulausschuss 1–6. 1933 zum Mitglied der Baudeputation gewählt [...]).

1932 im Sommer Gruppenleiter der Ing. Techn. Abteilung.

1933–1934 keine wesentliche politische Betätigung infolge Leitung von Eilbauten der Rüstungsindustrie (Deutsche Industrie Werke Spandau, dort in N. S. B. O. eingetreten). [Anm. d. Autorin: Nationalsozialistische Betriebszellenorganisation: Betriebsbezogene Organisationsform der NSDAP. Die gab es seit 1928 nach dem Vorbild der Revolutionären Gewerkschaftszellen der KPD.]

August 1934–36 Blockleiter der Ortsgruppe Heerstr., Mitarbeiter der Ortsverwaltung Heerstr. D. A. F. [Anm. d. Autorin: Deutsche Arbeitsfront. Wurde nach der Zerschlagung der Gewerkschaften gegründet.]

Ab Herbst 1936 Leitung und Redner in der Kreisschulung der D. A. F. Kreis, ab 18.5.37 als Kreisschulungswalter.

Wenn ich von sichtbar erfolgreichem Wirken für die Bewegung sprechen kann, so glaube ich auch, zu meinem Teil zu dem starken Ausbau der Kreisschulung der D. A. F. beigetragen zu haben. Kreis I marschiert hierin, mit heute weit über 2000 Teilnehmern in 5 Gruppen (in einem Jahr auf das Vierfache gestiegen), in Berlin an erster Stelle. Die Bedeutung der D. A. F. für die Durchdringung auch der Volksgenossen, mit nationalsozialistischem Gedankengut, kann nicht unterschätzt werden und ist eine der dankbarsten Aufgaben.

4) Über meine Persönlichkeit, meinen Charakter und meine Stellung zur Bewegung bitte ich zu hören

[Es folgen 6 Namen mit Funktionen.]

Ich bitte Sie, mein Führer, meinem Gesuch stattgeben und mir die Möglichkeit geben zu wollen, mich weiter wie bisher für die Bewegung, mit der ich innerlich verwachsen bin, einsetzen zu können.

Heil mein Führer

Ge«

Mein Großvater begann zu warten. Endlos. Die Zeit floss zäh dahin. Da er nicht wusste, wie die NSDAP entscheiden würde, wurde er immer dünnhäutiger. Anderthalb Jahre dauerte die Ungewissheit. Aber kaum zu glauben: Hitler hat meinem Großvater tatsächlich persönlich geantwortet. Dieser Brief liegt in den Archiven vor. Adolf Hitler verfügte am 22. Juli 1939 am Obersalzberg:

»Nach Vortrag des Chefs der Kanzlei des Führers der NSDAP verfüge ich auf dem Gnadenweg, dass

Dr. Ing. Felix Gentzen, Berlin-Charlottenburg, Stendelweg 17 trotz nicht rein arischer Abstammung weiterhin der NSDAP ohne Einschränkung der Mitgliedschaftsrechte angehören kann.

Adolf Hitler.«

Schade. Das Leben der Familie hätte anders verlaufen können.

Aus einer Parteistatistik geht hervor, dass mein Großvater weder ein goldenes Ehrenzeichen noch einen Blutorden verliehen bekam. Unter anderen Voraussetzungen hätte er die vielleicht erhalten, wie viele, die bereits vor dem Jahr 1932 in die Partei eingetreten waren.

Neben der NSDAP gehörte der Großvater der Deutschen Arbeitsfront an, dem NS-Bund Deutscher Technik, dem Volksbund für Deutschtum im Ausland, dem Kolonialbund und der Reichskulturkammer.

Meine Großmutter Sophie Gentzen war Mitglied in der NS-Frauenschaft. In der NSDAP war sie nicht.

Laut Archiv bekam mein Großvater als politischer Leiter eine Uniform gestellt: Dazu gehörten ein Paar schwarze Stiefel, eine Diensthose (hellbraun), ein Dienstrock (hellbraun), ein Dienstmantel samt Dienstmütze im Wehrmachtsschnitt, ein Leibriemen (hell-havannabraun, 60 mm br.) und eine Pistole PPK mit Tasche.

Weil er damals bereits mehrere Schlaganfälle erlitten hatte, musste der Großvater bei der Reichskammer der Bildenden Künste immer wieder finanzielle Zuwendungen erbitten. Dass er vor Kriegsende immer wieder von der Krankheit gezeichnet war, war mir neu. In den Archiven finden sich mehrere Bettelbriefe. Ab und zu ließ die Kammer ihm einen Obolus zukommen.

Mitbekommen habe ich, dass der Großvater nach 1945 Schlaganfälle hatte und zunächst einseitig, später sogar beidseitig gelähmt war. 1950 starb er an weiteren Schlaganfällen.

Der Bruder meines Großvaters, Max Gentzen, war im Ersten Weltkrieg Truppenarzt an der Westfront. Nach diesem Krieg ging er in seine Heimatstadt Königsberg zurück. In der kurzen Phase der Weimarer Demokratie war er Abgeordneter und Vorsitzender der Demokratischen Partei im Provinziallandtag von Ostpreußen. 1932 wurde er zum Landrat der Provinzialverwaltung gewählt. Als Arzt war er aktiv auf dem Gebiet der Tuberkulosebekämpfung und bei der Einrichtung von Lungenheilstätten. In der Schlacht um Königsberg entkam er 1945 nach Lübeck. Dort verstarb Max Gentzen im Jahr 1950 wenige Monate nach meinem Großvater. Ich erinnere nicht, dass Max je in Ruhleben bei seinem Bruder war. Wahrscheinlich war die Beziehung der Brüder an der Haltung zum NS-Regime zerbrochen.

Für seine Alterssicherung und die meiner Großmutter hatte mein Großvater nie etwas getan. Und das ganz bewusst. »Ich muss nicht kleben, ich habe ja Kinder«, soll er gesagt haben. Die Folge war, dass beide Töchter in den besetzten Gebieten arbeiteten, weil sie dort ein doppeltes Gehalt verdienten. Eva ging nach Paris, meine Mutter Ilse nach Bromberg und nach Riga. Eines ihrer Gehälter schickten beide an die Eltern. Denen sollte ein standesgemäßes Leben ermöglicht werden. Der Großvater erwartete das. Meine Großmutter wohl auch. Auch noch nach dem Zweiten Weltkrieg.

Walter Fenske, mein leiblicher Vater, hat meine Mutter in Riga für die Überweisungen an ihre Eltern kritisiert. »Du musst doch nicht dafür sorgen, dass deine Eltern Telefon und ein Hausmädchen haben«, soll er gesagt haben. Aber auf ihre Eltern ließ meine Mutter nichts kommen. In das Verhältnis zu ihnen hatte mein Vater sich nicht einzumischen.

Die Verzweiflung meiner Großmutter über die schlechte Versorgung während des Kriegs ist überliefert. Sie wusste zu jammern. Ein Freund der Familie soll sie getröstet haben: »Gnädige Frau, es kommen wieder Zeiten, da sind die Brötchen weiß.«

Und dann das: Keine ihrer Töchter wollte heiraten. Meine Mutter schlug eine gute Partie nach der anderen aus. Kein Mann war ihr gut genug. Meine Tante ebenso. Meine Großmutter hat vergeblich gemahnt: »Ihr heiratet und heiratet nicht. Ihr werdet euch noch wundern, an wen ihr irgendwann geratet.« Spät, viel zu spät erkannte meine Mutter, wie recht ihre Mutter hatte.

## Nachricht aus Stalingrad

Eine andere Sicht auf meinen Großvater bekam ich von Irmingard, der ersten Frau meines Onkels Felix-Heiner Gentzen. Als ich Irmingard kennenlernte, lebte sie in einer Eigentumswohnung in Bonn und später in einem Altenheim in Brühl. Mit spitzer Zunge und dem scharfen Blick einer aus der Familie ausgeschiedenen Schwiegertochter beschrieb Irmingard die Verhältnisse in der Familie Gentzen.

Wenn ihr Schwiegervater schon bei den Nazis mitmachte und dann nicht einmal Profit daraus ziehen konnte, sei das nicht zu verstehen, meinte sie. Irmingards Familie war sehr konservativ, der Vater war Augenarzt. Nazis waren sie nicht.

Geldmangel war als Thema dominant in der Familie Gentzen und bestimmte den Alltag. Wenn mein Großvater mit der Familie einmal zu Verwandten fuhr, löste er nur die Karten für die Hinfahrt. Für die Rückfahrt mussten dann die Besuchten aufkommen, wenn sie die Gäste wieder loswerden wollten, erzählte Irmingard.

Wenn Felix-Heiner von der Front zu Besuch kam, erwarteten die Großeltern, dass die jungen Eheleute bei ihnen wohnten. Eine Unterkunft im Hotel? Undenkbar! Ein Privatleben des jungen Paares ebenfalls. Schon ein Spaziergang allein wurde kritisch beäugt.

Während des Krieges erwartete der Großvater, dass der Sold seines Sohnes auf sein Konto käme. So wie er auch das zweite Gehalt von den Töchtern kassierte. Irmingard, die bei ihren Eltern in Hannover wohnte, beanspruchte den Sold ihres Ehemannes natürlich für sich und beider Sohn Heiner. In der Gentzen'schen Familie galt sie deshalb als selbstsüchtig.

Ihr Mann Felix-Heiner war als Offizier in der Schlacht von Stalingrad dabei. 300.000 Soldaten der Sechsten Armee wurden dort eingekesselt. 100.000 Soldaten gerieten in Gefangenschaft. Im Verlauf der Kämpfe kamen in der Stadt 700.000 Menschen ums Leben, die meisten wohl Soldaten der Roten Armee.

Das Schicksal von Felix-Heiner war unklar und hat die Familie lange beunruhigt. In Ruhleben wie in Hannover wusste niemand, ob er das Massaker überlebt hatte oder ob er in Gefangenschaft gekommen war. Von 1942 bis 1943 dauerte die Ungewissheit. Entsprechend bedrückt war wohl auch die Stimmung im Hause meiner Großeltern.

Doch dann fand Irmingard eines Tages einen Zettel im Postkasten ihrer Eltern in Hannover. Darauf stand, dass der Schreiber beim Abhören eines russischen Senders die Stimme von Felix-Heiner gehört hätte. Im sowjetischen Frontsender habe er zum Niederlegen der Waffen und zum Überlaufen der Soldaten aufgerufen. Statt sich zu freuen, dass ihr Mann lebte, bekam Irmingard Angst. Sie war so beunruhigt, dass sie den Zettel der Polizei übergab. Ich war sprachlos. »Ich wusste ja nicht«, rechtfertigte sie sich, »ob mich jemand mithilfe dieses Zettels anschwärzen wollte.« Dass sie jemanden opfern wollte, der ihr diese gute Nachricht überbracht hatte, konnte ich nicht fassen. Aber selbst im Nachhinein zweifelte sie nicht an ihrer Entscheidung.

Meine Großmutter in Ruhleben bekam damals eine ähnliche Nachricht, erzählte Irmingard weiter. Eine Frau kam direkt in ihre Wohnung im Stendelweg. »Sie können jetzt mit mir machen, was sie wollen«, sagte die. »Aber ich finde, dass Sie als Mutter erfahren müssen, dass Ihr Sohn lebt. Ich habe ihn auf einem ausländischen Sender gehört.« Meine Großmutter war einfach nur froh. Sie unternahm nichts gegen diese großzügige Frau, die ihre Sicherheit hintanstellte. Und das, obwohl bekannt war, dass mein Großvater ein überzeugter Nazi war.

Wegen seiner Friedensaufrufe an der Front wurde Felix-Heiner in Abwesenheit zum Tode verurteilt. In der Kriegsgefangenschaft war er zum Nationalkomitee Freies Deutschland übergetreten. Ob er seine Einverständniserklärung mit den Worten »Und ich bleibe doch ein Nazi!« unterzeichnet hatte, wie es in der Familie hieß, mag bezweifelt werden.

Seinen Übertritt ins Nationalkomitee hielt Irmingard für das Ergebnis einer Gehirnwäsche. Die Russen hätten einige der jungen Offiziere in der Tat sehr freundlich behandelt, während sie mitansahen, wenn die eigenen Vorgesetzten schlecht ernährt, gedemütigt, schikaniert und auch exekutiert wurden. Da seien einige übergelaufen. Von den Angehörigen der Reichswehr wurden diese Überläufer verachtet. Auch noch lange nach dem Krieg.

Fast zeitgleich mit der Gruppe Ulbricht kam mein Onkel Felix-Heiner 1945 aus Russland zurück. Im Westen sah er für sich keine Zukunft, auch wenn das Todesurteil gegen ihn nicht mehr in Kraft war. Die Angehörigen des Nationalkomitees Freies Deutschland wurden geschnitten, wurden öffentlich angegriffen. Er ging in die DDR. Zu seinen Eltern in Ruhleben kam er immer wieder zu Besuch.

Die Ehe zwischen Felix-Heiner und Irmingard zerbrach darüber. Beide entschieden sich für ein anderes Deutschland. In die DDR wäre Irmingard nie gegangen. Und schon gar nicht mit dem Sohn. Er blieb bei ihr und sah seinen Vater nur noch selten. Heiner Gentzen ging später als Arzt zur Bundeswehr. Als Mitglied der Armee durfte er nicht in die DDR reisen. Nach seiner Zeit im Militär eröffnete er eine Praxis als Landarzt. Die waren schon damals so begehrt, dass die Gemeinden ihm ein Anwesen mit Reithalle stellten.

Meine Großmutter hielt zu ihrem Sohn. Immer wieder fuhr sie nach Jena und später nach Leipzig. Selbst in höherem Alter wirkte meine Großmutter noch jugendlich. Christa Wagner, die zweite Frau meines Onkels, lernte ihn durch die Musik kennen. Felix-Heiner heiratete Christa. Sie hatten zwei Töchter: Barbara und Dorothea, kurz: Bärchen und Doro. Ein Sohn starb kurz nach der Geburt.

Felix-Heiner war ein liebevoller Onkel, er war mein Wunderonkel. Wenn ich im Wohnzimmer schlafen sollte, weil er auf der Liege in meinem Zimmer übernachtete, zauberte er mir vor dem Zubettgehen stets ein Bonbon aus dem Ohr. In den Ferien fuhr ich zu ihm und den Cousinen nach Jena.

In der DDR arbeitete Felix-Heiner zunächst als Journalist, später studierte er polnische Geschichte. In diesem Fach wurde er Professor an der Universität Leipzig.

Aufgrund des Todesurteils, das in der NS-Zeit gegen Felix-Heiner in Abwesenheit erlassen wurde, galt mein Onkel als Verfolgter des Naziregimes und durfte in der DDR Karriere machen. Trotz seiner bürgerlichen Herkunft besaß er Telefon und ein Auto. Beides war in der DDR eher selten.

Seine Ehefrau Christa sang in Leipzig im Chor des Gewandhausorchesters. Religiös war sie obendrein. Die SED versuchte, das meinem Onkel vorzuhalten und eine Trennung zu erzwingen. Diesmal blieb er standhaft. »Ich habe mich schon einmal euretwegen von einer Frau getrennt. Ein zweites Mal mache ich das nicht«, wehrte er den Übergriff ab.

Für mich war ungewöhnlich, dass er als Mann nach dem Essen mit Christa in die Küche ging und das Geschirr abtrocknete. Im Haushalt meiner Mutter und Großmutter in Ruhleben machte die Arbeit ein Hausmädchen, das unter dem Dach ein Zimmer ohne eigenen Wasseranschluss bewohnte. Waschschüssel und Wasserkanne standen auf einer Kommode mit Marmorplatte.

Felix-Heiner war mir ein Vorbild. Als ich links wurde und zu den 68ern in Westberlin gehörte, klagte ich ihm mein Leid, dass meine Mutter so gar kein Verständnis für unsere Demonstrationen habe. Er beruhigte mich, so gut es ging: »Deine Mutter ist eben manchmal etwas langsam.« Meine Mutter dagegen beklagte, dass es in ihrer Familie so viele radikale Menschen gab. Damit meinte sie ihren Vater, ihren Bruder Felix-Heiner und mich.

Im Sommer 1969 starb Felix-Heiner bei einem Verkehrsunfall. Tragischerweise saß seine jüngste Tochter, meine Cousine

Dorothea, in seinem Auto. Damals war sie 17 Jahre alt und blieb zeitweise gelähmt.

Der Tod meines Onkels hat in der Familie viele Spekulationen ausgelöst. Kurz vor seinem Unfall hatte er an der Universität das Fach *Zeitgeschichte der BRD* übernommen. Nach der Wende haben wir gerätselt, ob der Unfall vielleicht von der Stasi herbeigeführt worden war. Immerhin war sein Vorgänger an der Institutsspitze kurz zuvor ebenfalls bei einem Unfall gestorben. Belege für einen Mord konnten wir bislang keine finden.

Politisch angepasst an die SED ist er da wohl nicht gewesen. Christa Gentzen, seine Frau, meinte: »Gut, dass er die Zeit von Solidarność nicht mehr erlebt hat. Er hätte gewiss mitgemacht.« Schon unter Ulbricht hatte er zu seinen polnischen Kollegen gesagt: »Wenn der Spitzbart mich holt, komme ich zu euch.«

Auch meine politische Haft Ende 1969 in Prag hat mein Onkel nicht mehr mitbekommen. Meine Tante hätte gesagt: Gott sei Dank.

## Meine Mutter in Bromberg

Meine Mutter ging in Berlin-Westend auf die Herder Schule, die ich später auch zwei Jahre lang besucht habe. Nach der zehnten Klasse ging sie ab, das Abitur war nicht ihr Ziel, Lernen machte ihr wenig Freude. Und da es ihren Eltern finanziell schlecht ging, wird ihr das als Vorwand gereicht haben. Beim Studieren hatte ihr Bruder Felix-Heiner Vorrang. Aber auch er wählte einen finanziell tragbaren Weg und ging zur Wehrmacht. Als Soldat durfte er studieren.

Sport und Reiten lagen meiner Mutter näher. Jedes Jahr machte sie ein silbernes Sportabzeichen. Um Geld zu verdienen, lernte sie Steno und Schreibmaschine, fertig war der Beruf. Ein Haushaltsjahr bei einer Verwandten in Hamburg kam hinzu. Auf die Ehe wollte sie vorbereitet sein.

»Mein erster Chef war ein jüdischer Schriftsteller«, erzählte sie, wie um mir zu beweisen, dass sie keine Antisemitin war. Während der NS-Zeit konnte sie dort nicht bleiben. Was aus ihm wurde? Ich erinnere nicht, dass sie mir darauf eine Antwort gab. In ihrer Schulzeit sei ein jüdisches Mädchen namens Inge plötzlich nicht mehr da gewesen. »Ich weiß nicht, wo die geblieben ist«, grübelte sie.

War Inge ein Opfer des Nationalsozialismus? Ich rechnete die Jahre nach. Wenn meine Mutter mit sechzehn von der Schule abging, muss Mitschülerin Inge die Klasse etwa 1929 verlassen haben, also vor dem Nationalsozialismus. Vielleicht war ihre Familie ja vorsichtig genug gewesen.

Mit Beginn des Krieges wurden die sogenannten höheren Töchter an Freunde und Bekannte vermittelt, die in besetzten Gebieten Karriere machten. Mit 26 Jahren ging meine Mutter nach Bromberg, heute Bydgoszcz. Ihr Chef war der aus Kassel stammende Polizeipräsident Otto von Proeck.

Von Proeck hatte den Rang eines SS-Oberführers. Während des Ersten Weltkriegs war er Kolonialoffizier in Kamerun gewesen. Nach 1916 wurde er dort und später auch in Spanien interniert. Während der Weimarer Republik trat er der Sicherheitspolizei bei, der kasernierten Bereitschaftspolizei.

Was sie überhaupt in Polen gemacht habe, wollte ich wissen. Meine Mutter ging sofort in die Defensive. »Das war doch damals deutsch«, behauptete sie. Nein, war es nicht. Bromberg, Thorn und Posen fielen mit dem Versailler Vertrag an die Republik Polen. So sicher, wie ich das heute schreiben kann, wusste ich das als Halbwüchsige, als ich zu fragen begann, noch nicht. Ich versuchte ihren Auskünften zu folgen, die eigentlich keine waren.

»Was war denn deine Aufgabe in Bromberg?« Diese Frage habe ich immer wieder gestellt. Als Chefsekretärin des Polizeipräsidenten musste sie doch alles gewusst haben. Sie guckte mich an, sagte kein Wort. Selbst mein tschechischer Freund und ehemaliger Partner Petr Uhl wusste noch nach Jahrzehnten um meine Fragen und ihr Schweigen.

Wenn meine Mutter in Berlin etwas bei der Polizei erledigen musste oder ich einfach einen Ausweis brauchte und sie mich zur Polizei begleitete, nahm meine Mutter Haltung an und verschaffte sich Gehör: »Ich war auch mal bei der Polizei.« Der fühlte sie sich zugehörig, obwohl sie ja dort eine zivile Stelle bekleidet hatte.

Preis gab sie gerade mal, dass sie in Bromberg ganz oben im Polizeipräsidium ein Zimmer bewohnte. Und dass die Polen nicht auf den Bürgersteigen gehen durften. Das stieß sie fast kichernd hervor. Dass sie Jagden geritten sei. Nach Kriegsbeginn sei den Damen in Berlin ja untersagt worden, im Tiergarten privat zu reiten. In Polen sei das möglich gewesen.

Um mehr über die Tätigkeit meiner Mutter in Bromberg zu erfahren, schrieb ich an das Bundesarchiv. Nach Wochen bekam ich ein Dokument. Es war nicht geheim, man durfte es mir per Mail schicken. Es war die Einladung für meine Mutter zu einem Jagdball. Mir war, als machte sich heimlich jemand über meine Suche lustig.

Mit einer Freundin fuhr ich nach der Wende ins heutige Bydgoszcz. Eine Adresse hatte ich nicht. Das Internet war als Recherchemöglichkeit noch nicht entwickelt. Vor dem riesigen, massiven, weißen Gebäude mit Türmchen und Erkern rätselten wir, ob wir wohl vor dem einstigen Bromberger Polizeipräsidium standen. Ob meine Mutter wohl da oben in einem der Erker gewohnt hat? Ich fragte vorsichtig, fast schüchtern einen Polen, der gerade vorbeiging. Er nickte und ging wortlos weiter. Selten war mir eine Frage so peinlich, wie die nach der Folterstätte aus besetzten Zeiten. Jahre später entdeckte ich im Internet ein Foto. Ja, es war das Präsidium gewesen.

»Und was hast du da gemacht?«, wieder zu Hause bohrte ich beharrlich weiter. »Als ich in Bromberg war, war noch nichts. Als ich nach Riga ging, war schon alles vorbei«, sagte sie, besann sich aber: »Ach nein, so war es doch nicht.« Weiter sprach sie nicht. Was war nicht vorbei? Was hatte noch nicht begonnen? Die Vertreibung und Ermordung der polnischen Juden? Der Sinti und Roma? Der Kranken? Der Homosexuellen? Die der kulturellen und politischen Oberschicht Polens? Die von Partisanen?

Einmal habe ich Irmingard, die erste Frau meines Onkels, zur Unterstützung dazu geholt. Vor der etwa gleichaltrigen Schwägerin wagte meine Mutter nicht zu schweigen. Aber auch die Tante musste ihr die Antworten aus der Nase ziehen. »Was hast du denn damals geschrieben? Haftbefehle?« Meine Mutter nickte. »Hausdurchsuchungen?« Sie nickte wieder. »Razzien?« Auch die. In den Wäldern kämpften Partisanen. Auch die Befehle für Einsätze gegen Partisanen schrieb sie. Sie blieb wortkarg. Geiselerschießungen erwähnte sie nicht. Nach denen fragte die Tante aber auch nicht.

Aus einem mir unerfindlichen Grund fühlte sich meine Mutter im Recht, sich in Polen aufseiten der verfolgten Deutschen zu engagieren. Ein einziges Mal ließ sie mich etwas von ihrer Quelle ahnen. In ihrer Brieftasche steckte ein altes, immer wieder gelesenes und neu gefaltetes Blatt. Es war der Brief eines Deutschen, der mit seiner Familie auf einem von ihm bewohnten Gut in der Nähe von Bromberg überfallen wurde. Es gab Tote. Meine Mutter glaubte dem Briefschreiber, der behauptete, dass die Deutschen Opfer waren.

Es ging dabei um einen Angriff auf Volksdeutsche am sogenannten Bromberger Blutsonntag. Der fand am 3. und 4. September 1939 statt, nur zwei Tage nach dem Einmarsch der deutschen Truppen in Polen. Dieser Angriff wurde von den Nazis als Rechtfertigung für ihre Racheaktionen benutzt.

Während des Blutsonntags töteten Partisanen etwa 300 deutsche Zivilisten in Bromberg und im Umland. Als Vergeltung ermordeten Einheiten des SD und der Wehrmacht etwa 5.000 Polen. Die Zahl der Toten schwankt auf beiden Seiten je nach Quelle beträchtlich.

Vor allem darüber, von wem der Blutsonntag ausging, gehen die Meinungen auseinander. War er eine Reaktion auf die Zerschlagung der polnischen Pommerellen-Armee südlich von Danzig? Oder war der Blutsonntag eine Provokation des SD, des nationalsozialistischen Geheimdienstes? Oder ein Anschlag der polnischen Untergrundarmee als Reaktion auf den Einmarsch der Deutschen? Sicher ist, dass die Zahl der toten Deutschen von der NS-Propaganda um ein Zehnfaches erhöht wurde. Dagegen sei die Rache der Nazis an den Polen furchtbar gewesen.

»Der Überfall auf den Sender Gleiwitz ging ja auch nicht von polnischen Truppen aus«, versuchte ich meine Mutter zu erreichen. Dieses Mal reagierte sie unerwartet nachdenklich: »Dann wäre das alles ja nicht nötig gewesen.« Ich stutzte: Was denn aber? Ihr eigenes Engagement? Der Krieg? Das Morden? Jetzt hätte sie reden können, ja müssen. Doch wieder einmal ließ sie mich ohne Antwort.

Mehr als ein Vierteljahrhundert später ploppte das Thema Blutsonntag noch einmal auf. Ebi Naumann, ein Freund, erzählte mir von seiner Familie. Die lebte vor dem Ersten Weltkrieg schon auf dem Gut Naumannsfelde, heute und damals Gmina Kcynia, ganz in der Nähe von Bromberg. Möglicherweise haben unsere Eltern sich gekannt, möglicherweise stammte der Brief, den meine Mutter stets bei sich trug, von dort. Eugen Naumann, Ebis Großvater, war Sprecher der Volksdeutschen und saß für sie im polnischen Sejm. Während des Blutsonntags sei er von polnischen Partisanen erschossen und verscharrt worden, erzählte Ebi. Dabei sei er kein Nazi gewesen, sondern eher ein Symbol für die volksdeutschen Gutsbesitzer. Ebis Vater hat ihn gefunden, wieder ausgegraben und in einer Schubkarre zurück auf das Gut gebracht. Die Täter waren nicht die Menschen auf dem Gut. Im Gegenteil, die hätten die Familie sogar beschützt und ihr bei der Flucht geholfen.

Wieder wollte ich klären, wie die Geschichte tatsächlich verlief. Nach Ebis Bericht ging ich noch einmal zurück in die Literatur, fand das Buch eines ehemaligen ZDF-Korrespondenten in Warschau. Günter Schubert schrieb über *Das Unternehmen »Bromberger Blutsonntag« – Tod einer Legende*, erschienen im gewerkschaftsnahen Bund Verlag. Er sprach mit Überlebenden und wertete auch die Protokolle von Gestapo-Verhören aus. Schubert fand heraus, dass die Polen erst aufgrund von Schüssen von deutscher Seite die Volksdeutschen angriffen. Die Nazipropaganda hatte stets das Gegenteil behauptet.

Zu meiner Überraschung fand ich bei Schubert auch einen Literaturhinweis zu einer Publikation meines Onkels Felix-Heiner Gentzen. Ich besorgte mir das Buch. Felix-Heiner ging es darum, die Legende vom Blutsonntag zerstören, an die meine Mutter immer noch glaubte. Auch er vertrat die These, dass in Bromberg zuerst von deutscher Seite auf die polnische Armee geschossen wurde, als die sich aufgrund des deutschen Einmarschs zurückziehen musste. Vor allem aber sei es den Nationalsozialisten darum gegangen, Vorwände für den Einmarsch der Reichswehr und der SS in Polen zu schaffen.

»Die Deutschen in Polen werden mit blutigem Terror verfolgt, von Haus und Hof vertrieben«, zitierte mein Onkel Adolf Hitler aus den Unterlagen der Nürnberger Prozesse. »Um diesem wahnwitzigen Treiben ein Ende zu bereiten, bleibt mir kein anderes Mittel, als von jetzt an Gewalt gegen Gewalt zu setzen.« So weit Hitler. So weit auch zum Stellenwert des Bromberger Blutsonntags, der es immerhin bis in die Kriegsverbrecherprozesse nach dem Krieg in Nürnberg geschafft hat.

Laut Felix-Heiner Gentzen hatten deutsche Zellen in Pommerellen bereits eine Woche vor dem Einmarsch der deutschen Truppen den Befehl erhalten, ihre Kräfte in der Gegend von Bromberg zu konzentrieren. In der angespannten Situation sei unter den Polen Panik erzeugt worden, dass die deutschen Truppen einmarschiert seien. Und dann fielen noch Schüsse aus den Fenstern und von den Dächern der Häuser, die von Deutschen bewohnt waren. Die polnische Armee erwiderte das Feuer. Die

Schießerei dauerte bis zum Abend. In der Folge ließ das polnische Platzkommando etwa 260 aufständische Deutsche erschießen. Als die deutsche Armee am 5. September auch Bromberg einnahm, begann man polnische »Männer im Altern von 14–60 Jahren aus den Häusern zu ziehen und sie in Viererreihen mit erhobenen Händen im Laufschritt zu verschiedenen Sammelpunkten zu treiben«, schrieb Felix-Heiner Gentzen. »Auf diese Weise wurden als Vergeltung für 300 standrechtlich vom polnischen Militär hingerichtete deutsche Diversanten ungefähr 5.000 Polen erschossen.« Tatsächlich soll die Zahl der ermordeten Polen noch höher gewesen sein.

Felix-Heiner ging von einer Racheaktion aus, die vor allem junge Polen traf. Am Ende seien zehn Mal so viele Polen wie Deutsche umgebracht worden. »Mit einem Wort«, so Felix-Heiner. »Die Blüte der polnischen Jugend von Bydgoszcz kam ums Leben.«

Und meine Mutter? Sie hielt an ihrer Überzeugung fest. Vielleicht wäre für sie zu viel ins Wanken gekommen, wenn sie akzeptiert hätte, dass ihre gesamte Berufstätigkeit in Bromberg auf Verbrechen fußte. Ihr Leben lang blieb sie mit den Töchtern ihres Bromberger Chefs befreundet. Als Kind war Alice von Proeck auch für mich ›Tante Alice‹.

Otto von Proeck war bis 1941 in Bromberg Polizeipräsident. Dann ging er zurück nach Kassel, woher er stammte. Kurz vor dem Ende des Krieges kehrte von Proeck noch einmal in seine alte Funktion nach Bromberg zurück. Er galt den Nationalsozialisten als linientreu. Sein Nachfolger von Salisch hatte sich nämlich gemeinsam mit dem Gauleiter Walter Ernst und dem Regierungspräsidenten Walther Kühn geweigert, Bromberg bis zum letzten Mann zu verteidigen. Weil sie bereit waren zu kapitulieren, wurden alle drei standrechtlich erschossen. Von Proeck setzte ihre ursprüngliche Aufgabe fort.

Nach Kriegsende wurde von Proeck in Polen interniert. Im März 1947 kam er in Torun/Thorn in polnischer Haft ums Leben. Meine Mutter ist nach dem Krieg nie wieder nach Polen gereist. Offenbar hatte sie Angst, dorthin zurückzukehren.

## Und dann Riga

Im Jahr 1942 ging es weiter für meine Mutter, dieses Mal gen Riga. Dort wurde sie Chefsekretärin des Befehlshabers der Ordnungspolizei, General Bruno Georg Jedicke. Jedicke gehörte seit 1930 der NSDAP an und wurde zum Generalleutnant der Schutzpolizei. Innerhalb der SS hatte er den Rang eines Gruppenführers.

Meine Mutter kam vom Regen in die Traufe, sprach aber nie darüber. Sie hat viel verdrängt. Und was sie nicht verdrängt hat, hat sie nicht erzählt.

Die Ordnungspolizei war maßgeblich am Holocaust, den Krankenmorden und der Vernichtung von Sinti und Roma beteiligt. Im Auftrag der Gestapo begleitete die Ordnungspolizei ab 1941 die Transporte von Juden aus ganz Europa nach Riga. Hierarchisch war die Polizeieinheit Heinrich Himmler unterstellt. Neben der politischen Polizei war sie auch für die Überwachung und Verfolgung von politisch Andersdenkenden zuständig.

Gemäß dem Hitler-Stalin-Abkommen vom August 1939 sollte das Baltikum der Sowjetunion zugeschlagen werden. Während des deutschen Angriffs auf Polen im September garantierte der Pakt die Neutralität der Sowjetunion. Dieser Teil des Vertrags war geheim. Litauen galt darin als deutsche Interessenzone. Ostpolen, Weißrussland, Estland, Lettland, Finnland und Bessarabien dagegen sollten an Russland fallen.

Das Baltikum wurde 1940 von sowjetischen Truppen besetzt. Aufgrund von vorgefertigten Namenslisten deportierten die sowjetischen Einheiten Teile der lettischen, litauischen und estnischen politischen Klasse ins Gebiet von Kirow und Nowosibirsk. Auch viele Juden waren dabei. Ihre Zahl wird auf 95.000 geschätzt.

Während der Deportation kamen aufgrund von Hunger und Krankheiten viele Menschen ums Leben.

Mit dem Fortgang des Krieges gegen Russland besetzte die Wehrmacht 1941 das Baltikum. Kaum waren die Deutschen da, wurden sowjetische Kollaborateure verhaftet, ebenso die Gegner der deutschen Besatzung. In Riga entstand das größte Sammelgetto Europas. Hier kamen die Transporte mit Juden aus Westeuropa an. Von hier aus wurden sie auf die Arbeits- und Vernichtungslager in Osteuropa verteilt.

Wie anders klang die Erzählung meiner Mutter in der Familie. Und wie alltäglich. In Riga angekommen suchte sie zunächst nach einer geeigneten Unterkunft. Mit den Flakhelferinnen in eine Gemeinschaftsunterkunft zu ziehen, kam für sie nicht infrage. Diese jungen Frauen hätten es zu sehr auf Männer abgesehen, fürchtete sie. Ein angemessenes Quartier erbat sie bei ihrer Freundin Anneliese Gentz, die später in Ruhleben die Zahnärztin meiner Kindheit wurde. Sie war verheiratet mit einem Herrn Gentz, ganz ähnlich wie Gentzen, der Name meiner Mutter. Es gibt Hinweise, dass die unterschiedlichen Schreibweisen einst zu einer Familie gehörten.

Mit einem Gentz-Bruder war meine Mutter lange befreundet, hatte sich aber nie zu einer Beziehung entschließen können. Erst bei ihrem 75. Geburtstag, den meine Mutter mit ihm und Anneliese Gentz in meiner Wohnung in Bonn feierte, erkannte meine Mutter, dass er der Richtige gewesen wäre.

Zurück nach Riga, zurück zu Anneliese Gentz. Während meine Mutter mit ihr über eine passende Unterkunft sprach, trat ein schmaler, eher kleiner Herr zur Tür herein. »Ach, Herr Fenske«, begrüßte Anneliese Gentz ihn forsch. »Sie sind doch ein Kavalier. Wir haben hier das Fräulein Gentzen. Helfen Sie ihr doch bei der Suche nach einer Unterkunft. In Ihrer Wohnung sind Sie doch nur zu zweit.« Es sei ihm eine Ehre, das Fräulein Gentzen aufzunehmen, säuselte Walter Fenske. So gab meine Mutter ihre erste Begegnung mit Walter Fenske wieder, meinem Vater.

Fortan lebten sie zu dritt in einer Wohngemeinschaft. Walter Fenske, ein Herr Steinkopff und das Fräulein Gentzen. Ihr Esszimmer befand sich in der ehemaligen Bibliothek. Bis zur Decke hoch waren die Wände mit Holz getäfelt. Besorgt wurde der Haushalt durch eine lettische Zugehfrau. Die hielt auch die Wohnung in Ordnung. Zum Frühstück servierte sie Blinis.

Trotz Kriegswirtschaft standen Fenske mit seinen 34 Jahren alle Reichtümer der damaligen Zeit zur Verfügung. Von der Funktion her war er kein Militär, sondern Oberregierungsrat im Finanzministerium. Faktisch war er zuständig für ein riesiges Gebiet. Weißrussland, Polen, die baltischen Staaten und Teile von Russland gehörten dazu. Seine Aufgabe bestand darin, vergesellschaftete Betriebe zu privatisieren, die während der russischen Besetzung des Baltikums verstaatlicht worden waren, ebenso wie die in Weißrussland.

Privatbesitz, auch jüdischer, war bereits in der Sowjetunion enteignet worden. Nun gingen die Betriebe, Bauernhöfe und ganze Güter an Neusiedler. Nie wieder in seinem Leben war Walter Fenske so mächtig wie unter den Nazis. Meine Mutter erzählte, dass Walter Fenske von seinen Touren durch die besetzten Gebiete stets besondere Leckereien mitbrachte. Nicht zuletzt gute Weine. Davon zeugten die Etiketten, die die getäfelten Wände des Speisezimmers bis zur Decke zierten.

Ehe Walter Fenske ins Reichsfinanzministerium ging, hatte er als junger Jurist Prozesse gegen Glaubensgemeinschaften geführt. Schon bei der ersten Verhandlung fiel es ihm schwer, ein Urteil zu fällen. Angesichts des wachsenden Antisemitismus wurde ihm das Thema Religion zu brenzlig. Er fürchtete Konsequenzen und wechselte in den Wirtschaftsbereich.

Mit ihren 29 Jahren hatte auch meine Mutter eine Machtstellung. Im Vorzimmer des Befehlshabers der Ordnungspolizei saß sie, das Fräulein Gentzen, an der Schaltstelle der Macht. Ihren Einfluss konnte sie über die sie umgebenden Männer ausüben. Nicht zuletzt über den direkten Zugang zu ihrem Chef, General

Jedicke. Bewusst war ihr das nicht. Sie wunderte sich, warum so viele Menschen Angst vor ihr hatten.

Eine Beziehung hatten meine Mutter und Walter Fenske zunächst nicht. Trafen sich mein Vater und meine Mutter einmal in der Öffentlichkeit, siezten sie sich. In einem Restaurant zum Beispiel war er für sie nur der Herr Oberregierungsrat Fenske, sie das Fräulein Gentzen. Nur kurz habe sie ihm zugenickt. Unabhängig voneinander hatten beide eigene Freundes- und Kollegenkreise.

Irgendwann fing Walter Fenske jedoch an, um meine Mutter zu werben. Doch sie wollte nicht. Schließlich hatte er in Potsdam Frau und zwei Söhne. Kam Fenskes Frau mit einem oder beiden Söhnen nach Riga, suchte sich meine Mutter eine andere Bleibe. Auch der dritte Mitbewohner der WG zog vorübergehend aus.

Als Kind stand mein Halbbruder Christian, der älteste Sohn Fenskes, in Riga am Straßenrand und sah zu, wie die Nordarmee durch die Stadt zog. Das hat er bis heute vor Augen. Ganze 14 Tage habe der Durchzug gedauert, erinnert er. Ein Soldat sah den Jungen am Rand und warf ihm aus seiner Marschverpflegung ein halbes Pfund Butter zu. Stolz brachte Christian es nach Hause. Seine Mutter war erfreut. Manches schien – der Zeit geschuldet – im Hause doch nicht im Überfluss vorhanden gewesen zu sein.

Über die Geschichte der Rigaer Wohnung sprach meine Mutter nicht. Dass es ein riesiges Jugendstilgebäude war, hätte sie wissen können. Ihr Vater war Architekt und bekannt für sein kunstgeschichtliches Interesse. Lange vermutete ich, dass sie in einer jüdischen Wohnung wohnte. Auch mein Bruder glaubte das. Immerhin war Riga seit dem 17. Jahrhundert eines der kulturellen Zentren der Juden. Sie stellten dort elf Prozent der Bevölkerung.

»Du musst doch etwas gewusst haben, wenn du das Vorzimmer von General Jedicke geleitet hast. Was habt ihr getan? Was du? Was Walter Fenske?« Meine Mutter wand sich, sagte: »Vieles habe ich gar nicht mitbekommen.« Die Arbeit sei von

Adjutanten vorbereitet worden. Die politische Verantwortung trugen andere. Aber wie stand es um die moralische? Um ihre Haltung?

»Dein Vater war gewiss kein Nazi«, versuchte sie mich zu beruhigen. Als wäre diese Idee absurd, kicherte sie etwas. Auf dem einzigen Foto aus dieser Zeit, das ich von ihm habe, trug er keine Uniform. Aber an seinem Revers steckte eine Anstecknadel mit Hakenkreuz.

Mein Halbbruder Christian fragte zurück, was es denn sonst sein sollte, wenn nicht das Parteiabzeichen der NSDAP. »Ausgeschlossen, dass ein preußischer Beamter auch nur Referendar werden konnte, wenn er nicht in der Partei war«, folgerte er. Der Vater sei eher ein Technokrat gewesen, der die Nazis für zu dumm hielt, um den Krieg gegen Russland zu gewinnen. Höchstens Leute wie er selbst hätten einen Sieg erringen können, überschätzte sich unser Vater. Zum Glück auch die nicht, finden wir beide, mein Bruder und ich.

Walter Fenske hatte lose Kontakte zum 20. Juli, erinnerte sich meine Mutter. Er kannte einige, die zum Widerstand gehörten. Verhaftet oder verhört wurde er nicht. Mein Bruder bezweifelte jede Andeutung in Richtung Widerstand. Dann grub er in seiner Erinnerung nach und ihm fiel ein, dass unser Vater Kontakt zu Johannes Popitz hatte und sogar privat bei ihm eingeladen war. Popitz war Reichsfinanzminister in Berlin und hatte seinen Rücktritt eingereicht, als 1938 die Judenverfolgung begann. Sein Gesuch wurde abgelehnt, er musste bleiben. Und engagierte sich in konservativen Widerstandskreisen.

Popitz soll sogar versucht haben, Himmler zu überreden, eigenständig Friedensverhandlungen aufzunehmen, um den Krieg zu beenden. Ohne Erfolg. Sein Telegramm wurde abgefangen. Hätte das Attentat am 20. Juli Erfolg gehabt, wäre Popitz als Finanzminister der neuen Regierung im Gespräch gewesen. Teile des Widerstands favorisierten ihn. Einen Tag nach dem Anschlag auf Hitler wurde Popitz am 21. Juli 1944 verhaftet und am 3.

Oktober vom Volksgerichtshof zum Tode verurteilt. Popitz wurde am 2. Februar 1945 in Plötzensee gehenkt.

Dass unser Vater rassistisch Verfolgten geholfen hat, erinnerte mein Bruder. So habe er Facharbeiterausweise und Bescheinigungen ausgestellt, damit jüdische Kinder ausreisen konnten. Dahinter habe aber wohl seine Mutter gesteckt, meinte mein Bruder. Von sich aus hätte der Vater das wohl nicht getan. Aber er tat es.

Seine Vorlieben waren andere. So hatte er Bücher von Schriftstellern, die im Exil lebten, in seinem Arbeitstresor versteckt. Vater sei ein Fan von Thomas Mann gewesen. Während einer Reise des Vaters seien die Bücher entdeckt worden, es wurde gegen ihn ermittelt. Geschehen sei ihm nichts. »Glück gehabt«, kommentierte mein Bruder. »Man weiß ja nie, an wen man in solch einer Situation gerät und wer das ausnutzt.«

Meine Mutter hatte das mitbekommen. Einige schmale Bändchen mit Gedichten von Gottfried Benn und mehrere Romane von Thomas Mann fand ich in ihrem Regal. Eigentlich war das nicht ihr Geschmack. Ihr lag eher das Leichte. Ihr Onkel Leo Wispler, ein Architekt, schrieb erfolgreich Romane.

Kam meine Mutter einmal ins Erzählen, schwärmte sie von der Sommersonnenwende in Riga. Lebhaft gestikulierend formte sie in der Luft, wie die Letten durchs Feuer sprangen. Die ganze Nacht hindurch hätten diese Feste gedauert. Meine Mutter war jung. Im Krieg das Leben zu genießen, gehörte dazu und hat heute dennoch einen merkwürdigen Beigeschmack.

Dass sie nie ein KZ gesehen habe, versicherte sie immer wieder. Dabei befand sich das KZ in Riga oben in der alten Burg. Und es gab das Lager Kaiserwald (heute Mežaparks) und weitere Außenlager. 1942 lebten von den ursprünglich 90.000 nur noch 5.000 lettische Juden. Das Getto in der Moskauer Vorstadt (Maskavas forštate) war ungleich größer und nahm einen ganzen Stadtteil ein. Es wurde 1943 aufgelöst. Unglaublich, dass meine Mutter all das nicht gesehen haben wollte.

Fenskes Familie kam immer wieder nach Riga. Einmal hatte

sich mein Halbbruder Christian in der Stadt verlaufen und wurde zur lettischen Polizei gebracht. Die übergab ihn weiter an die deutsche Behörde, die ihn zur Familie zurückbrachte. Bis heute blieb in ihm die Angst, sich in einer fremden Stadt zu verlaufen.

Dass über Häftlinge oder das KZ gesprochen wurde, daran konnte sich auch Christian nicht erinnern. Einmal habe er Menschen in merkwürdigen Uniformen gesehen. Nachfragen durfte er nicht. Das seien arme Schweine, wurde ihm bedeutet. Häftlinge? Zwangsarbeiter? Juden? Er erfuhr es nicht. Dabei hatte er sie mit eigenen Augen gesehen.

In den Ferien war Christian mit seiner Mutter auch mal länger in Riga und fuhr mit ihr ans Meer. Jurmala, der Badestrand am Rigaischen Meerbusen, ist mit seinen hölzernen Villen nur 18 Kilometer von der lettischen Hauptstadt entfernt. Einmal habe sich Christians Mutter gegen ein paar Letten zur Wehr setzen müssen. Der Vater war nicht dabei. Auch der jüngere Bruder nicht. Bei kurzen Besuchen in Riga reichte die Zeit nicht, um ans Meer zu fahren. War die Familie fort, lebte Walter Fenske wieder mit meiner Mutter in der Wohnung. Hartnäckig warb er um sie. Er behauptete, sich von seiner Frau trennen zu wollen. Irgendwann wurde meine Mutter schwach. Das war 1944. Riga war bereits von den vorrückenden russischen Truppen eingeschlossen. Auf der Schwelle zwischen Leben und Tod öffnete sie sich dem Verhältnis zu meinem Vater.

Während des Krieges hatten viele Männer eine Familie zu Hause und lebten in den besetzten Gebieten mit einer »Kriegsfrau« zusammen. Walter Fenske drang darauf, dass meine Mutter schwanger wurde. Nach der geltenden NS-Gesetzgebung war das die Chance, sich scheiden zu lassen. Dazu brauchte es ein Kind. Das war ich.

Das ging so bis Mitte 1944. Dann wurden die Frauen nach Deutschland zurückgeschickt. Meine Mutter verließ Riga. Walter Fenske kam Ende 1944 oder Anfang 1945 zurück. Meine Mutter zog zu ihm nach Potsdam in die Wohnung seiner Mutter.

## Misstrauen gegen das Fräulein Gentzen

Riga war mein nächstes Ziel. Adressen hat mir meine Mutter nie gegeben. So ratlos wie vor dem Polizeipräsidium in Bromberg wollte ich nicht noch einmal vor einem Gebäude stehen. Auch meinem Bruder ist es nicht anders ergangen. Er irrte in Riga umher, ohne jede Kenntnis, wo sein Vater gelebt hat. Man hätte ihn vor jedes Jugendstilhaus stellen können, erkannt hätte er keines.

Unerwartet dann eine Spur: Meine Mutter hatte, ehe sie ins Heim ging, mehrfach von einer Ute Steinkopff geschwärmt. Die würde sicherlich gern in ihr Haus im Siepesteig ziehen und für sie sorgen. Wie kam es nur, dass mir diese fürsorgliche Frau nie begegnet war? Meine Mutter hatte sie auch nie zu sich eingeladen. Nach dem Tod meiner Mutter wandte ich mich an Ute Steinkopff. Immerhin hatten – so meine Mutter – ihr Vater mit meinem Vater und meiner Mutter die WG geteilt.

Ute Steinkopff war sehr erstaunt, als ich mich telefonisch bei ihr meldete. Sie war älter als ich und wusste dementsprechend mehr. Von ihr erhielt ich die Adresse, unter der unsere Väter gelebt hatten. Das Haus hätte zentral in Riga gelegen in der breiten Herrmann-Göring-Straße 23, gleich neben einem Park. Heute heiße die Straße Krišjāņa Valdemāra iela und es sei ein Hotel darin. Die Nummer 23 sei geblieben.

Die Geschichte, die ich von Ute Steinkopff erfuhr, stimmte nicht mit dem überein, was ich nach der Erzählung meiner Mutter erwarten durfte. Es war zwar so, dass die drei gemeinsam in der Wohnung gelebt hätten, aber als Steinkopffs Familie dazukam, wurde es eng. Sie zogen es vor, unter sich zu sein. Vor allem: Die Steinkopffs hätten dem Fräulein Gentzen nie getraut. Aus diesem Grund besorgten sie sich sogar eine eigene Wohnung. Gerade hatten sie die gefunden und waren umgezogen, da plötzlich – es muss im Jahr 1944 gewesen sein – sei das Fräulein Gentzen schon wieder in ihrer Wohnung aufgetaucht und habe sich dort breitgemacht. Keiner von ihnen wagte noch, ein offenes

Wort zu sprechen. Immer und überall habe das Fräulein Gentzen dabeigesessen. Beim Frühstück ebenso wie beim Abendbrot.

Ute Steinkopff wohnte wie meine Mutter in Berlin-Zehlendorf, nur wenige Gehminuten voneinander entfernt. Mutter und Tochter Steinkopff betrieben in Zehlendorf in der Machnower Straße eine Reinigung mit Änderungsschneiderei. Die lag in der Nähe meiner Schule. Ich erinnerte mich, dass ich ab und zu etwas dorthin gebracht oder abgeholt habe. Immer empfing mich eine merkwürdige Stimmung, sobald ich den Laden betrat. Eine Stimmung, die ich nicht verstand und auch nicht auf mich bezog. Wie auch?

Eines Tages aber soll Mutter Steinkopff ihre Tochter Ute mitgenommen haben und mit ihr in den Siepesteig gefahren sein, wo sich das kleine, weiße Reihenhaus meiner Eltern befand. »Merk dir, was ich dir jetzt sage«, bläute Frau Steinkopff der Tochter ein. Dort in der Nummer sieben, da wohnt Frau Plogstedt. Die ist schuld am Tod deines Vaters.«

Ich erschrak. Wieso sollte meine Mutter schuld an dem Tod ihres Mitbewohners in Riga sein? Meine Mutter hat von Problemen nichts erwähnt. War die Beschuldigung aus der Steinkopff'schen Familie berechtigt? Oder war der Verdacht ein Hirngespinst, eine Traumafolge? Saßen Mutter und Tochter Steinkopff vielleicht den Kriegs- und Todesängsten ihrer Familie auf?

In den letzten Monaten des Krieges wurde Ute Steinkopffs Vater an die Ostfront versetzt. Jeder wusste damals, dass solch ein Einsatz ein Himmelfahrtskommando war. Der Vater fiel schon nach wenigen Tagen. Seither lebten sie und ihre Mutter allein. In Trauer und voller Rachegefühle gegen meine Mutter.

Kann das sein? Weil die Familie Steinkopff meine Mutter 1944 nicht abschütteln konnte, gingen sie davon aus, dass meine Mutter für Steinkopffs Tod verantwortlich war? Weshalb sollte meine Mutter das getan haben?

Dass meine Mutter damals durch ihren Chef, den Befehlshaber der Ordnungspolizei und seiner Entourage vergleichsweise mächtig war, schürte den Verdacht. Aber sie ging ja Mitte 1944 zurück nach Berlin. War meine Mutter in einer Situation, in der sie sich gegen Steinkopff verteidigen musste?

»Sie wird zu Ihnen gekommen sein, weil die Familie meines Vaters gerade da war und die Wohnung brauchte«, überlegte ich laut, um die Tochter Steinkopff zu beruhigen.

Was für ein Interesse sollte sie gehabt haben, dass Herr Steinkopff fiel? Sprang sie vielleicht für Walter Fenske in die Bresche? Waren sie in Panik geraten, als das Dritte Reich begann unterzugehen? Wollte sie Fenskes lose Kontakte zum 20. Juli geheimhalten, weil Steinkopff davon wusste? Aber sein Kontakt zu Johannes Popitz war nicht wirklich geheim, er war ja sein ehemaliger Chef gewesen.

Und warum hatte meine Mutter Ute Steinkopff so positiv erwähnt, dass sie sich sogar von ihr pflegen lassen wollte? In einer Pflegesituation wäre meine Mutter Ute Steinkopffs Rache ja hilflos ausgeliefert gewesen.

Mir fiel auf, dass mir das Misstrauen der Steinkopffs nicht wirklich fremd war. Ich fragte mich ja auch immer wieder, worin die Aufgabe meiner Mutter im Nationalsozialismus wirklich bestanden hatte. Mir kam der Satz meiner Mutter wieder in den Sinn, der mich in Bezug auf Bromberg schon so beunruhigt hatte: »Dann wäre das ja alles gar nicht nötig gewesen.« Was wäre nicht nötig gewesen? Zu was hat sie sich genötigt gesehen?

Noch etwas hakte in meinem Gedächtnis fest. Es war ein Verbot. Als ich 12 oder 13 war, erklärte sie mir aus heiterem Himmel im Kieferngarten unserer Heerstraßen-Villa: »Wenn du einmal Drogen nimmst oder für einen Geheimdienst arbeitest, dann kenne ich dich nicht mehr.« Die Drohung blieb haften. Jahre später fragte ich meine Mutter direkt: »So etwas sagt man doch keiner Dreizehnjährigen.« »Nein«, gab sie lakonisch zurück. Und kein Wort mehr, keine Erklärung.

Immerhin war es ihre Drohung, die es mir Jahrzehnte später relativ leicht machte, jeden Versuch einer Anwerbung durch die tschechische Staatssicherheit oder die der DDR zurückzuweisen. Das war unmittelbar nach meiner Haft in Prag von 1969 bis 1971, als die Stasi der DDR mich 1971 mit einer weiteren Inhaftierung bedrohte, falls ich nicht für sie arbeiten würde. Angst, die Stasi mit einem Nein abzuspeisen, hatte ich nicht. Ihre Drohungen schüchterten mich nicht ein. Das alles hatte ich in der Haft erlebt, ohne mich zu verbiegen. Und Geschenke oder Aufträge durch die Stasi, die sie mir als Lohn versprachen? Nein, danke. Auch die wollte ich nicht. Auch nicht in Form von versprochenem Ruhm.

Natürlich habe ich mich gefragt, ob sich meine Mutter hatte verführen lassen. Etwas, wozu sie später nicht stehen konnte und über das sie nie ein Wort verlor?

Hatte der Vorwurf, den Ute Steinkopff ihr machte, Substanz? Wo immer es mir möglich war, beantragte ich Einsicht in Akten. Eine Mitarbeiterin des Stasi-Unterlagen-Archivs schrieb irgendwann genervt zurück: »Hören Sie doch mal auf, nach Ihrer Mutter zu fragen!« Nie fand ich etwas über sie. War es falsch, dass ich dem Verdacht Raum gab und ihm nachging? Und ihr über den Tod hinaus möglicherweise Unrecht tat?

Die Unklarheiten in den Gefühlen hat es gegeben. In meinen und wohl auch in ihren. Ich war auf Andeutungen und auf meine Fantasie angewiesen. Schweigen führt leicht zu Spekulationen. Harte Fakten habe ich in Archiven nie gefunden. Es gibt keinen Hinweis auf eine Spionagetätigkeit. Und auch keinen auf eine Beteiligung an nationalsozialistischen Gewaltverbrechen.

## Fahrt nach Riga

Im Herbst 2014 machte ich mich auf den Weg nach Riga. Zwei Monate zuvor war mein Haus abgebrannt, ich fuhr trotzdem. Und ließ mir alle Adressen von Ute Steinkopff noch einmal geben. Die wünschte mir Erfolg.

Die Altstadt und das Jugendstilviertel liegen auf einer Seite der Düna. Auf der Seite, auf der ich untergebracht war, stehen neue, große Hotels. Gleich daneben ein Stadtviertel, das wie tot wirkte, das nicht mehr lebte oder noch nicht wieder. Ich kam mir vor wie in einer tabuisierten Zone.

Einige Holzhäuser gab es noch, meist waren sie heruntergekommen. Nur wenige waren restauriert. Es roch nach Unglück, nach Verbrechen. Das könnte erklären, warum Menschen das Gebiet mieden.

Für mich war die Stadt emotional aufgeladen. Mithilfe einer Rundfahrt versuchte ich, mich erst einmal mit der Stadt bekanntzumachen. Weder das Getto noch das KZ kamen vor. In meiner inneren Aufregung bemerkte ich das zunächst gar nicht. Auch in mir schienen die Tabus wie eingewachsen zu sein.

Als Erstes begab ich mich ins Jugendstilviertel. Eines der Häuser stand für eine Besichtigung offen, samt Wohnung mit Möbeln aus der Zeit. Gebaut wurde es vom Vater von Sergej Eisenstein, dem berühmten sowjetischen Filmregisseur. Dass Eisenstein aus dem Baltikum stammte, war mir nicht einmal bekannt.

Von einem Café gegenüber behielt ich das Eisenstein'sche Haus im Blick. Auch das Interieur im Café war im Jugendstil. Ganze Straßenzüge, alles Jugendstil. Ich lief die Straßen auf und ab, um Raum zum Fühlen zu gewinnen. Die Häuser strahlten, als wäre aller Schrecken von ihnen ferngehalten worden. Oder hinterher übermalt worden, als sollte niemand sehen, dass die Menschen, die darin gelebt hatten, deportiert und umgebracht wurden.

Für den nächsten Tag nahm ich mir die Krišjāņa Valdemāra iela vor, die Magistrale, an der das ›Valdemars Riga‹ liegt. Dort liegt das Haus, in dem meine Eltern lebten. Auch dies ein Jugendstilgebäude, doppelt so groß wie alle übrigen. Heute ist es ein Hotel und erstreckt sich über mehrere Grundstücke.

Ich umkreiste das Gebäude, guckte es mir von den Nachbarhäusern und dem Park aus an. Das Holzhaus direkt daneben mit einem Café war eine Zuflucht, die ich nutzte. Ich brauchte Zeit für die Annäherung. Endlich wagte ich es, ins Hotel einzutreten. Vom Eingang aus sah ich durch eine Einfahrt mit Schlagbaum in einen Hof. Ein Seitenflügel war bewohnt.

Die Geschäftsführerin des Hotels kam auf mich zu. Als ich ihr erzählte, dass meine Eltern während des Krieges in dem Haus gewohnt hätten, erntete ich nicht die befürchtete Feindseligkeit. Im Gegenteil: Sie lud mich ein, mir das Gebäude anzusehen. Es käme nur eine Etage infrage, wo die Eltern gelebt haben könnten. Sie sei noch nicht wieder saniert. Sie schloss die Wohnung auf, führte mich in die Bibliothek. Ein sechseckiger Raum. Braune hölzerne Bücherregale mit Täfelungen an den Wänden bis zur Decke. Rundum Regale ohne Bücher. Das muss das Esszimmer gewesen sein. Passend zum Raum stellte ich mir einen Esstisch vor. An dem saßen meine Eltern und ihr Mitbewohner Steinhoff und verspeisten morgens die Blinis, die die Zugehfrau ihnen servierte.

Mir fielen zwei schweinslederne Bücher ein, die meine Mutter besaß. Sie stammten aus dem 16. oder 17. Jahrhundert. Vielleicht standen sie einst hier in der Bibliothek, vielleicht hat meine Mutter sie von dort als Erinnerung mitgenommen. Ich verspürte den Wunsch, die Bücher den Besitzern zurückzugeben. Aber meine Versuche, die Bücher rechtzeitig zu sichern, hatte meine Mutter konterkariert und die Bücher aus Bonn wieder nach Berlin mitgenommen. Dort sind sie meiner Mutter gestohlen worden.

Im Erdgeschoss des Hauses lag die Bar des Hotels. Die Fotos an den Wänden guckte ich genauer an. Darauf ein breitschultriger Mann mit Jagdgewehr. Dazu Fotos vom Meer, vom Strand und von der Jagd.

Die Begegnung mit dem Haus, in dem meine Eltern lebten, geriet zu einer Einführung in die Geschichte Lettlands. Das Haus habe dem Gründer der lettischen Republik gehört, erklärte mir die Geschäftsführerin. Die ursprünglichen Besitzer des Hauses hießen Čakste. Jânis Čakste war der erste Präsident der Republik Lettland. Am 18. November 1918 erklärte er die Unabhängigkeit Lettlands. In einem kurzen Krieg war sie Russland abgetrotzt worden.

Und ich hatte immer angenommen, dass sie in der Wohnung von Juden gelebt hatten. Begierig sog ich die Geschichte des Hausbesitzers auf. 1859 geboren, stammte Čakste aus Lielsesava bei Jelgava. In Moskau hatte er Jura studiert. Er zählte zu den Gegnern der Oktoberrevolution. Im Unabhängigkeitskrieg (1918–1920) bekämpfte er jede Annäherung an Russland. Čakste war Vorsitzender des neu gegründeten Übergangsparlaments. 1922 wurde er zum Präsidenten gewählt. Bis zu seinem Tod im Jahr 1927 behielt er die Funktion. Bei seinem Tod war er gerade 68 Jahre alt. Rigas Straßenränder waren bei seiner Beerdigung voll von Trauernden.

Die Unabhängigkeit brachte dem Land eine intellektuelle und kulturelle Blütezeit. In kaum einem europäischen Land wurden so viele Bücher verlegt, verkauft und gelesen wie damals in Lettland. Nirgends wurden so viele Bibliotheken gegründet. Lettland trat dem Völkerbund bei und gründete diplomatische Vertretungen in aller Welt.

Doch die Hoch-Zeit war nur von kurzer Dauer. 1934 folgte ein Staatsstreich. Das Parlament wurde ausgeschaltet, die Pressefreiheit eingeschränkt, politische Parteien verboten. Der Staatsstreich verlief unblutig, aber viele Demokraten wurden verhaftet. Karlis Ulmanis etablierte sich als Premierminister und Staatspräsident in einer Person. Wie der Gründungspräsident Jânis Čakste hatte er 1918 zu den Begründern des lettischen Volksrats gehört, der die Unabhängigkeit proklamiert hatte. Nun stand er für ein autoritäres Regime. Bis 1940 blieb Ulmanis Ministerpräsident.

Im August 1939 schlossen Hitler und Stalin ihren unseligen Pakt. Offiziell war er ein Nichtangriffsvertrag zwischen Russland und Deutschland. In einem geheimen Zusatzprotokoll wurden große Teile des Baltikums jedoch dem sowjetischen Interessengebiet zugeordnet. Der Pakt ebnete schon im September 1939 dem deutschen Überfall auf Polen den Weg.

1940 besetzte die Sowjetunion Lettland. Um ein Blutbad zu verhindern, rief Ministerpräsident Ulmanis die Letten auf, nur ja keinen Widerstand zu leisten. Trotzdem wurde er von den Sowjets verhaftet und deportiert. Das Gefängnis Krasnowodsk überlebte er nicht.

Während der zweijährigen Besetzung durch die Sowjetunion wurden 35.000 Letten nach Sibirien deportiert. Das Land wurde zur *Lettischen Sozialistischen Sowjetrepublik*. Die Bauern- und Adelsgüter wurden in Genossenschaften aufgeteilt. Größere Betriebe wurden verstaatlicht. Vorschriften, die Juden diskriminierten, wurden aufgehoben. Der Anteil der jüdischen Bevölkerung lag bei fünf Prozent, als 1941 die deutsche Besetzung begann.

Die Familie des Gründungspräsidenten Čakste ging ins Exil in Schweden. Fast alle überlebten. Einer der Erben lebt heute mit seiner Familie in dem Seitenflügel des Hotels. Ein Bruder Čakstes ist im Lager Stutthoff ums Leben gekommen.

Ehe die Čakstes fortgingen, vergruben sie ihre Wertsachen an einem geheimen Ort. Einmal seien sie während der sozialistischen Zeit zurückgekommen, hätten nachgegraben und noch alle Schätze vorgefunden. Doch mit all den Antiquitäten konnten sie ja nicht legal nach Schweden ausreisen. So vergruben sie den Schatz von Neuem. Es dauerte bis zum Jahr 1989, also bis zur Wende, die in Lettland »die singende Revolution« heißt. Dann kam die Familie zurück. Und sicherte ihren Schatz.

1989 am Strand der Ostsee: Die Protestierenden der singenden Revolution hatten eine durchgehende Lichterkette von über 600 Kilometern gebildet. Hier trug der Sohn von Jânis Čakste noch einmal die Rede vor, die sein Vater bei der Gründung der Republik gehalten hatte. Das war am 23. August 1989. An diesem Tag versammelten sich zwei Millionen Menschen am Ufer und reichten sich die Hände. Eine Viertelstunde lang. Von Tallin über Riga bis nach Vilnius reichte die Menschenkette entlang der Küste aller baltischen Länder. Und das fünfzig Jahre nach dem Hitler-Stalin-Pakt. 1990 wurde die Loslösung der baltischen Staaten von der Sowjetunion beschlossen, sie trat 1991 in Kraft.

Ein Besuch beim Lettischen Nationalarchiv war unumgänglich. Es lag auf derselben Seite der Düna wie mein Hotel. Wie immer in solchen Archiven entstand beim Versuch, Licht in die Vergangenheit zu bringen, in mir eine Erwartungsspannung. Würde ich da wieder gut herauskommen? Würde ich etwas erfahren, das mein Leben klärte und innerlich ordnen half? Oder würde es mir den Boden unter den Füßen wegziehen? Ich stellte einen Antrag auf Auskunft über meinen Vater und meine Mutter. Trotz aller Ängste füllte ich den Antrag aus.

Recht bald kam die Nachricht: Im Nationalarchiv von Riga gäbe es so gut wie keine Dokumente, fast alles sei zerstört. Vielleicht auch nach Deutschland mitgenommen worden. Oder nach Moskau.

# III. Nach dem Krieg

## Zurück in Deutschland

Als Kind stand ich mit vier oder fünf Jahren mit Mutter, Großmutter und wohl auch Tante Eva auf den Stufen von Sanssoucis. Da war die Mauer noch nicht da. Intensiv schauten die Frauen hinüber zu den Wohnhäusern. Irgendetwas mussten sie dort sehen. Mir gelang es nicht, das zu verstehen. Aber das Gefühl von Geheimnis, ich spürte es sofort. Mein Gedächtnis für Verborgenes sprang an. Wieso nur lag solch eine Intensität in ihren Blicken? Dort drüben waren doch nur Häuser zu sehen.

Heute ist mir klar, dass dort die Wohnung meiner zweiten Großmutter lag. In deren Wohnung lebten meine Eltern. Dort wurde ich wohl auch gezeugt. Das muss im Februar 1945 gewesen sein. Walter Fenske behauptete noch immer, dass sie ein Kind brauchten, damit er sich von seiner Frau scheiden lassen konnte.

Meine Mutter kehrte nur kurz heim zu ihren Eltern. Als mein Vater zurück war, zog sie mit ihm in die Wohnung seiner Mutter in Potsdam. Die lag mit Blick auf Sanssoucis am Rande des Schlossparks. Walter Fenskes Mutter war Masurin, gehörte einer gemischten Volksgruppe an, die im Süden Ostpreußens lebte und anders als die Kaschuben evangelisch war. Unter den Schriftstellern galt Siegfried Lenz als ein Vertreter der Masuren, Günter Grass als einer der Kaschuben.

Die Großmutter lebte in der Lennéstraße, den Blick direkt auf die Gärten von Sanssouci. Vom Balkon aus blickte sie auf das Schloss. Und vom Schloss aus sah man das Wohnhaus.

Dann gegen Ende des Krieges, als Brandbomben auf das Haus seiner Frau und Söhne fielen, geriet Walter Fenske in Panik. Er kehrte zu seiner Familie zurück. Und lieferte sich aus, indem er sich im Haus seiner Frau aufhängte. Aber so, dass er rechtzeitig gefunden wurde.

Mein Bruder Christian, mit dem ich immer wieder Informationen austauschte, schrieb:

> »An das mit der Brandbombe erinnere ich mich gut. Sie hat nur wenig Schaden auf dem Dachboden angerichtet. Ärgerlicher war es, dass die Engländer eine Bombe auf unser Segelboot geworfen hatten. Und richtigen Schaden hat eine Granate angerichtet, die die Russen vom anderen Havelufer in unsere Küche in Potsdam schossen, was ein ziemliches Loch in unsere Hauswand gerissen hat. [...] Nachdem wir wieder in unser Haus am Kiewitt gezogen waren, kam ein russischer Offizier und sagte, das mit der Küche sei keine Absicht gewesen, sie hätten die Eisenbahnbrücke über dem Kiewitt treffen wollen.«

Mit der Rückkehr meines Vaters in seine Familie endete die Beziehung meiner Eltern. Meine masurische Großmutter schrieb meiner Mutter, nun könne sie nichts mehr für mich, das kleine Sibyllchen, tun. Nun müsse sie ja zu ihrem Sohn und den beiden Enkelsöhnen halten. Die sprachlichen Verkleinerungen des Masurischen wirkten liebevoll, auch wenn ihre Botschaft hart war. Als Enkelkind gab sie mich auf.

Allein und im Bombenhagel kehrte meine Mutter zu Fuß zu ihren Eltern nach Ruhleben zurück. Der Stendelweg, in dem sie wohnten, wurde noch von den Türmen des Reuterkraftwerks aus beschossen. Die Russen hielten die Türme besetzt. Tagsüber wagte sich niemand auf die Straße. Nur in der Dämmerung konnten die notwendigen Lebensmittel besorgt werden.

Am 20. April 1945 kam meine Mutter zu Hause bei ihren Eltern an. Ausgerechnet an Hitlers Geburtstag. Ihr Vater Felix Gentzen drückte immer noch seine Zuversicht aus, dass es zu einem Sieg der deutschen Truppen käme. Inzwischen lachten meine

Mutter und meine Großmutter ihn aus. Außer ihm glaubte niemand mehr an den Sieg.

Meine Tante Eva war ebenfalls aus den besetzten Gebieten zurück. Sie war in Paris gewesen und lebte nun auch erst einmal wieder bei den Eltern.

## Angst in Potsdam

»Mein Vater fürchtete, die Russen würden ihn holen«, schrieb mein Bruder Christian. Er hatte eine Warnung bekommen, dass er verhaftet werden könnte. Eines Tages hielt ein russischer Jeep vor dem Haus. Die Soldaten schellten an der Tür. Mein Vater dachte, seine letzte Stunde hätte geschlagen. Fehlalarm. Die Soldaten brauchten nur etwas Wasser für die Kühlung ihres Jeeps. Aber die Warnung saß, die Familie packte und ging in den Westen. Eine Woche später wollten die Russen ihn tatsächlich holen. Da war er mit Frau und Kindern bereits fort.

Auch für beide Söhne war es an der Zeit, dass sie gingen. In der DDR hätten meine Brüder nicht die Oberschule besuchen dürfen. Christian, der ältere, hatte bereits den ablehnenden Bescheid erhalten.

Ich hätte so gern etwas von meinem Vater besessen. Obwohl wir doch viel miteinander sprachen und schrieben: Es kostete mich Kraft, meinen Bruder um eine Erinnerung zu bitten. Er hätte selbst darauf kommen sollen, fand ich und spürte wohl aus Gewohnheit bei dem Thema eine leichte Kränkung. Mein Bruder antwortete sofort. Der Tod seines Vaters sei nun schon 52 Jahre her, er besäße nichts mehr. Aber ein Foto aus den späteren Jahren meines Vaters scannte er mir ein. Ich dagegen besaß das Jugendfoto, das er in Riga meiner Mutter geschenkt hatte, und schickte es ihm. So habe er ihn in Erinnerung, schrieb er zurück. Das Geben und Nehmen zwischen uns war ausgewogen und meine Kränkung weg.

Meine Beschäftigungen mit dem Vater halfen auch meinem Bruder. Gerade las er noch einmal in dem Buch *Niemandstochter* über meine Vatersuche. Wie groß die Angst vor den Russen war, wurde ihm dabei wieder bewusst. Spontan rief mich Heidi, Christians Frau, an. Ich sollte mithören, in welcher Verfassung mein Bruder war. Mit zittriger Stimme erinnerte sich mein Bruder daran, wie unser Vater in Potsdam durchdrehte. Das war nach dem Selbstmordversuch. Im Angstwahn griff Vater zur Pistole, richtete sie auf seine Ehefrau und die Söhne. Mein Bruder:

> »Wir haben damals alle in einem Zimmer gelebt. Und ich weiß noch genau, dass mein Vater meiner Mutter gedroht hat: ›Ich erschieße zuerst dich, dann die Kinder, dann mich.‹ – Ich bin inzwischen der Einzige, der sich daran erinnern kann, dass er uns alle erschießen wollte.«

Seine Großmutter mütterlicherseits hat die Familie gerettet:

> »Sie ist auf den Balkon gelaufen und hat laut um Hilfe geschrien. Mein Vater hat sich fürchterlich aufgeregt. Aber sie hat gedroht, dass sie so lange schreien wird, bis die Russen kommen. Das hat uns gerettet.«

Angst mit Angst besiegen. Das half. Allein der Besitz der Waffe hätte den Vater das Leben kosten können. In den Händen von Deutschen waren Waffen nach Kriegsende verboten. Christians Großmutter war eine zupackende Frau. In ihrem Beisein versenkte Vater die Pistole in der Havel. Die floss nur wenige Schritte entfernt am Haus von Christians Großeltern vorbei. Der Schreck war damals so groß, dass Christian diese Erinnerung 75 Jahre lang verdrängte. Damals war er zehn Jahre alt. Als er sich erinnerte, war er Mitte achtzig.

Schon vorher hatte mir mein Bruder von noch einem weiteren Selbstmordversuch des Vaters erzählt. Der sei aufgrund seines

Alkoholismus erfolgt. Mit dem Trinken begann er bereits in Riga. Und hörte offenbar nie wieder auf.

In mir setzte sich die Erkenntnis durch, dass ich doch nicht nur unglücklich darüber sein sollte, mit dem Vater nicht in einer Familie zusammengelebt zu haben. Diese Erkenntnis wuchs langsam. Und nahm zu durch die traurigen Erfahrungen, die mein Bruder mit dem Vater hatte machen müssen.

## Meine Geburt

Am 2. November 1945 kam ich im Charlottenburger Krankenhaus zur Welt. Per Unterschrift erkannte mein Vater die Vaterschaft an. An Unterhalt dachte er nicht. Auch meine Mutter forderte das Geld eher zögerlich ein: »Ich kriege mein Kind auch allein groß«, erklärte sie selbstbewusst.

Meine Tante nahm an, dass meine Mutter immer noch Gefühle für meinen Vater hegte. Ihr Bruder, mein Onkel Felix-Heiner, redete ihr ins Gewissen: Du darfst auf das Geld nicht verzichten. Es gehört nicht dir, es ist für Sibylles Ausbildung. Meine Ausbildung war meiner Mutter wichtig. Ein Anwalt wurde beauftragt, das Geld einzutreiben. Unter Druck zahlte mein Vater das gesetzliche Minimum. Ich erinnere mich an Zahlungsabschnitte von etwa 60 Mark. Aber die habe ich erst sehr viel später gefunden.

In seinen Briefen schien mein Vater eine Begegnung mit mir nicht abzulehnen. Anfangs hat mich das getröstet, als ich die Briefe fand. Meine Mutter verhinderte die Begegnung jedoch. Sie gab mir weder seinen Namen noch seine Adresse. Und versteckte sein Foto jahrzehntelang vor mir. Und vielleicht auch vor sich. In Briefen berichtete sie ihm trotzdem von meiner Entwicklung und über meine schulischen Erfolge. Sein Geld war ja für meine Ausbildung da.

In Hamburg war Vater zunächst bei der Lebensmittelverteilung tätig. Mein Bruder erinnerte sich, dass Deutschland mit

Kriegsende keine Schiffe mehr bauen durfte. Vater habe mit den Engländern verhandelt, damit wenigstens ein alter Fischtrawler repariert werden durfte. Er hatte Erfolg. Mit dem instand gesetzten Schiff konnten in Hamburg wieder Fische gefangen werden.

Mein Vater wollte, dass meine Mutter ihm nachzog. Er hätte die Beziehung zu ihr wohl gern wieder aufgenommen. Sie blieb stark und lehnte jedes Wiedersehen ab. Wütend antwortete sie: Sie hätte angenommen, dass er ein Ehrenmann sei. Er sei es doch gewesen, der ein Kind – mich – wollte. Die Idee, als Geliebte in seiner Nähe zu leben, lehnte sie empört ab.

Für seine Tätigkeit im Öffentlichen Dienst beantragte Vater die Entnazifizierung. Nur so konnte er in den niedersächsischen Staatsdienst übernommen werden, für den er sich bewerben wollte. Dort sei es am leichtesten, erwartete er. Das alles fand ich in seinen Briefen an meine Mutter. Da war ich 50 Jahre alt und musste durchsetzen, mehr über meinen Vater zu erfahren.

Den Besuch im Hannoveraner Archiv hatte ich mir als letzten Teil meiner Vatersuche aufgehoben. Da war ich noch auf der Suche nach einem positiven Bild meines Vaters. Es fiel mir schwer, der Vergangenheit meines Vaters zu begegnen.

Im Archiv. In einem kleinen Lesesaal wurde mir ein schmaler, fahl-grüner, ziemlich verblichener Schnellhefter vorgelegt. Darauf standen der Name meines Vaters, der Vermerk über die Gebührenliste und eine Gebührenregisternummer. 20 Mark kostete so eine Entnazifizierung.

Am Fragebogen der Alliierten, den mein Vater ausfüllen musste, merkte ich, wie wenig ich über ihn wusste. Dass seine Augen grau waren, dass er 1,73 Meter groß war, gerade zehn Zentimeter größer als ich, fand ich heraus. Kein Wunder, dass mir auch die Brüder nicht riesig vorkamen. Gewogen hatte er nach dem Krieg 55 Kilogramm. Er war fünf Jahre älter als meine Mutter.

Studiert hat er Jura an der Friedrich-Wilhelm-Universität in Berlin. Danach arbeitete er beim Berliner Kammergericht. Bei den Wahlen 1932 habe er für die Deutsche Volkspartei gestimmt, gab er an. 1933, als die Nazis die Macht übernahmen, habe er gar nicht gewählt, da befand er sich im Ausland.

Was ließ sich aus seiner Gehaltshöhe über seinen Einfluss während des Krieges ersehen? Als Gerichtsassessor bekam er 4.000 Reichsmark. Als Landgerichtsrat 5.000 RM, als Oberregierungsrat 7.200 RM. In Riga betrug sein Gehalt 8.000 RM, unwesentlich mehr als in Berlin. Formell hat er im Krieg keinen Karrieresprung gemacht. Allerdings bekam auch er wohl – wie meine Mutter – in den besetzten Gebieten das doppelte Gehalt.

Nach dem Krieg arbeitete er als wissenschaftlicher Hilfsarbeiter und verdiente 830 Mark. Eine Vermögensliste wies aus, dass ihm – neben den zwei Häusern seiner Frau – ein Gartengrundstück in Potsdam als Erbe seiner Eltern gehörte. In den Anlagen zum Fragebogen zur Entnazifizierung folgte Vaters Begründung, warum er der NSDAP beitrat. Manches davon hatte ich schon von meinem Bruder erfahren. In die Formulare hat er eingetragen:

> »Zu Beginn des Jahres 1933 befand ich mich als Gerichtsreferendar im Rahmen der Justizausbildung beim Landgericht und der Staatsanwaltschaft in Potsdam. Im April 1933 wurde, nachdem bereits die meisten Justizbeamten und Rechtsanwälte den Eintritt in die NSDAP vollzogen hatten, den nicht der NSDAP oder einer ihrer Gliederung angehörenden Gerichtsreferendaren vom zuständigen Ausbildungsleiter Landrichter Doktor L. erklärt, dass wir mit einer Fortsetzung der Justiz Ausbildung, Zulassung zum Abschlussexamen (große juristische Staatsprüfung) und Zulassung zum Staatsdienst oder der Anwaltschaft nur rechnen könnten, wenn wir der NSDAP und einer ihrer Gliederungen, dem NSRB (Nationalsozialistischer Rechtswahrerbund) beiträten. Angesichts der damals in den akademischen Berufen bestehenden ungeheuren Arbeitslosigkeit und der schon offen erwogenen, später auch bald verhängten Laufbahnsperren folgten damals sämtliche Potsdamer Gerichtsreferendare dieser Aufforderung.«

Diesem Druck habe er sich nicht entziehen können:

> »Die Aufnahmeanträge wurden uns dienstlich übergeben. Ich bin auf diese Weise am 28.4.1933 der NSDAP und dem NRSB beigetreten in der Hoffnung, dass mit dem formellen Parteibeitritt kein Zwang zu aktiver politischer Betätigung verbunden und der Eintritt in eine Gliederung zu vermeiden sein würde.«

Auf seine Art versuchte Vater sich dem Druck zu entziehen:

> »Die aktive politische Betätigung wurde aber im Laufe des Jahres 1933 wieder dienstlich gefordert. Auf meine Weigerung, einer Gliederung der Partei beizutreten, wurde erneut die gleiche Androhung dienstlich vorgebracht, sodass ich mich Ende November 1933 entschloss, als SA-Anwärter in die SA einzutreten. Ich habe am SA-Dienst jedoch nur ungefähr 4 Monate teilgenommen, habe dann die Umorganisation der SA nach dem 30.6.1934, bei der ich dem Reservesturm zugeteilt wurde, benutzt, mich überhaupt vom SA-Dienst fernzuhalten. Im Jahre 1935 wurde mir der Ausschluss aus der SA wegen Interesselosigkeit angedroht. Ich habe dann mit vorgeschützten Krankheiten und dienstlicher Überlastung erreicht, dass ich zu Anfang des Jahres 1936 aus der SA entlassen wurde. Ich habe stets alles versucht, um mich meiner Tätigkeit innerhalb der NSDAP und der SA zu entziehen. Ich habe mich in meiner beruflichen Tätigkeit, die mich stets ganz ausgefüllt hat, häufig in offenem Gegensatz zur NSDAP gesetzt und mich innerlich nie zugehörig gefühlt, weil ich nie aus freiem Entschluss zum Beitritt in eine NS-Organisation gekommen bin. [...] Innerhalb meiner beruflichen Pflichten sind mir aus meiner zurückhaltenden Einstellung zur NSDAP später keine Schwierigkeiten mehr erwachsen, als ich in das preußische Finanzministerium eintrat. Ich galt jedoch in allen meinen beruflichen Stellungen, vorwiegend aber bei dem Reichskommissar für das Ostland, als politisch inaktives Mitglied der NSDAP, dem

> nicht ohne Weiteres Zuverlässigkeit und Vertrauenswürdigkeit zuzuerkennen war.«

Obwohl er bald nach der Besetzung Lettlands nach Riga ging, hatte er in der Ostverwaltung keine leitende Position, sondern gehörte dem preußischen Finanzministerium an. Er beschäftigte sich mit der gewerblichen Wirtschaft und der Wirtschaftsorganisation. Sein Aufgabenbereich und die Verantwortung waren immens. Dennoch betonte er immer wieder, dass er Wert auf Distanz zum NS-Regime gelegt hätte.

> »Ich habe der Verwaltung der besetzten Ostgebiete nie als sogenannter Verwaltungsführer angehört, sondern mich mit Unterstützung des Staatsministers Professor Doktor Popitz als preußischem Finanzminister geweigert, zu dieser Verwaltung übernommen zu werden. Ich habe ebenfalls nie die Uniform der Ost-Verwaltung getragen, obwohl allen, auch den nur abgeordneten Beamten, das Tragen der Uniform zur unbedingten Pflicht gemacht worden war.«

Zur Entnazifizierung brachte er Gutachten bei. Eines davon stammt von seinem Hamburger Vorgesetzten. Als führender Sozialdemokrat hatte der 1933 Berufsverbot bekommen. Er schrieb:

> »Ich habe in diesen Monaten Herrn F[...] in meiner unmittelbaren Nähe im amtlichen und privaten Verkehr aufs Genaueste beobachten können. Er entstammt einfachen Verhältnissen und hat sich sein Studium mühsam verdienen müssen. [...] Herr F[...] ist später persönlicher Referent des preußischen Finanzministers Dr. Popitz gewesen. Er hat mit diesem persönlich noch bis zum 20. Juli 1944 laufend in Verbindung gestanden. Und hat ihn fast regelmäßig auf seinen Reisen nach Berlin privatim besucht. Dr. Popitz gehörte zu den Verschwörern des 20. Juli.«

Weiter schrieb er:

> »[Ich halte es] für unerträglich im Sinne der Erfordernisse eines Neubaus der deutschen Verwaltung, wenn Kräfte wie Herr F… wegen der erzwungenen Zugehörigkeit zur Nationalsozialistischen Partei für eine amtliche Verwendung der in ihnen ruhenden Erfahrungsschätze und Möglichkeiten nicht mehr infrage kommen könnten. Ich weiß aus dem Munde mehrerer Beobachter, die ihn aus jener Zeit kennen, dass er sich mit der despektierlichsten Weise über die nationalsozialistischen Größen der Ostverwaltung mokiert hat. Dass er sich standhaft und erfolgreich geweigert hatte, jemals Uniform anzuziehen, und dass er sich in der Durchsetzung seiner schwierigen Aufgaben und der Lösung von den nationalsozialistischen Abhängigkeiten auf die Wehrmacht gestützt hat, die dort nicht nationalsozialistisch gebunden war.«

Zum anberaumten Termin seiner Entnazifizierungsverhandlung in Hannover erschien Vater nicht. Die Kommission mahnte ihn per Einschreiben, dass er vor dem Hauptausschuss gehört werden müsse. In einem Einschreibbrief wurde er ein zweites Mal ins Regierungsgebäude geladen. Der Brief trägt einen handschriftlichen Vermerk: »Sollten Sie wieder nicht erscheinen, so wird ohne Sie verhandelt werden.«

Kurz vor dem Folgetermin wurde dem Entnazifizierungsausschuss ein Telegramm von Vaters Vorgesetzten zugesprochen.

> »Referent wegen dringendster ernährungswirtschaftlicher Verhandlungen in Hamburg unabkömmlich. Stopp. Telefonische Verständigung von Doktor L. erfolgt. Zentralernachr. Hamburg. HP Ministerialdirektor.«

Mit dem Briefkopf »Zentralamt für Ernährung und Landwirtschaft in der britischen Zone« betonte Vater dann auch selbst noch einmal, dass er aufgrund der gegenwärtigen Ernährungskrise derzeit unabkömmlich sei: »Ich kann zurzeit angesichts der besonders kritischen Situation meinen Schreibtisch überhaupt nicht verlassen.« Außerdem sei ihm in einem Gespräch zugesagt worden, die Verhandlungen könnten auf Basis der Akten erfolgen.

Vater zog seine Bewerbung in Niedersachsen zurück, weil er vorläufig noch im Hamburger Amt bleiben konnte. Der Vorsitzende des Entnazifizierungsausschusses telegrafierte an Vater: »Akten werden hier weiter bearbeitet Stopp Verhandlung, 4. Dezember. Stopp. Ladung folgt. Stopp, bei Nichterscheinen findet Verhandlung trotzdem statt.«

Im Februar 1947 war noch immer keine Entscheidung gefallen. Vater saß auf heißen Kohlen. Sein Vorgesetzter wandte sich erneut an das niedersächsische Amt:

> »[Die] Denazifizierung, seinerzeit in Hannover anhängig gemacht, läuft nun schon seit mehreren Monaten. Im Vertrauen darauf, dass eine Klärung schnell durchgeführt würde, ist der hier als vorübergehend angesehenen Beschäftigung des Herrn [...] zugestimmt worden. Es erweist sich indes nun, dass eine klare Entscheidung in Kürze erwartet werden muss, wenn sich nicht an diesem Fall Schlussfolgerungen knüpfen sollen, die für das Amt unerträglich wären.«

Entweder solle Niedersachsen das Verfahren an Hamburg abgegeben oder aber es zu Ende führen. Mitte Februar erging dann der Entnazifizierungsbescheid im schriftlichen Verfahren. Aufgrund des niedersächsischen Rechts lautete die Entscheidung: »Ist entlastet (Kategorie 5)«.

Zwar wurde anerkannt, dass der Eintritt in die Partei, von denen, die noch keine Beamte waren, anders zu bewerten sei als die von lebenslänglich Verbeamteten. Aber man bemängelte die hohe Position, die Vater in Riga hatte. In der zweisprachigen Stellungnahme des deutschen Entnazifizierungshauptausschusses / Opinion Sheet German Denazification Panel heißt es: »Immerhin bleibt fraglich, ob Referent F[...] es schließlich nicht doch ermöglicht haben könnte, sich von einer Dienststellung fernzuhalten, die den Interessen der nationalsozialistischen Kriegsführung im besonderen Maße diente.« Deshalb hielt man »seine Verwendung in leitender Stellung als Behördenchef oder Abteilungsleiter für untunlich.« Erst zwei Stufen unter seinem bisherigen Rang stand ihm der öffentliche Dienst offen. Die Entscheidung dürfte Vater auch die Stelle in Hamburg gekostet haben.

In der zweiten Hälfte des Jahres 1950 hatte Vater die 20 Mark Gebühren für die Entnazifizierungsurkunde noch immer nicht entrichtet. Der öffentliche Kläger drohte schon mit einer Strafe. Am Ende zahlte er. Eine gewisse Ähnlichkeit in der Widerständigkeit gab es zwischen meinem Vater und mir, schmunzelnd nahm ich es zur Kenntnis. Trotz aller Mahnungen habe ich nämlich nie die Gerichtsgebühren und die Anwaltskosten nach Prag überwiesen.

Unmittelbar nach der Lektüre der Akten bedauerte ich meinen Vater, dass er herabgestuft wurde. Und staunte dabei über mich, als ich feststellen musste, dass ich es gern gesehen hätte, wenn er reingewaschen worden wäre.

30 Jahre später hatten sich mein Blick und meine Gefühle geändert. Die berufliche Degradierung dürfte er wohl zurecht erhalten haben aufgrund der Machtposition, die er in Riga innehatte. Vor allem aber war ich froh über seinen Widerstand gegen das NS-Regime. Mein Verhältnis zum Vater und zur NS-Zeit begann realistischer zu werden.

# IV. Die Familie meiner Großmutter

## Begräbnis als Familientreff

Zurück zu meiner Großmutter Sophie Gentzen, geborene Wispler. Mein Wissen über die Wisplers, die Familie meiner Großmutter, war immer noch punktuell. Auf alten Fotos lagen viele junge Leute im Gras, strahlten Lebendigkeit und Wohlbefinden aus. Nur ich wusste nie, wer wer war. Ein Wiedererkennen wollte sich nicht einstellen. Meine Kenntnis über diesen Teil der Familie musste Puzzleteil für Puzzleteil zusammengetragen und -gesetzt werden.

Bettina Tippel-Wispler, die zweite Frau von Karsten, dem Cousin meiner Mutter, erkannte meine Ratlosigkeit. Als Eike Wispler, der Bruder von Karsten, starb, sagte sie lakonisch: »Fahr' doch einfach zu dem Begräbnis. Da sind sie alle.«

In der Tat: Bei der Beerdigung in Maschen begegnete ich Eikes Witwe und ihren Kindern. Auch Karstens Schwester Heide, ihr Mann Ludolf und deren Kinder waren da. Heide Cronjäger kam mir besonders frei vor. Sie ging beim Begräbnis souverän in weit wehender Sommerjacke in Schwarz und Weiß dem Sarg hinterher. Später gestand sie, dass sie ihren Urlaub in Dänemark abbrechen mussten, um in aller Eile zur Beerdigung des Bruders zu fahren. Für den Umweg nach Bochum, um passende Kleidung zu holen, war keine Zeit mehr geblieben.

Wie erstaunt war ich, Teile der Wispler'schen Verwandten sogar im Wendland, meinem heutigen Wohnsitz, wiederzutreffen. Zeitweise war Regine, eine von Heides Töchtern, meine Hausärztin. Selbst in Künsche, wo ich lange mein Ferienhaus hatte, lebten angeheiratete Verwandte.

Anne Wispler, Karstens Tochter, drängte, dass wir uns doch

nicht nur bei Beerdigungen treffen sollten. Heide Cronjäger lud deshalb an ihrem 80. Geburtstag zu einem Familienfest ein. Zum Glück. Als sie dann später starb, war die Teilnahme an ihrer Beerdigung wegen der Coronapandemie eingeschränkt. Niemand von uns entfernteren Verwandten konnte hinfahren.

## Das Nest irgendwo

Noch ein Bild, von dem ich nicht wusste, wer da abgebildet ist. Wieder ging es um die Wispler'sche Familie, diesmal fühlte sich das Nicht-Wissen aber nicht an, als verberge sich dahinter etwas Verbotenes. Es war wohl das ganz normale Vergessen in der Familie. Und ein Verdrängen der weiblichen Linie, also der Familie meiner Großmutter. In anderen Familienteilen war das Wissen über die Wisplers präsenter.

Die Zahl der Abgebildeten machte die Fotos unübersichtlich. Niemand wusste, wer da auf der Wiese lag, hockte, stand. Jugendliche im Gras, ein quicklebendiger Haufen. Die Wisplers waren immer so viele, klagten auch andere Verwandte. Meine Großmutter und ihre Geschwister waren sieben: Henny (Lange), Karl, Frieda (Schäfer), meine Großmutter Sophie (Gentzen), genannt Fifi, Leo, Kurt und Hans Wispler. Dazu die PartnerInnen. Und deren Kinder.

Bruder Hans Wispler aquarellierte. Er hat wohl alle Fachwerkhäuser und Heuhaufen rund um Bad Münder verewigt. Seine Bilder hingen in der Wohnung meiner Großmutter in Ruhleben und später im Treppenhaus im Siepesteig, also dem Reihenhaus meiner Mutter. Nach dem Tod meiner Mutter gab ich sie an die Großenkelin Anne Wispler weiter.

Schwester Henny hat sich nach dem Tod ihres Mannes mit einem Kaffeehandel selbstständig gemacht, sie war ein Vorbild für die Frauen der Familie, die in schlechten Zeiten ihre Angehörigen vorsorgen mussten. Schwester Frieda, stets genannt ›die schöne Frieda‹, lebte in Hamburg. Ihr Mann Wolfgang Schäfer war Nazi, so wie mein Großvater Felix Gentzen.

Über Carl Wispler lag ein Tabu. Er war der Tunichtgut der Familie. Fast hätte ich ihn beim Schreiben aus den Augen verloren, weil es noch einen Karl gab. Der starb aber als Kleinkind. Karl, der erste, wurde 1878 geboren und starb im selben Jahr. Im Jahr darauf wurde wieder ein Junge geboren. Er wurde – ganz ähnlich – auf den Namen Carl getauft. Wurde um den Verlust des ersten Sohnes getrauert? War Carl das Ersatzkind, das sich später zum Tunichtgut wandelte, weil er nie erreichen konnte, was der Erstgeborene Karl hätte sein sollen. Lange erfuhr ich nichts. Rein gar nichts.

Leo, auch ein Bruder meiner Großmutter, war Architekt und Schriftsteller; als Schreibender mein heimliches Vorbild in der Wispler'schen Familie. Seine Romane und Novellen standen in den Bücherregalen der Familie. Auch bei mir. Meine Großmutter schätzte Leo wegen der Leichtigkeit des Schreibens und der sanften Ironie. Vor allem den Roman *Spiel im Sommerwind* aus dem Jahr 1937. Der wurde, weil das Buch erfolgreich war, 1938 von der UFA verfilmt. Roger von Norman hat bei diesem Film sein Regiedebüt gegeben. Er bekam in der NS-Zeit nur wenig Aufträge wegen seines jüdischen Großvaters.

Mein Lieblingsroman war *Kate, kleiner Zaubergott* (1938). Kate stand für Karsten Wispler, Leos Sohn. Mir gefiel der Respekt des Vaters Kate/Karsten gegenüber und die Bewunderung, die Kate/Karsten dem kleinen Zaubergott entgegenbrachte. Der nächste Roman *Willkommen, Bettine* (1942) griff wie ein Omen in das Leben von Karsten ein. Nachdem seine erste Ehe in die Brüche ging, rang er sich zu einem Neubeginn durch. Mit wem? Mit einer Bettine natürlich. Bettina Tippel-Wispler bestand heftig auf den Tippel-Beginn. Lachend erzählte sie, wie prägend schreibende Schwiegerväter sein können.

2003 wurde Leo Wispler als Schriftsteller und Heimatdichter seiner Geburtsstadt Bad Münder wiederentdeckt. *Das Nest irgendwo* war 1947 erschienen. Darin geht es um die niedersächsische Provinz. Den kleinen Ort am Deister hat Leo Wispler geliebt. Mit leichtem Federstrich hat Leo Wispler eine Kurzbiografie über sich verfasst: »Versuch eines Lebenslaufs: Gleich Males Freund, dem ›Großen Wolf‹, geboren in Bad Münder am Deister, unweit der Weser. Wann sage ich nicht, damit meine jungen Leser nicht auf den Rücken fallen. Noch immer ein bisschen die Unschuld vom Lande und ein beträchtliches Stück Niedersachsen geblieben. Für die Bildung sind die humanistischen Gymnasien zu Hameln und Rinteln an der Weser verantwortlich. Außerdem nicht zuletzt Knut Hamsun im Verein mit Thomas Mann. ›Gelernter‹ Architekt, der es irgendwann einmal zum Oberbaurat gebracht hat. Zu seinem eigenen Erstaunen. Bis dahin mehr schlecht als recht: gezeichnet, gemalt, modelliert und die Geige gekratzt. Hobbys: Autos, Vögel und junge Menschen. Letztere sind an den vier Kinder- und Jugendbüchern schuld, die in jüngster Zeit geschrieben wurden. Weil ich so oft danach gefragt werde: Die Geschichte im *Sommerwind* habe ich leider nicht selbst erlebt. Ich bedauere dies aufrichtig. Aber abgesehen von diesem großzügigen Mädchen stimmt die Sache schon, auch, was mich und mein Auto angeht. Ich halte Hamburg (nach Münder am Deister, versteht sich) für die schönste Stadt Deutschlands. Die ist das Wichtigste in meinem Leben. Wispler.«

Leo Wispler strebte nach Vollkommenheit, Gleichheit und Wahrhaftigkeit. Dazu gehörte auch Verschwiegenheit. Wie sein Bruder Kurt gehörte er einer Loge an. Anne Wispler mailte mir ein Foto von seiner bunten Logenjacke. Kurt und Leo hatten Sorge, dass dieses Engagement den Nazis bekannt werden könnte. Logen machen keinen Unterschied zwischen den Religionen. Freimaurer wurden während des Nationalsozialismus verhaftet, ins KZ gebracht und manche auch hingerichtet. Um wie viele es ging, ist umstritten. Bekannte Namen aus Logen sind: Julius Leber, Wilhelm Leuschner und Carl von Ossietzky. Alle drei wurden hingerichtet wegen ihres Widerstands gegen Hitler.

In Hannover gab es vor 1945 fünf Freimaurerlogen. In Hamburg, wo Leo wohnte, beschlagnahmte die SS eines der zentralen Logenhäuser und organisierte von dort aus die Deportationen jüdischer BürgerInnen.

## Der Briefkopf

Ein Briefkopf: Ein hoher Schornstein, ausladende Gebäude, mehrere zwei- bis dreistöckige Häuser, umgeben von flachen Gebäuden und Remisen. Eine große Fabrikanlage. Wieder ein Geheimnis. Wieder ein Rätsel meiner Familie.

Eigentlich hätte alles klar sein können. Es war ein Briefkopf, unter dem stand *Mündersche Stuhlfabrik* und etwas kleiner *Wispler & Brockhoff*. Wie eine Kompassnadel daneben ist das Kürzel *Wibro* eingenordet. *Wibro* las ich auch an einem Schornstein neben der Landstraße bei meinem allerersten Abstecher von der Autobahn A2 nach Bad Münder.

Die Verwirrung entstand durch die Familie. An eine Stuhlfabrik konnte sich meine Mutter partout nicht erinnern. Dennoch bewahrte sie den Briefkopf ein Leben lang auf. Karsten Wispler, Leos längst ausgewachsener Zaubergott, besaß ihn ebenfalls. Leicht abschätzig kommentierte er, die Zeichnung sei gewiss zu ausladend geraten. Vielleicht sei die Fabrik einst mal so geplant gewesen, aber gegeben habe es sie in dieser Größe gewiss nie. Wie eine Angeberei kam ihm die Zeichnung vor.

Widersprüche, wohin ich hörte. Sie beschäftigten mich. Wenn ich es richtig erinnere, stammten unsere Möbel in Ruhleben aus dieser Fabrik. Sie sollen in der Stuhlfabrik nach den Entwürfen meines Großvaters gebaut worden sein. Vielleicht waren sie die Aussteuer meiner Großmutter. Die Hochzeit meiner Großeltern fand 1912 in Bad Münder statt.

Wahrscheinlich war es Leo, der den Bundesbruder aus dem fernen Königsberg nach Münder mitbrachte. Es war Felix Gentzen, mein Großvater. Auf dem Hochzeitsfoto in Bad Münder ist links die gesamte Königsberger Familie zu sehen und rechts alle Wisplers. Es ist ein Wimmelbild, auf dem ich die Familien aufgrund der Art, sich zu kleiden, unterscheiden kann. Da gab es die Fabrik noch. Es war ein Jahr vor der Geburt meiner Mutter.

Möbel aus der Wispler'schen Fabrik habe sie nie besessen, verwunderte sich Caroline Wispler, eine Tochter von Kurt Wispler und seiner Frau Lise. Wahrscheinlich haben nur die Mädchen eine Aussteuer bekommen. Dafür konnten die Söhne studieren. Carolines Vater Kurt hatte Philosophie und Theologie studiert, Leo studierte Architektur. Meine Großmutter hat das Lyzeum in Hannover besucht.

Zu den Produkten der Wispler'schen Möbelfabrik bei uns in Ruhleben gehörte ein Esszimmer aus hellem Birnbaumholz. Dabei ein ausziehbarer Esstisch für zwölf Personen, entsprechend vielen Stühlen, dazu eine wandfüllende Anrichte. Passend im Stil zweites Biedermeier, also um 1910 gebaut, ein Zweiersofa und ein Schränkchen mit Glastüren. Beides rettete ich später vor dem Sperrmüll, als eine Freundin der Familie sich wieder von den Möbeln trennte.

Das Wohnzimmer und das Arbeitszimmer waren in dunklem Art déco gehalten. Ein grünes Sofa an tiefbraunem Tisch aus Nussbaum. Um den saß die Familie auf allen Fotos. In meiner Kindheit haben wir dort zu Abend gegessen. Zwischen Sessel und Sofa stand ein dunkelbrauner Eckschrank mit angeschrägten Ecken. In ihm ruhten die Fotoalben und viele der Familiengeheimnisse, an denen ich mich heute abarbeite.

Im Sessel saß meine Großmutter. Halb saß oder halb hing ich auf ihrer Lehne, wenn sie mir vorlas. Sie war es, die mir das Lesen beibrachte.

Art déco auch der Wohnzimmertisch, ebenfalls mit angeschrägten Ecken. Die vier Tischbeine waren massiv, das Plateau, auf dem sie standen, war belegt mit gehämmertem Messing.

Von dem Tisch hieß es, mein Großvater habe ihn in einer

Aktion auf Couchhöhe abgesägt. Bis in die Erzählungen hinein schwang der Stolz mit ob dieses unglaublichen Sakrilegs. Wie kann man nur! Er konnte.

Passend ein Holzsessel mit rückstellbarer Lehne und einem Fußteil zum Ausziehen, ein Ausklapptischchen an der Sesselseite. In den grünen Polsterauflagen pflegte mein Großvater zu sitzen. Da war er schon halb gelähmt. Hinter seinem Sessel stand mein Ställchen, an dem ich mich hochzog und erste Schritte wagte. Mein Großvater passte auf.

Mein Großvater starb 1950. In dem einstigen Schlafzimmer stand danach nur noch das Bett meiner Großmutter, dazu ein Bücherschrank mit Glastüren und sein Schreibtisch. Hierher zog sich meine Großmutter am frühen Nachmittag zurück, um eine Stunde für sich und zum Lesen zu haben. Dann führte sie auch ihre Korrespondenz. Leider verpflichtete sie meine Mutter und deren Geschwister, nach ihrem Tod alle Briefe wegzuwerfen. Das taten sie auch. Das war 1959.

## Die Stuhlfabrik

Als die Möbel hergestellt wurden, gab es *Wibro* gut zwanzig Jahre. Gegründet hat die Stuhlfabrik mein Urgroßvater Heinrich Christian Wispler im Jahr 1890 zunächst in der Bahnhofstraße in Münder. Wispler war Kaufmann.

Für die Produktion hat er einen Meister eingestellt.

Genug Holz gab es in den Wäldern rund um Münder. Das Deister-Süntel-Tal war die Wiege der Norddeutschen Stuhlindustrie. Allein in dem Fachwerkstädtchen hat es mehr als hundert Stuhlfabriken gegeben. Fotos im Deutschen Stuhlmuseum zeigen Möbel auf von Pferden gezogenen Wagen. Die Stuhltransporte erinnerten mich an indische Märkte. Ländliche Märkte waren Ende des 19. Jahrhunderts auch in Deutschland belebt.

Urgroßvater Heinrich Christian Wispler starb 1914 im Alter

von nur 61 Jahren, gerade mal zwei Jahre nach der Hochzeit von Tochter Sophie, meiner Großmutter. Meine Mutter war da noch kein Jahr alt.

Marie, meine Urgroßmutter, wurde dagegen alt. Sie lebte bis zum Jahr 1938 und wurde 83 Jahre. Marie-Antoinette Caroline Wispler, geborene Daniel, stammte aus Bederkesa, unweit von Bremerhaven. Es heißt, sie habe einen Hauch von Welt in die Wispler'sche Familie gebracht. Und Bildung für die Frauen.

Als der Urgroßvater 1914 starb, waren seine Söhne noch in der Ausbildung. Der einstige Kompagnon und Mitbesitzer Edouard Brockhoff führte die Firma weiter, der Name *Wispler & Brockhoff* blieb. Die Sahlings, eine Bankerfamilie, betrieben *Wibro* später weiter, auch ihre Erben investierten noch. So entstand 1958 sogar ein neues Sägewerk.

Im Internet bot ein Antiquariat eine vierseitige Preisliste an mit der Nummer 40: ›Wi&Bro Sitzmöbel, Deutsche Wertarbeit.‹ Es war ein Katalog mit dreizehn Abbildungen.

Und wie groß war die Fabrik nun wirklich? Klarheit brachte ein Schulaufsatz von Heide Cronjäger, der Tochter von Leo Wispler und Schwester von Karsten Wispler. Ihr Text trug, passend zum Nationalsozialismus, die Überschrift »Meine Ahnen«. 1936 hat sie ihn geschrieben. Da lebte ihre Großmutter Marie-Antoinette Caroline Wispler noch. Darin schrieb Heide, dass die Stuhlfabrik 150 Arbeiter in Lohn und Brot hatte. Für eine Holzfabrik war das ein großer Betrieb. Holz braucht Platz zum Lagern, Biegen, Fräsen, Leimen und so weiter. Die Gebäude auf dem Briefkopf dürften also die reale Größe abgebildet haben.

Es gab auch Fotos von *Wibros* Stuhlfabrik. Eines – nach einer Zeichnung aus dem Jahr 1894 – zeigt einen massiven Bau mit vielen Fenstern. Eine Luftaufnahme dokumentiert zahlreiche Gebäude. Und es gab weitere Angaben über die Entwicklung der Zahl der Beschäftigten. 1945 waren es 90, 1951 stieg die Zahl noch auf 141 an. 1958 erreichte sie ihren Höhepunkt mit 180 ArbeiterInnen. Die letzte Zahl stammt von 1963. Da hatte die

Fabrik nur noch 31 MitarbeiterInnen und befand sich auf dem absteigenden Ast. Aber es gab sie immer noch.

Während des Nationalsozialismus machte sich der Münderaner Bürgermeister Wilhelm Kleineck stark, auf einem ungenutzten Geländeteil von *Wibro* eine Motorschule der SA zu errichten. Weil die SA aber durch den Röhm-Putsch diskreditiert war, kam es nicht dazu.

Im Krieg stellten *Wibro* und die anderen Möbelfabriken die Produktion um. Ab sofort wurden mit Stoff bezogene Holzpantinen für ZwangsarbeiterInnen hergestellt. Zusätzlich mussten zwölf Heimarbeiterinnen und ein Mann eingestellt werden. Im Staatsarchiv in Hannover liegt eine Liste mit den Namen der Beschäftigten.

Zur Geschichte der beiden großen Stuhlfabriken in Bad Münder gehört die Konkurrenz ums notwendige Holz. Als Forstmeister Erich Eilers im Jahr 1934 der Stuhlfabrik Rahlmühle mehr Holz als *Wibro* zuteilte, verfügte der NS-Bürgermeister Wilhelm Kleineck, beide Fabriken sollten gleich viel Holz bekommen. Als der Förster dem nicht folgte, geriet der Bürgermeister in Wut. Er versuchte, den Förster zu entlassen.

Beide Stuhlfabriken fielen in der NS-Zeit unter das Verdikt der Arisierung von Aktienkapital. So nannte man die fiskalische Ausplünderung jüdischen Aktienbesitzes. Im Sommer 1938 war es die der Stuhlfabrik *Rahlmühle* sowie der gesamte Aktienbesitz der *Niedersächsischen Möbelfabrik* an der Süntelstraße 42, das heißt von *Wispler & Brockhoff*. »Die dabei gehandelten Werte dürften vor Ort leicht eine Größenordnung von 200 000 Reichsmark und mehr erreicht haben, wenngleich die jüdischen Vorbesitzer davon oft nur einen Bruchteil zu sehen bekamen, wenn überhaupt«, heißt es in einer Schrift des Heimatbundes Niedersachsen.

Entsprechend linientreu agierte der NS-Bürgermeister: Bei der Rahlmühle befände sich die Aktienmehrheit in jüdischer Hand. Bei *Wibro* sei dagegen der NSDAP-Ortsgruppenleiter Ludwig

Remmer beschäftigt. Der Bürgermeister begründete den Rauswurf des Försters mit dessen mangelnder Fähigkeit, »den elementaren Unterschied ›zwischen der jüdischen und deutschen Rasse‹ berücksichtigen zu können, womöglich ›mangels Vollbesitzes seiner Geisteskräfte‹«. Tatsächlich aber hatte der Bürgermeister es versäumt, den Förster von seiner Entscheidung zu informieren, dass *Wibro* mehr Holz bekommen sollte. Der Förster behielt seinen Posten. Und das auch nach 1945, der Bürgermeister dagegen nicht.

Aufgrund von Billigkonkurrenz aus dem Ausland kam es zu Absatzschwierigkeiten. Die Firma stellte 1963 einen Vergleichsantrag. Später ließ sich dort noch einmal eine Polsterfabrik nieder. Nach einem Brand kam ein Minimalmarkt, später ein Fitness-Center hinzu. Und das alles auf dem Werkgelände in der Süntelstraße.

Die Wisplers hatten da längst das Städtchen Münder verlassen, das seinen Titel ›Bad‹ ja dem Nationalsozialismus verdankte. Dass sie die Fabrik verkauft hatten, bedauerten die Nachkommen durchaus. Denn von dem Geld, das sie bekommen hatten, war in den Wirtschaftskrisen der Zwanzigerjahre nicht viel übrig geblieben.

Und da ich nun mal mit dem Heimatdichter Leo Wispler und dem Münder'schen Fabrikbesitzer verwandt bin, tauchte bei einem meiner Besuche in Bad Münder die Lokalpresse auf und berichtete, dass eine Urenkelin der Wisplers zu Besuch gekommen sei. Der Bericht brachte die Menschen in Münder über die Wisplers aufs Laufende. In dem Artikel stand sogar, dass ich eine 68erin sei und der Frauenbewegung angehöre und nun gekommen sei, um einen Vortrag in der Gewerkschaftsschule der Industriegewerkschaft Bergbau, Chemie, Energie in Bad Münder zu halten.

## Treffen der Wisplers

Mit Anne Wispler, Karsten Wisplers Tochter, fuhr ich 2014 nach Bad Münder. Gemeinsam haben wir das große Wohnhaus der Familie in der Wermuthstraße 11 gefunden, in dem die Wisplers mit all ihren Kindern lebten. Eine Nachbarin, die wir antrafen, wusste noch um unsere Verwandten. Bis vor Kurzem habe sie sogar noch Stühle aus der Fabrik besessen, erzählte sie. Doch die habe sie gerade an das Stuhlmuseum übergeben.

Familientreffen hatten die Wisplers bis dahin keine gehabt. Was für ein Glück, dass aus meiner und Anne Wisplers kleiner Erkundungsreise im Frühjahr 2023 ein Treffen von knapp einem Dutzend unserer ›Mitwispler‹ aus verschiedenen Generationen und Zweigen entstand. Caroline Wispler, die jüngste Tochter von Kurt Wispler und eine Cousine meiner Mutter, kommentierte die Einladung lakonisch: »Das ist wohl das erste Treffen der beiden Familienzweige – des ehemals nationalsozialistischen und des anthroposophischen.« Ausgerechnet sie, die über diesen Streit Bescheid wusste, konnte aus Gesundheitsgründen nicht dabei sein.

Gemeinsam besuchten wir das Gelände der ehemaligen Fabrik. Es befand sich in einem beklagenswerten Zustand. Immerhin: Im Stuhlmuseum entdeckten wir zwei *Wibro*-Stühle und wurden in das Handwerk der Stuhlfertigung eingeweiht.

Abends beamten wir Fotos auf eine Leinwand und übten uns im heiteren ›Who is who‹-Familienraten. Mit jedem Foto wurden wir erfolgreicher und zufriedener. Auch der Film *Spiel im Sommerwind* stand auf dem Programm. »Toll«, lautete ein Kommentar aus der Enkelgeneration, »wenn man bedenkt, dass der Film fast einhundert Jahre alt ist.«

Im Umgang miteinander wuchs unser Interesse aneinander und an der gemeinsamen Herkunft wieder.

## Anthroposophen in der Familie

Meine Großmutter, genannt Fifi, hielt Kontakt zu ihrer Familie. Mit ihr, meiner Mutter und meinem Stiefvater fuhren wir auf dem Weg zur Nordsee in Malente vorbei. Dort lebte der Bruder meiner Großmutter. Kurt und seine Frau Lise gehörten zu den Anthroposophen der Familie. Auch ihre Kinder Almuth, Maria, Caroline und Michael, alle Cousinen und Cousins meiner Mutter, zählen dazu.

Maria und ihr Mann Ewald Bölger waren in der anthroposophischen Musik zu Hause. Ihre Wohnung in Borchen war voller Instrumente. Eines Tages stand Maria vor der Tür meiner Wohnung in Bonn. Sie hatte den Wunsch, mich kennenzulernen. Ich fühlte mich geehrt. Maria lehrte Musik an der anthroposophischen Kunsthochschule Alanus in Alfter bei Bonn.

Mit Anne Wispler erwiderte ich ihren Besuch. Borchen und Hamborn liegen nicht allzu weit voneinander. Hamborn ist eine der großen Gründungen der Anthroposophen. Mit Maria und Ewald gingen wir zu Fuß durch die Felder nach Hamborn, wo Marias Bruder Michael Wispler lebte.

Auch für Michael waren Bad Münder und die Stuhlfabrik blinde Flecken. Er hatte bereits einen Schlaganfall hinter sich und lebte mit seiner Frau Renata, einer anthroposophischen Ärztin.

Michael ging bereits in Hamborn zur Schule. Seine Schwester Caroline besuchte in Hamburg eine Waldorfschule. Auch die älteren Schwestern Almuth und Maria waren dort. In der Familie wurden die Schriften von Rudolf Steiner gelesen. Als Germanistikstudentin finanzierte Caroline ihr Zweitstudium durch Arbeiten an der Editierung der Werke von Rudolf Steiner. Sie blieb beruflich dabei. Acht oder neun Jahre lang hat sie Steiners Werke mitbetreut und einige sogar selbst herausgegeben. Außerdem hat sie eine Ausbildung als Sprechgestalterin und unterrichtete Lehrer und Priester. Mit über 80 Jahren gab sie noch sprachkünstlerische Kurse. Einen Titel fand ich für ihre heiter-sanfte Stimme, die ich nur vom Telefon kenne, sehr passend. Der lautete: »Und hinter alles, was ins Ohr klingt, lauschst Du auf eine unverhoffte Huld.« (Oskar Loerke). Im Mai 2024 begann sie im Goetheanum in Dornach einen Kurs über Steiners Sprache in den Mysterienspielen. Ein Titel: »Die drei Dimensionen der Sprache: richtig – schön – gut.«

Ihr Vater, Kurt Wispler, war einer von sieben Geschwistern meiner Großmutter. Nach seinem Theologie- und Philosophiestudium heiratete er die Hamburger Kaufmannstochter Lise Menzel und zog zu ihr nach Hamburg-Wandsbek. Im Ersten Weltkrieg war er Flieger und blieb es auch noch in der Weimarer Republik. Zu Beginn des NS-Regimes wurde er jedoch als Pilot entlassen. Selbstbewusst hatte er sich geweigert, mit erhobenem Arm zu grüßen. Seine Tochter Caroline kommentierte: »Seine Frechheit hat ihn vor den Nazis gerettet.«

In der Familie aber prallten die Positionen von Anthroposophen und Nationalsozialisten aufeinander. Zu Recht fürchteten die Anthroposophen die Nazis. Aus Sorge, von ihnen verraten zu werden, wurde bei damaligen Familienfesten das Thema Politik tunlichst gemieden.

Nach dem Krieg und nach dem Tod meines Großvaters fuhr meine Großmutter immer wieder zu Kurt. Beide waren um ein Einverständnis bemüht. Anthroposophen verurteilen nie den ganzen Menschen, erklärte Caroline. Kurt hätte seine Schwester nie in ›Sippenhaft‹ genommen, weil ihr Mann ein Nazi war. Nur ein einziges Mal habe Caroline ihren Vater stöhnen hören, dass er die NS-Überzeugung der Verwandten nur schwer ertragen könne.

Almuth, die älteste Tochter von Kurt und Lise Wispler, machte die Anthroposophie schon früh zu ihrem Beruf. In Stuttgart ließ sie sich zur Waldorflehrerin ausbilden. Als sie in ihrer ersten Stelle in Schloss Hamborn ankam, war die Landschaft noch von Panzerspuren verwüstet. In den Bäumen steckten Raketenreste, Blindgänger gingen in den Wäldern hoch. Die Kinder spielten in liegen gebliebenen Panzern und Jeeps.

Almuth traf auf eine bewegte Geschichte. Hamborn wurde ihr Lebensprojekt. Sie heiratete nicht. Als Almuth nach dem Zweiten Weltkrieg in Hamborn zu unterrichten begann, wurde Schloss Hamborn, einst im Besitz der Droste-Hülshoffs, als anthroposophisches Projekt gerade ein zweites Mal gestartet, und zwar als Heilerziehungs- und Erholungsheim.

Gegen Ende der Weimarer Republik war es von Siegfried Pickert erworben worden. Pickert zählte zu den ältesten und längsten Freunden Rudolf Steiners. Doch im November 1935 wurde das anthroposophische Modell von den Nazis verboten. Zum Vorwurf wurde dem Projekt gemacht, dass der Hitlergruß nicht angewandt und der Eintritt von Schülern in die Hitlerjugend verhindert wurde.

Es gab viele Reibungspunkte. Die NS-Behörden verlangten, dass nur Kinder aus arischen Familien aufgenommen wurden. ›Erbkranker‹ Nachwuchs sollte verhindert werden. Für die Zöglinge bedeutete das die Zwangssterilisierung.

Der Gestapo galt das Heim als ein »vom Ausland importierter jüdischer Brimboriumschwindel«. Die Anstalt sollte unter die Kontrolle der NS-Volkswohlfahrt (NSV) gestellt werden. Die angeblichen Missstände begründeten die sofortige Schließung des Heimes. Gerade mal drei Wochen wurden ihnen für die Räumung gegeben. Hamborn gelang es dennoch, ein paar Jahre weiterzuarbeiten. Verwandtschaftliche Beziehungen eines Mitarbeiters zu Rudolf Heß machten das möglich. Der Stellvertreter Hitlers war bereit, die Hand über Hamborn zu halten. Zurückgenommen wurde der Schließungsbefehl allerdings nicht, so blieb die Angst vor einer Verfolgung bestehen.

Seit 1931 wirkte der Erbprinz Georg Moritz von Sachsen-Altenburg aktiv an der anthroposophischen Lehre in Hamborn mit. Seit seiner Jugend war er Anthroposoph. Um eine Schließung zu verhindern, übernahm er das Gut in Erbpacht. 1936 ging das Heilerziehungs- und Erholungsheim Schloss Hamborn an den Erbprinzen über.

Später erzählte Georg Moritz von Sachsen-Altenburg: »Um den staatspolitischen Verdächtigungen, die sich gegen unsere freie Vereinsexistenz und -tätigkeit immer stärker richteten, einen Riegel vorzuschieben, hatte ich mich im Winter 1935 bereit erklärt, persönlich die Verantwortung von Hamborn auf mich zu nehmen und es deswegen auf meinen Namen eintragen zu lassen, um so unsere menschenpflegerische Arbeit besser schützen und schirmen zu können. Dies konnte ich nach langen Verhandlungen mit den betreffenden staatlichen Stellen dann 1936 so zustande bringen, dass ich das ganze Anwesen – mit Ausnahme des heilpädagogischen Kinderheims und der Gärtnerei, die selbstständig blieben – auf lange Zeit hinaus persönlich in Pacht übernahm. So konnte das Hamborner Leben noch die nächsten fünf Jahre, also bis in den Krieg hinein, zur Stärkung vieler erholungsbedürftiger Menschen und der politisch so besonders gefährdeten kranken Kinder weitergeführt werden.«

Belegt wurde das Heim nun mit Schwangeren, die durch Fliegerangriffe gefährdet waren. Geschwisterkinder durften mitkommen. Grundsätzlich sollten nur verheiratete Frauen aufgenommen werden. Wurde einmal bei einer alleinstehenden Frau eine Ausnahme gemacht, blieb ihr die Rasse- und Erbgutprüfung nicht erspart.

1941 folgte tatsächlich die nächste Aktion der Gestapo. Rudolf Heß war da schon nach England geflogen und dort festgenommen worden. Sein Schutz galt nichts mehr. Hamborn wurde geschlossen und der Besitz beschlagnahmt. Die Anhänger Steiners mussten den Ort verlassen.

Erbprinz Georg Moritz von Sachsen-Altenburg wurde für neuneinhalb Monate in ›Schutzhaft‹ genommen, für ihn war ein Todesurteil vorgesehen. Auch der Geschäftsführer Adolf Ammerschläger sollte hingerichtet werden.

Der Erbprinz überlebte und kehrte 1946 nach Hamborn zurück und lebte dort bis zu seinem Tod im Jahr 1991. Ammerschläger wurde nach einem Dreivierteljahr Schutzhaft als Sanitäter einberufen. Ihn traf 1944 in Estland eine russische Bombe. Der Gründer und Heilpädagoge Siegfried Pickert, dessen Familie in Hamborn geblieben war, kehrte nach dem Krieg zurück und lebte bis zum Jahr 2002 in Hamborn, wo er im Alter von 102 Jahren starb.

Was geschah mit den Heimkindern während der Verbotszeit? Auf eine Anfrage des Bundesarchivs Berlin im Jahr 2001 hieß es vonseiten Hamborns: »Nach der Schließung konnten die Betreuten rechtzeitig bei ihren Angehörigen versteckt werden. Unseres Wissens ist keiner der Betreuten deportiert oder ermordet worden.«

Anders eine Notiz des Erbprinzen: Er führte unter der Überschrift »Opfer der Euthanasie« zwei Namen auf. Außerdem habe es Zwangssterilisationen gegeben.

Renata Wispler, Ärztin in Hamborn, wusste bei dem Wispler'schen Familientreffen 2023 in Bad Münder, dass Siegfried Pickert den ersten Versuch der Nazis, die Kinder abzuholen, noch abwehren konnte. »Was soll das hier«, soll er – sich heftig räuspernd – ausgestoßen haben. Die Nazis wurden unsicher und zogen ab. Die Bewohner von Hamborn ahnten jedoch, dass die SS in den frühen Morgenstunden erneut kommen würde. Während der Nacht gelang es ihnen, alle Kinder in Familien zu verstecken. Am nächsten Morgen fand die SS kein einziges Kind mehr vor.

1947 wurde die Beschlagnahme von Hamborn durch die Alliierten aufgehoben, das Gut wurde dem Verein zurückgegeben. Ostern 1947 wurde es wieder eingeweiht. Das Landschulheim Schloss Hamborn hatte da erneut schon 50 Schüler. 1956 wurde Hamborn vom Land Nordrhein-Westfalen mit 70.000 DM entschädigt. Der Erbprinz erhielt eine Wiedergutmachung in Höhe von 45.000 DM.

Nach und nach wurden in Hamborn viele Arbeitsbereiche aufgebaut und ausgeweitet. 1960 wurden die Bäckerei und das Kurheim wieder eröffnet, seit 1982 gibt es einen Natura-Laden.

Ende der Fünfziger- oder Anfang der Sechzigerjahre ging Kurt Wispler in Rente. Seinen Beruf beim Automobil- und Tankstellenverband hatte er aufgegeben. Ihm wurde die Bauleitung des Sanatoriums in Hamborn angeboten. Fortan pendelte er von Malente nach Hamborn.

Michael Wispler, jüngster Sohn von Kurt, zog es ganz nach Hamborn. Er war gesundheitlich etwas schwächer und wurde in die Obhut seiner Schwester gegeben. »Meine Klassenlehrerin war damals meine 19 Jahre ältere Schwester Almuth Wispler, die 1948 nach Hamborn gekommen war, und zwar zu Fuß über den Querweg, bepackt mit einem großen Koffer (ohne Rollen), einem Federbett und einer Geige«, erzählte Michael in einem Interview anlässlich des siebzigjährigen Bestehens von Schloss Hamborn.

Bis 1958 blieb Michael in Hamborn, dann folgte sein Abitur in Detmold, weil das in Hamborn noch nicht möglich war. Die übrige Familie war inzwischen ebenfalls nach Detmold gezogen, wo auch Caroline als Jüngste ihr Abitur machte.

Wie ausgegrenzt die Anthroposophen im katholisch-ländlichen Umfeld von Paderborn waren, beschrieb Michael Wispler:

> »Die Hamborner wurden von den Borchenern mit Skepsis und Argwohn betrachtet. Es gab sogar bisweilen Schlägereien zwischen Jugendlichen aus Hamborn und Borchen. Eine Normalisierung kam erst zustande, als sich die Schule nach außen öffnete und immer mehr Mitarbeiter ihren Wohnsitz in Borchen hatten. Hilfreich für dieses Integrationsprojekt waren auch die Flüchtlingsströme in Deutschland, wodurch die Bevölkerung religiös und kulturell stärker gemischt wurde.«

1985 kamen Michael Wispler, seine Frau Renata und ihre vier Kinder zurück nach Hamborn und zogen nach etwa 33 Jahren in dieselbe Wohnung ein, die Michaels Zuhause in der Kindheit gewesen war.

Recht bald entschieden sich Michael und Renata, in Hamborn ein Haus zu bauen. Ihre vier Kinder sind alle anthroposophisch orientiert. Sohn Markus wurde in Berlin in der anthroposophischen Klinik Havelhöhe Arzt für Gastroenterologie. Tochter Sigune wurde Pflegerin in einer anthroposophischen Klinik im Schwarzwald. Außerdem gibt es noch die Geschwister Igor und Elisabeth. Igor wurde anthroposophisch orientierter Architekt mit Aufträgen bis nach Indien. Michael verstarb 2020 in Hamborn. Die Mutter Renata lebt heute im Altenwerk und klagt darüber, wie wenig heute noch von der anthroposophischen Pflege übrig geblieben ist.

Als Almuth Wispler ins Altenwerk zog, hat sie meine Mutter noch eingeladen, dort mit ihr zu wohnen. Die lehnte ab. Als sie später aber Pflege brauchte, ist meine Mutter in das kleine anthroposophische Haus Christophorus in Berlin gezogen. Das nötige Vertrauen dazu hat ihr das verwandtschaftliche Engagement gegeben.

## Und Carl Wispler? Was war denn nun mit ihm?

Beim kleinen Wispler'schen Familientreffen wurde über die Geschichte des verstoßenen Carl gerätselt. Anne Wispler trieb die Frage um. Heide Wispler, die Schwester ihres Vaters, hatte ihr noch deutlich zu verstehen gegeben: »Er tat nicht gut.« Aber niemand wußte genau, um was es sich handelte.

Was mochte Carl wohl verbrochen haben, das die nette Familie Wispler veranlasste, einen ihrer Söhne zu verstoßen? Das Geheimnis um seinen Verstoß heizte die Spekulationen an. Hatte er gestohlen? Hatte er eine Frau geschwängert? So etwas kam doch in vielen Familien vor. Warum wurde das mit einem Rauswurf aus dem Land, ja aus Europa geahndet? »Carl musste nach Amerika«, laut Anne Wispler war das damals klar.

Aber: Warum wusste denn niemand, worum es ging? Was für

ein Geheimnis steckte wohl dahinter, das die Familie nach zwei Generationen immer noch nicht aufklären konnte?

Kannte Carl ein Geheimnis, das niemand wissen durfte? War er vielleicht gar kein Täter, sondern das Opfer? Hat er, überlege ich aus heutiger Sicht, vielleicht nicht nur Frauen geliebt, sondern auch das eigene Geschlecht? Homosexualität war in Deutschland seit den 1870er-Jahren mit einer Zuchthausstrafe bewehrt. Das galt allerdings ebenfalls für die USA. Auch dort wurden lange Zuchthausstrafen und je nach Bundesstaat auch Geldstrafen verhängt.

Anne Wispler widersprach spontan. Carl sei doch verheiratet gewesen. Und hätte Kinder gehabt. Susan Wispler Lyons, Carls Enkelin, schrieb spontan: Carl habe seiner Frau damals drei Kinder gemacht, alle kurz nacheinander. An Homosexualität – oh Gott – habe sie nie gedacht. Damals wäre das ja wirklich eine Sünde gewesen.

Eine Erklärung gibt es nicht. Enkelin Susan brachte zumindest einen Teil der Geschichte von Carl mit. Ihr 1878 geborener Großvater heuerte Anfang 1900 als Steward auf einem Schiff nach Amerika ein. Eine leicht veränderte Version lautet: Carls Vater habe ihn auf das Schiff gesetzt. Als Tischler habe Carl dort Bilderrahmen geschnitzt. Susan besitzt heute noch einige seiner Rahmen. Sie vermutet, dass Carl bei seiner Ankunft in New York 1903 möglicherweise vorzeitig von Bord gehen musste.

In New York fand Carl Arbeit in einem Hotel. Dort traf er seine spätere Frau Anna Margarethe Möller, die dort ebenfalls ihren Lebensunterhalt verdiente. Sie stammte aus Motzfeld in Hessen.

Der Heiratsurkunde der beiden ist zu entnehmen, dass Carl von Beruf Färber war, also mit Textilien zu tun hatte. Die Wispler'sche Stuhlfabrik hatte mit Stoffen zu tun, um die Stühle zu beziehen. Offenbar arbeitete Carl in der Fabrik, er war ja auch ein kunstvoller Schnitzer. Es könnte sein, dass Carl sich wegen seines Jobs in der Fabrik mit dem Vater überworfen hatte. Die

Autorität des Vaters und Chefs durfte ja nicht angezweifelt werden.

Der älteste Sohn Carls starb im Alter von nur fünf Jahren. Die Schwester Caroline war drei Jahre älter als der jüngste Bruder. Der wurde 1913 geboren. Charles Henry ist Susans Vater. Carl schlug sich mit Jobs durch, zeitweise arbeitete er als Fuhrmann.

1914 erhielt Carl die Nachricht, dass sein Vater im Sterben lag. Ganz so zerrüttet konnte das Verhältnis zu den deutschen Wisplers wohl nicht gewesen sein, sonst wäre Carl nicht mit der gesamten Familie nach Bad Münder gefahren. Nur: Carl kam nicht wieder zurück. Während des Krieges durfte er als Deutscher nicht mehr in die USA einreisen.

In Deutschland arbeitete Carl dann wohl als Dolmetscher. Immerhin beherrschte er sieben Sprachen. Seine Frau arbeitete in einem Lebensmittelladen. Enkelin Susan vermutete sogar, dass die Wisplers sich für sie einsetzten.

Doch irgendwann kam es zum Streit zwischen Carl und Anna. Susan vermutet ein außereheliches Verhältnis als Grund für die Trennung ihrer Großeltern. Wütend und auf sich gestellt reiste Anna, Carls Frau, 1921 mit den Kindern zurück. Sie arbeitete als Zimmermädchen in New York. Zunächst wohnte sie bei ihrer Schwester und wusch die Wäsche ihrer Arbeitgeber in deren Häusern. Als sie in eine eigene Wohnung auf Long Island zog, nahm sie dort Wäsche an. Und blieb ein Leben lang verbittert auf Carl, der in Deutschland blieb.

Carl starb 1928 in Deutschland. In der amerikanischen Familie wurde gemutmaßt, Auslöser sei die Syphilis gewesen. Bettina Tippel-Wispler, die Schwiegertochter von Leo Wispler, konnte noch klären, dass Carl an Magenkrebs starb. Und sie wusste, dass Lise, Kurt Wisplers Frau, Carl einmal im Krankenhaus besuchte und hinterher berichtete, dass Carl der netteste aller Wispler-Brüder sei.

Offenbar hielten sich die Geschwister nicht so streng an den Ausschluss von Carl, wie es der Vater Heinrich Christian Wispler getan hätte. Mehr als einmal gab es Gründe für einen Kontakt zwischen den Geschwistern. Bis zuletzt. Die Sterbeurkunde Carls aus dem Jahr 1928 unterzeichnete sein Bruder Leo Wispler.

Die Grundfrage bleibt offen. Susan Wispler Lyons grübelt noch heute: »Was für ein Schuft muss mein Großvater wohl gewesen sein, dass die Wispler-Familie überzeugt ist, dass Carl ein Tunichtgut war? Und dass trotzdem niemand sagen kann, was er getan hat?«

Ein Rundmail an die Familie ist meine letzte Hoffnung, das Geheimnis zu lüften. Renata Wispler, die Witwe von Michael Wispler, antwortet als Einzige. Sie hat eine weise Erklärung dafür, »wie schnell Urteile über Menschen gemacht werden und sich dann einfach fortpflanzen. Jeder von uns war mindestens einmal im Leben ein Tunichtgut.«

Zurück nach Amerika. Charles Henry, der Sohn von Carl, war wie viele von Carls Geschwistern künstlerisch und musisch begabt. Charles Henry liebte die Bewegung auf Rollschuhen. Helen, seine Frau, lernte er dabei kennen. Gemeinsam begannen sie den Paarkunstlauf einzustudieren und erdachten einen ›Flash Roller Skating Act‹ und realisierten auf Rollschuhen durchaus gefährliche akrobatische Tricks. Als ›Charles Duo‹ legten sie eine außerordentliche Karriere hin und bereisten von den 30er- bis in die 50er-Jahre das Land, zeigten ihre Actionshow in Zirkussen und auch im Fernsehen. Charles und Helen sind Susans Eltern.

## Die Daniel-Story: Wie Söhne zu Tunichtguten werden

Marie-Antoinette Caroline Wispler, meine Urgroßmutter und die Ehefrau des Stuhlfabrikanten Heinrich Christian Wispler in Bad Münder, war eine geborene Daniel. Zur Erinnerung: Als die Ariernachweise erstellt wurden, verdächtigte mein Großvater Felix Gentzen, dass die Vorfahren meiner Großmutter Juden wären, weil sie Daniel hießen. Grund genug, einmal der Spur meiner

Urgroßmutter nachzugehen und zu fragen: Wer waren die Daniels?

Marie-Antoinette, Mutter von sieben Kindern, war das Zentrum des quicklebendigen Wispler'schen Hauses. Sie stammte aus Bederkesa bei Bremerhaven. Seit Anfang des 19. Jahrhunderts betrieb die Familie dort einen Landhandel. Marie Antoinettes Großvater eröffnete auch ein großes Geschäft für Haushaltswaren und Kleidung. Lotte, eine Nichte meiner Urgroßmutter, erinnert sich, dass ebenfalls Saatgut, Dünger und Getreide zu den Dingen gehörten, die das Geschäft Daniel führte.

Der Hof war groß: Neben dem stattlichen Backsteinhaus gab es einen großen Schweinestall und ein Lagergebäude, Heuschober und einen Stall für die Hauskuh und ausreichend Wohnraum für die Arbeiter. Dazu ein Waschhaus. Einmal pro Woche kamen drei Frauen aus der Umgebung, um dort zu arbeiten.

Im Sommer traf sich die Familie Daniel in der riesigen Glasveranda zum Abendessen, erinnerte sich Lotte, eine Nichte meiner Urgroßmutter. Lotte, geboren 1917, war die Tochter von Ernst Wilhelm Heinrich Daniel, dem jüngsten der drei Söhne des Hauses Daniel. In der kalten Jahreszeit war die Veranda ein besonderer Ort. Dann hingen dort Rehe, Hirsche und Hasen, die bei der Jagd erlegt worden waren.

Ein großer Kachelofen machte das Haus im Winter gemütlich warm. Lottes Vater züchtete Jagdhunde. Die Hunde streckten sich in der Nähe des Ofens aus, wenn sie nicht gerade in seinem Arbeitszimmer saßen. Ein Heizer sorgte für die Wärme im Haus, Meta war die Nanny der Kinder.

Zu Weihnachten wurde es im Haus nahezu magisch, berichtete Lotte. Eine Tanne wurde ins Esszimmer gebracht, ›Weihnachtszimmer‹ nannten es die Kinder nun. Es gab einen großen Fellteppich, auf dem sprangen die Kleinen herum und vertrieben sich die Zeit, bis endlich geläutet wurde und sie zum mit Kerzen geschmückten Christbaum durften, wo auch die Geschenke auf sie warteten.

Im Winter fuhren die Kinder auf Pferdeschlitten durch den nahen Wald. Die Familie war mit dem Förster befreundet. Am Geschirr der Pferde klingelten Glöckchen. Für Lotte gehörten diese Schlittenfahrten zu den glücklichsten Kindheitserinnerungen. Der Förster füllte die Futterkrippen mit Heu, damit Wild und andere Tiere zum Fressen kamen.

Lottes Großvater, Johann Friedrich Carl Daniel, war der Bruder meiner Urgroßmutter Marie Antoinette Carolin Wispler. Ihm wurde eine besondere Nähe zu Tieren nachgesagt. Als er krank nach Bad Kissingen in Kur fahren wollte, bat er den Kutscher, seinem Lieblingspferd das Geschirr anzulegen und es vor die kleine Kutsche zu spannen. Das Pferd verweigerte den Gehorsam. Es ging rückwärts oder zur Seite, machte aber keinen einzigen Schritt nach vorn. Der Kutscher zerbrach seine Peitsche auf dem Tier, doch es folgte nicht. Das war noch nie passiert. In aller Eile musste eine fremde Kutsche gemietet werden, damit der Großvater rechtzeitig zur Bahn kam. Dass dies die letzte Fahrt des Großvaters sein würde, hatte das Pferd gespürt, erzählte man sich hinterher. Lottes Großvater starb am 19. Mai 1916 in Bad Kissingen.

Dass Johann Friedrich Carl einen Großteil des Vermögens in Kriegsanleihen investiert hatte, stellte die Familie erst nach seinem Tod fest. Da Deutschland den Krieg verlor, war das Geld weg.

Damals kam Ernst Daniel, der Vater von Lotte, gerade aus dem Ersten Weltkrieg zurück. Er war krank, weil er in den Giftgaskrieg geraten war. Nie hatte er damit gerechnet, einmal die Firma leiten zu müssen. Das war stets die Aufgabe der jeweils älteren Söhne gewesen, die alle – wie auch der Großvater – auf den Namen Johann Friedrich Carl getauft wurden. Generation um Generation hießen die Erstgeborenen so.

Seine Töchter Lulu (Carla Louise) und Tilly (Alma Auguste Matilda) waren älter als die Brüder. Der Großvater hatte sie sehr geliebt und sie in feine Mädchenpensionate geschickt. In den

Ferien warteten großartige Reisen auf sie. Zu Weihnachten bekamen beide ein Fahrrad und lernten das Radfahren im langen Flur des Hauses.

Auch der älteste Sohn, Johann Friedrich Carl Daniel, genannt Carl, hatte eine gute Ausbildung erhalten. Er sollte ja eigentlich den Landhandel der Daniels übernehmen. Doch ihn zog es zur See. Er wollte Kapitän werden und hatte als Schiffsoffizier angeheuert.

Als er eines Tages in Bremerhaven von Bord ging, um die Eltern zu besuchen, sah er den Pfarrer von Bederkesa in einem Bordell verschwinden. Er erzählte dem Vater davon. Der wollte die Geschichte nicht glauben. Schließlich gehörte der Vater dem Kirchenvorstand an und hatte den Pfarrer mitberufen. Zwischen Vater und Sohn kam es zum Streit. Der Pfarrer fühlte sich durch die Behauptung so sehr in die Enge getrieben, dass er ein Gerichtsverfahren gegen Johann Carl jun. anstrengte. Um einem Skandal vorzubeugen, bestand der Vater darauf, dass sein Sohn Deutschland verlassen sollte. Er hätte den Prozess nicht gewinnen können, er hatte ja keine Zeugen.

Der Streit hatte Folgen. Wie er wohl für seinen Vater arbeiten könne, fragte sich Johann Carl jun., wenn der nicht glaubte, was er als sein Ältester mit eigenen Augen gesehen hatte. Im Jahr 1900 emigrierte Carl nach Amerika. Jahre später entdeckte der Vater, dass sein Sohn die Wahrheit gesagt hatte. Er bat ihn, aus Amerika zurückzukehren und die Firma doch zu übernehmen. Da aber die Mutter Franziska Daniel, geborene Gode, im Jahr 1906 gestorben und der Vater wieder verheiratet war, wollte Carl nicht nach Bederkesa zurück.

Als zweitältestem Sohn war es nun an Gustav, das Geschäft zu übernehmen. Er heiratete eine nette Frau, Marie Heidtmann war ihr Name. In der Familie wurde sie Tante Mimi genannt. Der Senior war geizig und zahlte dem Sohn weiterhin denselben niedrigen Lohn, den er als Alleinlebender bekommen hatte. Da Gustav nun Familie hatte, lagen seine Ausgaben natürlich höher.

Er machte Schulden, um über die Runden zu kommen. Als sein Vater von geliehenen 700 Mark erfuhr, erzürnte er sich auch gegen seinen zweiten Sohn. Er bestach einen Seemann, seinen Gustav betrunken zu machen und ihn in Bremerhaven auf ein Schiff Richtung Amerika zu bringen. Als Gustav aus dem Rausch erwachte, war er bereits auf dem Weg nach Amerika. Das war im Jahr 1912.

Gustavs Frau Mimi hatte zwei kleine Töchter: Margarete war 16 Monate und Fanny gerade mal vier Monate alt. Mimi kehrte mit den Kindern zu ihren Eltern zurück, die ebenfalls in Bederkesa lebten. Die Bitten, ihren Mann Gustav zurückzuholen, wurden vom Schwiegervater nicht erhört. Der sagte nur: »Was? Den willst du zurück? Der ist ein Tunichtgut, er ist zu nichts zu gebrauchen!«

Gustav traf seinen Bruder Carl in New York wieder und begann auf einem seiner drei Schiffe zu arbeiten. Carl hatte sich schnell hochgearbeitet. Gustav jedoch verdiente nicht genug, um Frau und Töchter nachkommen zu lassen. Er konnte gerade mal etwas Geld für ihren Unterhalt abzweigen. 1917 traten die USA in den Ersten Weltkrieg ein. Ein Kontakt miteinander war damals lange nicht möglich. Gustav sah Frau und Kinder nie wieder. 1927 erkrankte er und starb an einer Lungenentzündung. Sein älterer Bruder Carl lebte bis 1954. Er blieb unverheiratet.

Nach dem Ersten Weltkrieg hatte das Geld keinen Wert mehr. Da ging es den Daniels nicht anders als den Wisplers in Münder oder den Gentzens in Berlin. Über Nacht verloren die Aktien ihren Wert. Selbst große Vermögen verschwanden. Bei den Daniels musste vielen Dienstleuten gekündigt werden. Nur Meta blieb als Küchenhilfe und Nanny.

Aber die Daniels hatten ja noch die Kuh und die Schweine. Sie kamen einigermaßen durch die Hungerzeit. Ein befreundeter Fleischer schlachtete die Schweine. Es gab eine Räucherkammer für Schinken und Würste und den Kaltraum für das frische Schweinefleisch. Und das in einer Zeit, in der Essen rationiert war und die Regierung Lebensmittelmarken für die Bevölkerung ausgab!

Ernst Wilhelm Heinrich Daniel, der jüngste Danielsohn, heiratete Anne Katharine Doëdora Sophia Blickwedel. Anne war die dritte Tochter von Rudolph Blickwedel, ein Großvater der Daniel'schen Kinder mütterlicherseits, lebte als Anwalt in Leer in Ostfriesland. Er galt als einer der sanftesten und liebevollsten Männer der Familie.

In der Zeit des knappen Essens besuchte er die Daniels in Bederkesa. Für die Rückkehr wurde ihm eine große Tasche mit Schweinefleisch gepackt – ein Risiko bei den Lebensmittelkontrollen, die überall durchgeführt wurden. Als er mit dem schweren Gepäck zur Bahn kam, fragten ihn zwei Polizeibeamte nach dem Inhalt der Taschen. Der liebe Opa sagte mit seinem süßesten und unschuldigsten Lächeln: »Die Tasche ist voll mit leckerem, frischem Schweinefleisch.« Die Polizisten lachten sich halb tot. Seit einer Ewigkeit hatten sie kein Fleisch mehr gesehen. Als handele es sich um einen guten Witz, halfen sie dem netten Opa sogar, die schwere Tasche in den Zug zu heben.

Aber auch Blickwedels Vermögen wankte. Sein Haus in Leer war gegen Kriegsanleihen verpfändet. Ihm war versprochen worden, dass er es nach dem Krieg zurückbekäme. Das geschah nicht, der Krieg war ja verloren. So zog der liebenswürdige Anwalt ebenfalls in das Familienanwesen in Bederkesa.

1916 starb Johann Friedrich Carl Daniel sen. Damit war es an Ernst, dem dritten Danielsohn, nach dem Krieg den Familienbetrieb zu übernehmen, zumal beide älteren Brüder ja in New York geblieben waren. Doch aufgrund der extremen Inflation war das Geschäft nicht zu halten. Etwa 1924 war die Familie pleite. So beschloss Ernst, nach Australien auszuwandern. Er kam im November 1926 in Melbourne an.

Die Mittel für die Überfahrt und den Neustart in Australien stammten aus einer Hypothek auf das Altenteil. Das lag neben dem Haupthaus und wurde von seinen Schwestern Tilly und Lulu bewohnt. Ernst gehörte ein Teil des Hauses und so bat er seine Verwandten, das Haus für ihn zu beleihen.

Lotte schrieb, es sei ziemlich verrückt gewesen, dass ihr Vater ausgerechnet nach Australien auswanderte. Er hatte nie gelernt, körperlich zu arbeiten. Immer hatte er Leute, die das für ihn erledigten.

## Warten auf die Auswanderung

Kaum war Ernst Daniel auf dem Weg nach Australien, geriet Lottes Mutter in die Krise. Sich um die drei Kinder zu kümmern, war für sie zu viel. Und so geschah, was man damals in einer Notsituation tat: Die Kinder wurden auf die Angehörigen verteilt. Eine Schreckenssitte, auf die in der Not auch meine Großeltern Gentzen im Berlin der Zwanzigerjahre zurückgreifen mussten.

Mit einem Kind blieb Lottes Mutter Anne bei ihren Eltern. Sohn Carl kam zu Tante Liese nach Schlesien, der jüngsten Schwester der Mutter, die dort ein Geschäft hatte. Um diesen Platz wurde er von den Geschwistern sehr beneidet. Lotte kam nach Schwiebus zu Tante Grete, einer anderen Schwester der Mutter, und ihrem Mann August. Dort gab es große Schlafzimmer mit zwei Betten.

Als es dunkel wurde, legte man Lotte zu Tante Grete ins Bett. Der Raum war mit wunderbaren Möbeln eingerichtet. Nachts fuhr Lotte erschrocken im Bett hoch. Um sie herum war alles nass, sie hatte ins Bett gemacht. Lotte weinte vor Angst. Ihre Mutter, die noch nicht abgefahren war, reagierte entsetzt. »Mit sieben Jahren macht man das doch nicht mehr!« Schon am nächsten Tag fuhr sie wieder nach Hause, wo sie mit den Eltern und Ernst, dem jüngsten Sohn, lebte.

In der kommenden Nacht zog Lotte in das Zimmer von Onkel August. Durch einen Wandschirm wurde in seinem kleinen

Einzelzimmer für Lotte eine Ecke abgeteilt. Sie blieb mehrere Jahre bei der Tante. Aber von der ging keine Wärme aus. Bis zum letzten Tag fühlte sich Lotte bei ihr unwohl. Zum Glück mochte sie Onkel August gern. Er war nett zu ihr. Später hat Tante Grete Kinder von reichen Eltern aufgenommen, um die Finanzen der Familie aufzubessern.

Nach drei langen Jahren kam endlich die Nachricht, dass Lottes Vater in Melbourne Arbeit hätte. Lotte kehrte zur Mutter zurück. Allein fuhr sie im Zug zurück nach Bremen, um den Hals ein Schild, auf dem stand, wo sie hinfuhr und wo sie umsteigen musste. Jetzt, wo es zurück zur Mutter gehen sollte, war es ihr egal, dass sie allein fahren musste. Auch der Bruder kam aus Schlesien zurück.

Doch dann begann ein neues Drama. Anne, Ernsts Frau, erzählte später, dass sich der Vater an einer Partnerschaft in Melbourne beteiligte, um ein ähnliches Geschäft, wie er es aus Deutschland kannte, aufzubauen. Als das schief ging, verlor er sein gesamtes Geld. Frau und Kinder mussten weiter in Deutschland bleiben. Diesmal kamen beide Brüder ins Waisenhaus in Bremen. Lotte musste wieder zurück zu Tante Grete. Lotte flehte die Mutter an: Lieber würde sie mit den Brüdern ins Waisenhaus gehen. Doch die Mutter ließ sich nicht erweichen.

Nach Schlesien zurück konnten die Jungen nicht. Tante Lieses Mann Erhard hatte eine Arbeit als Ingenieur in Mexiko gefunden. Tante Liese war schon dabei, ihr Haus und alle Möbel zu verkaufen und zu ihren Eltern zu ziehen, wo sie auf die Nachricht wartete, dass sie ihrem Mann folgen könne. Doch wieder kam es anders. Von der Botschaft traf ein Telegramm ein, dass Erhard Fieber bekommen hatte und – was für ein Schreck! – im August 1929 gestorben sei.

Im selben Jahr brachen Lotte, die Mutter und die Brüder nach Australien auf. Als sie dort an Land gingen, feierte Lotte gerade ihren zwölften Geburtstag. Da war der Vater bereits drei Jahre in Australien.

Die Berichte über die Daniels stammen von Lotte Daniel beziehungsweise ihrer Nichte Marlene. Als ich von Letzterer in Australien die Erlaubnis erbat, aus den internen Familienberichten zu zitieren, belebte sich der Kontakt zu den Daniels zusehends. Am nächsten Morgen schon hatte ich Antwort von Marlene Brennan, geborene Daniel, der Enkelin des ausgewanderten Ernst Daniel.

## Neubeginn in Australien

Marlene beschrieb, was für ein hartes Leben die Danielkinder in Australien erwartet hatte. Angekommen in der Weltwirtschaftskrise, der ›Great Depression‹, starb der Großvater Ernst Wilhelm Heinrich Daniel im Alter von nur 46 Jahren. Das war im Jahr 1934. Die Familie lebte da noch in einem ›bag humpy‹, wie die notdürftige Unterkunft genannt wurde. Erst im Jahr 1947 schaffte es Anne, Lottes Mutter, von der Bank einen Kredit zu bekommen, um für die Familie ein Haus zu bauen.

Die Landwirtschaft allein war schon eine Herausforderung. Trockenheit und Hochwasser wechselten sich ab. Die Familie konnte bei ihrer Einwanderung zwar sehr günstig an Ackerland kommen, aber Maschinen und Tiere fehlten. Zuallererst mussten Bäume gefällt werden, denn es war eine reine Buschlandschaft. Mit einem Stab musste jedes Samenkorn einzeln in die Erde gebracht werden.

Und es dauerte, bis die Familie Englisch lernen konnte. Die nächste Schule war Meilen entfernt. »Mein Großvater erlaubte seinen Kindern nicht, zur Schule zu gehen«, erklärte Marlene Brennan. Er behauptete, dass die örtliche Bevölkerung in dem Land nur aus Grobianen bestehe. Sie selbst glaubte, dass der Großvater die Arbeitskraft der Kinder brauchte, um die Farm in Gang zu halten. Kinderarbeit war notwendig. »Mit anderen Worten: Es war eine Frage des Überlebens«, schrieb Marlene.

Dabei galt in Australien bis zum Alter von 14 Jahren die Schulpflicht. Die Kinder bekamen Fernunterricht, was aber laut Lotte nicht allzu erfolgreich war, weil sie am Ende des Tages von der Arbeit viel zu erschöpft waren, um noch zu lernen. Carl und Lotte erledigten zwar ihre Aufgaben, aber Anne, die Mutter, machte auch noch die für ihren jüngsten Sohn Ernie mit. Was ihm nicht gerade half. Im Gegenteil. Als die Kinder ins Oberschulalter kamen, war die nächste Oberschule 70 Meilen entfernt. So weit konnten sie nicht fahren. Und für ein Internat reichte das Geld nicht. Um wenigstens die Hausaufgaben von einem Lehrer zu bekommen, radelte Carl, der älteste der Geschwister, täglich neun Meilen bis in die nächste Kleinstadt. Seine Mutter pflegte dafür mit Geschenken zu zahlen, vor allem mit Porzellan oder Leinen, Familienschätze, die sie aus Deutschland mitgebracht hatte.

Der Staat gab den Daniels – wie vielen Einwanderern – Kredite für das Bohren eines Brunnens und den Kauf von 21 Kühen und einem Bullen. Die Neulandwirte lernten Kühe zu melken, Kälber aufzuziehen und bauten eine Molkerei. Bei den Daniels lernte Lotte als Erste, wie man eine Kuh melkt. Die übrigen halfen in der Molkerei mit, wo die Arbeit noch per Hand gemacht wurde und alles sauber gewaschen werden musste. Obwohl die Zinsen niedrig waren: Die Kredite mussten zurückgezahlt werden. Schulden waren ein Problem, besonders nachdem Vater Ernst gestorben war.

Marlene Brennan schrieb, ihr Vater Ernst und Lottes Bruder Carl fanden Arbeit in Mount Isa, einer Bergarbeiterstadt in West Queensland. Für die Männer brauchte es sehr viel Mut, sich ihre Niederlage einzugestehen. Unter den Neusiedlern gab es einen besonderen Männlichkeitskult, der bedeutete, alles selbst zu lernen und auch zu schaffen.

Während des Zweiten Weltkriegs wurde Carl, der älteste Sohn, als feindlicher Staatsbürger in einem Kriegsgefangenenlager in Süd-Australien interniert. Auch seine Mutter Anne wurde für zwei Jahre festgesetzt. Die ganze Familie hatte bereits 1933 die australische Staatsbürgerschaft angenommen. Als der Weltkrieg ausbrach, lebte Lotte mit ihrem Mann Steffen und ihrem Sohn in Neuseeland. Ernie wurde nicht inhaftiert, da er mit einer Australierin verheiratet war. Er konnte auf der Farm bleiben.

Zu Lottes Leidwesen gab auch der Mann von Tante Lotte die Landwirtschaft auf, die ihre Mutter Anne ihnen verkauft hatte, und tauschte sie gegen ein Café. Lotte betrieb es und baute nebenbei noch einen Lebensmittelladen, ein Kurzwaren- und Kleidergeschäft auf. Meistens arbeitete sie bis Mitternacht. Ihr Mann Ted fand eine Arbeit als Elektriker im Kohlebergbau und kam nur alle vierzehn Tage an den Wochenenden nach Hause.

Hilda, die Frau von Bruder Carl, eröffnete einen Laden für Kurzwaren und Stoffe in Mount Isa. Sie war gelernte Schneiderin und Hutmacherin. Lotte und Ted sowie Carl und Hilda konnten ihre Kinder bereits in ein Internat schicken und einige an eine Hochschule.

Ernie, der jüngste der Geschwister, hatte mit seiner Frau Evelyn neun Kinder. Alle wuchsen in Mount Isa auf und gingen an öffentliche Schulen. Als Ernie aufgrund eines Unfalls nicht mehr arbeiten konnte, begann für die Familie noch einmal eine harte Zeit. »Aber wir haben nie gehungert«, versicherte Marlene.

Marlene und ihr Ehemann kauften in Brisbane elf ›acres‹, also etwa viereinhalb Hektar Land, und bauten darauf zwei Ferienhäuser. Als Marlene mir schrieb, waren sie gerade dabei, ihr Grundstück zu verkaufen, um im Alter reisen zu können. Und als wir das erste Wispler'sche Familientreffen vorbereiteten, suchte sie sich nach dem Verkauf erst einmal eine neue Unterkunft.

Marlene und ihre Schwester Helen (McHugh) kehrten im Jahr 2002 schon einmal nach Deutschland zurück, um die alte Familienheimat zu besuchen. Sie trafen einige Verwandte und fanden auch die Gräber der Familie. Auf dem Friedhof von Bederkesa begegneten sie einer ehemaligen Nachbarin, eine Freundin aus der Kinderzeit. Die hatte als Kind mit dem Vater Ernie gespielt. Die alte Dame drückte ihre Verbundenheit zu den Daniels aus, indem sie mit ihren 87 Jahren immer noch deren Gräber pflegte.

# V. Von Mecklenburg nach Ostpreußen

Zurück zu den Gentzens. Großväterlicherseits gehören meine Verwandten zu den ostpreußischen Gentzens. In der Familienchronik tauchen sie auf als Gutsbesitzer, als Ärzte und Architekten. Sie waren die Hausärzte der Steinfurts, Ruffmanns, Ostendorffs und Sandmanns. Ihre Töchter und Söhne heirateten in diese industriellen Familien ein. So war der Großvater meines Großvaters ein Sandmann, seine Frau eine geborene Steinfurt, seine Schwester Gertrud eine verheiratete Ostendorff. Eine bessere Partie war in Ostpreußen kaum denkbar.

Über die Gentzens fand ich in der Familienchronik der Ruffmanns/Sandmanns/Ostendorffs/Gentzens nur wenig. Über meinen Großvater Dr. Felix Gerd Karl Georg Gentzen heißt es da knapp und zum Teil etwas despektierlich:

> »Felix Gentzen, geb. 17.2.1883. Er war sehr befähigt für Musik und auch immer der Primus seiner Klasse. Und doch hat er's nicht sehr weit gebracht. Er studierte Baufach, hat auch seine Examina sehr gut gemacht, fand aber nicht den rechten Platz und hat sich schwer durchgeschlagen. Viele Jahre war er nach einem Schlaganfall geistig und körperlich krank. Seine Frau Fifi hat ihn rührend betreut. Er starb erst 1950. Seine Tochter Ilse hat ein Kind, verleiht Journale und verdient gut und sie unterhält auch die Mutter. Sein Sohn Felix Heinrich war in Stalingrad gefangen (aktiver Hauptmann). Er trat dem ›Freien Deutschland‹ bei. Wurde, als er aus der Gefangenschaft zurückkehrte, Kommunist.«

Bei einem der Familientreffen – es war im Jahr 1986 oder 1987 – tauchte ein weiterer Gentzen auf. Uns allen unbekannt hieß er nur noch: ›unser neuer Verwandter.‹ Christa, die Frau von Felix-Heiner, hatte ihn eingeladen, weil er sich in einer Familienfrage an sie gewandt hatte. Gerhard Gentzen besaß ein Archiv über die Gentzens, ähnlich wie es eins über die ostpreußische Verwandtschaft gab. Es wurde, wie noch gezeigt wird, von Arnulf Ruffmann, einem der Senioren der Familientreffen aufgebaut. Der Stammbaum der Gentzens wurde in dem Ruffmann'schen Datenpool ergänzt. Vor mir tat sich ein Tableau mit bis dahin unbekannten Angehörigen und Wissen über sie auf, das im Laufe der Jahrhunderte in der Familie verloren gegangen war.

So erfuhr ich, dass Fritz Reuter, der in Mecklenburg geborene und in der DDR besonders gefeierte Dichter des Plattdeutschen, im Jahr 1859 an seine Mitbürger in Treptow ein Gedicht über seine Nachbarn schrieb:

*Die Träne tropft mir aus den Augen nieder,*
*gedenk ich jener schönen Zeiten wieder.*
*Als ich bei Floßen wohnte neben Gentzen*
*und dann beim Färbermeister Menzen.*

Neue Regionen und Zeiten entstanden vor mir. In die musste ich unsere Familie erst einmal hineindenken. Plötzlich fand ich sie im Biedermeier wieder, in der ach so heilen Welt.

Ludwig Pfau, der Herausgeber der Zeitschrift DER EULENSPIEGEL bespöttelte 1847 die heilige Familie während der Zeit der Märzrevolution:

*Schau dort spaziert Herr Biedermeier*
*und seine Frau, den Sohn am Arm;*
*sein Tritt ist sachte wie auf Eier,*
*sein Wahlspruch: Weder kalt noch warm.*

## Bürgerstolz im Biedermeier

Die idyllischen Orte an der Müritz, abgeschieden inmitten der mecklenburgischen Seenplatte, waren wie geschaffen fürs betuliche Leben. Ebenso Treptow – heute Altentreptow an der Tollense.

Dort wurde im Biedermeier ein weiterer Gentzen aktenkundig. Das war im Jahr 1835. Es ging um den Bäcker Joachim Friedrich Gentzen. Um 1930 hatte der Jurist Wilhelm Witt Polizei-Akten ausgewertet und den Vorfall in seinen *Geschichten aus dem Biedermeier* veröffentlicht. Er schrieb von einem Kneipenabend, der eigentlich ganz gemütlich beim Gastwirt Wilhelm begonnen hatte. Da saß unser Bäckermeister Gentzen und spielte mit seinen Freunden Solo, eine Art Mau-Mau. Er und seine Freunde waren im besten Alter von Mitte bis Ende fünfzig, alles bekannte und geschätzte Männer im Ort, alle erfolgreich in ihrem Handwerk. Witt schrieb, warum der Bäcker Joachim Friedrich Gentzen vor Gericht kam:

> »Bei dem Bäcker und Gastwirt Wilhelm, der auch Besitzer der Stadtziegelei am Klosterberg war, saßen am 27. Januar 1835 beim friedlichen Solo mit 2 Pfg. Einsatz der behäbige Bäckermeister Joachim Gentzen in Jacke ohne Rock, der Kaufmann L. M. Cohn und der Schützenwirt Jakobs. Ein Bild friedlicher Bürgergemeinschaft. Gegen 1/2 8 Uhr erschienen, von der Gastwirtschaft Baresel kommend, die Bürger Knopfmacher Marsch, Goldarbeiter Burmeister, Maurermeister Müller jun. und Schornsteinfegermeister Heidler. Nach eigener Meinung ganz nüchtern, nach Ansicht der anderen stark geladen. Man nahm keine Notiz von den Ankömmlingen; da sie alle Poverinskis [Habenichtse] waren, galten sie dem wohlhabenden Bürger nichts. Anders die Ankömmlinge. Der Goldarbeiter Burmeister setzte sich zu dem Bäckermeister Gentzen und bestellte ein Glas Rum. Als es vor ihm stand, verlangte er, sein Nachbar solle das Glas antrinken. Der empfand das Ansinnen als erstklassige Unverschämtheit und

lehnte mit dem Bemerken ab, dass er kein Brandweintrinker sei. Burmeister ließ aber in seinem Drängen nicht nach und meinte schließlich, dass die Weigerung für ihn entehrend sei. Darauf erhielt er zur Antwort, dass er es nehmen möge, wie er wolle. Jedenfalls solle er Ruhe geben. Die Gegenpartei behauptete nachher allerdings, er hätte von Büffelsköppen, dummen Jungs gesprochen und erklärt, dass er es unter seiner Würde finde, mit so jungen Bengels zu trinken. Der andere setzte die Anzüglichkeiten fort, aber er brachte den alten Herrn nicht aus seiner Selbstbeherrschung. Den jungen Schornsteinfegermeister kitzelte die Situation dergestalt, dass er vier Gläser füllen und eins davon durch den Wirtssohn Fritz Algenstaedt dem gereizten alten Herrn anbieten ließ. Als der sich in scheinbarer Ruhe ablehnend verhielt, fasste der andere den Mut, für ihn eine Flasche Bier zu bestellen und zu bemerken, dass er doch wohl ein Glas Bier von ihm annehmen würde. Gentzen setzte seine Weigerung in scheinbarer Ruhe fort. Währenddes hatte der Maurermeister Müller ein Glas Rum dem Schützenwirte angeboten, der, mit weniger Bürgerstolz behaftet, nach dem Glase griff. Sofort aber zog Müller das Glas zurück und trank es selber aus.

Burmeister fing nun an zu sticheln: So'n Bäcker müsse sich die Bürger zum Freunde halten, weil sie ihm das Salz abkaufen sollten. ›Jawoll!‹, rief Heidler in nicht misszuverstehender Anspielung auf die Körperfülle seines Objekts, ›man muss ihm das Salz abkaufen, um die dicken Schweine für die dicken Menschen einzupökeln!‹ Nun erhob sich Gentzen in vollem Zorn, verbat sich ernsthaft dergleichen Beleidigungen und riet dem Schornsteinfeger, sich ja ordentlich zu betragen, da er sonst leicht seinen Posten verlieren könne. Der aber packte ihn an der Brust, schüttelte ihn, pfiff und rief: ›Nörking kennst du dinen Päding nich!‹ (Mann, kennst du dein Patenkind nicht.) Da wars mit der Ruhe des alten Meisters vorbei. Er ohrfeigte den Frechdachs mit seinen gewichtigen Bäckerhänden, packte ihn und schrie in heller Wut: ›So'n Büffelskopf! So'n Knecht! So'n hungriger Hund soll unter meinen Händen krepieren!‹ Er besann sich dann aber doch, trug den Wicht raus und setzte ihn vor die Tür.

Diesen unfreundlichen Akt begleitete ein Lärm, der die schlafende Nachbarschaft mit Feuerängsten hochfahren ließ.

Die drei Genossen hatten sich unbemerkt aus der Stube geschlichen, feuerten aber draußen den Heidler an, zurückzugehen und Rache zu üben, da sie unmöglich für ihr verzehrtes Geld Schläge mitnehmen könnten. Sie kamen also zurück, und Heidler schlug dem Wirt Wilhelm mit der Faust aus allen Kräften ins Genick. Inzwischen war der junge Bäckermeister Johann Gentzen zum Schutze seines Vaters herbeigerufen worden. Er packte den Heidler und setzte ihn wieder an die Luft. Die anderen drei wieder heimlich hinterher. Dabei wieder der fürchterliche Lärm. Nach gemeinsamer Beratung vor dem Hause erschienen sie zum dritten Male in der Gaststube und begannen eine neue Schlägerei. Da aber erschien das Auge des Gesetzes, der Nachtwächter Nahorn und gebot Ruhe und Heimkehr, da die Polizeistunde (11 Uhr) schon überschritten sei. Da entfernten sich die Ruhestörer. Unterwegs aber packte den Maurer ein wilder Tatendrang. Sie kehrten also wieder um, und mit wütendem Gebrüll fuhr der Maurermeister Müller auf die Alten los: ›Der mich jetzt anfasst, soll ein heilig Kreuz Himmeldonnerwetter regieren! Nun will ich Euch alle kurz und klein schlagen!‹ Dabei erhielt der Schützenwirt Jakobs eins hinter die Ohren. Der packte ihn und schmiss ihn raus. Ein Gleiches geschah seitens der anderen Gäste dem Burmeister, dem Marsch und dem Heidler.

Nun war Ruhe. Die alten Herren saßen noch eine Weile, verpusteten sich, bis eine leidliche Beruhigung ihrer Seelen eingetreten war. Auf dem Heimwege hatte Burmeister noch eine Begegnung mit dem Nachtwächter Ludwig, der ihn nicht erkannte und deshalb pflichtmäßig ›Wer da?‹ anrief. Das wühlte noch einmal die wütende Seele auf, er fuhr den armen Nachtwächter gewaltig an und schloss: ›Gehe er seine Wege, und ich gehe meinen. Ich bin der Goldschmied und komme von meinem Schwiegervater!‹

Gut bewaffnet mit Krückstock und finsterer Entschlossenheit gingen später auch die Alten heim.

In der polizeilichen Untersuchung erscheinen die Ruhestörer im lichten Gewande engelreiner Unschuld. Sie hätten es nur gut gemeint, den alten Gentzen treffe die ganze Schuld, der hätte zu brüllen und schlagen angefangen. Sie stellten hiermit Strafantrag gegen ihn. Er sei bloß daran schuld, dass sie nicht schon um 10 Uhr nach Hause gegangen seien. Hätte er sie in Ruhe gelassen, wäre nichts passiert. Und Müller setzte noch hinzu: ›Der P. Jakobs verbreitet in der Stadt, dass er mich aufgehoben, sodass ich gequarrt. Ich bitte, demselben das fälschliche Reden zu untersagen, da ich sonst gegen ihn gerichtlich klagbar werden muss.‹ Selbst der Knopfmacher Marsch beantragte gesetzliche Bestrafung des Bäckers Wilhelm wegen frechen Angriffs auf seine friedliche Persönlichkeit.

Nach gründlicher Untersuchung fällt die Polizeibehörde folgendes Urteil: Burmeister, Heidler, Müller und Marsch wegen nächtlicher Ruhestörung und ordnungswidrigen Betragens je 3 Thaler Geldstrafe oder 4-tägiges Gefängnis im Bürgergewahrsam, dazu die Kosten. Bäckermeister Gentzen und Schützenwirt Jakobs wegen Überschreitung der Polizeistunde 15 Silbergroschen und die Kosten. Gastwirt Wilhelm und Gentzen jun. werden freigesprochen.

Das Urteil gefällt den Friedensstörern durchaus gar nicht. Sie halten die Strafe ›für die dem Bäckermeister Gentzen und Wilhelm zugefügt habenden Beleidigungen und ihr zu langes Aufbleibens in einem Wirtshause‹ für viel zu hoch, wollen sich einen Advokaten nehmen und Revision bei der Kgl. Regierung beantragen. Und sie legen Berufung ein. Marsch fühlt sich ganz unschuldig; höchstens, dass er nach 11 Uhr noch im Gasthaus war. Er hat auch vor der Tür nicht gehetzt, sodass man wieder hineinmüsse und dass sie alle für einen Mann stehen müssten. Der das gehört haben will, müsse sich in jeder Weise geirrt haben. Nein, er sei ganz artig gewesen, und Ähnliches solle auch nie wieder vorkommen. Auch Heidler ist ganz Unschuld. Was er mit Gentzen vornahm, sei alles bloß Scherz gewesen, dass die Sache so schlimm und so laut wurde, sei einzig und allein des Gentzen Schuld. Er hätte sich von ihm vor die Brust stoßen lassen und hätte darauf nicht anders reagiert, als dass er ihm die Hand zur Versöhnung gereicht. Aber von nun an wolle er jeden Streit von vornherein aus dem Wege gehen. Der Maurermeister Müller fühlte sich erst recht als unschuldiges Opfer der Justiz. Bloß um Steine bei dem Stadtziegler zu bezahlen, sei er in die Wirtschaft gekommen, bloß um die Streitenden auseinanderzubringen sei er dageblieben. Das Pflichtgefühl eines ordentlichen Bürgers hätte ihn gezwungen über die Polizeistunde hinaus zu bleiben. Und dafür 3 Thaler Strafe? Nein! Himmelschreiende Ungerechtigkeit!

Die Regierung bestätigte das Urteil. Die Kosten sind für jeden um 1 Taler 20 Sgr. und 31/2 Pfg. gewachsen.«

Das war nicht wenig. Ein Taler entsprach 24 Silbergroschen (Sgr.); ein Silbergroschen bestand aus 12 Pfennigen (Pfg.). 1835 verdiente ein Tagelöhner ca. 7 Groschen und 6 Pfennig pro Tag. In Norddeutschland kostete im Jahr 1848 ein Pfund Butter etwa 5 Groschen.

»Maurermeister Müller sträubte sich noch; er wolle eine Aussprache mit dem Geheimrat Kretschmar zu Anklam, fiel aber um und zahlte. Burmeistern hatte man zwei Pfeifenköpfe gepfändet, wodurch ihm der Spaß noch acht Groschen teurer wurde. Als er den letzten Rest der fünf Thaler bezahlt hatte, erhielt er seine Pfeifenköpfe zurück. Marsch erbat Stundung bis Neujahr, weil ihm erst dann die gelieferten Knöpfe von den Schneidern bezahlt würden und vorher kein Geld bei ihm zu finden sei.

Das war der klägliche Ausgang einer dreisten Attacke und einer ungewöhnlich kühnen Verteidigung.«

## Rektor Gentzen: Lernen ist mühsam, unterrichten aber auch

Ein Verwandter des Bäckers: Christian Friedrich Gentzen. Geboren im Jahr 1773, studierte er in Halle Theologie und wurde Frühprediger, er las also die Morgenmesse. Dazu bekam er die Stelle eines Rektors an der Schule in Torgelow und machte dort Furore als Schulreformer. Im Jahr 1800 heiratete er die Tochter des Präpositus (Probsts) von Anklam, Karoline Berta Charlotte Hasselbach.

Gegen Ende des 18. Jahrhunderts war es noch schlecht bestellt um das Schulwesen. Im Gegensatz zu Preußen war Vorpommern ins Hintertreffen geraten, weil das Land nach dem Dreißigjährigen Krieg noch von Schweden besetzt war. Torgelow und Treptow hatten bis 1720 zu Schweden gehört. Erst im Frieden von Stockholm wurde die Region wieder an Preußen abgetreten. Dort hatte man den regelmäßigen Schulunterricht schon im Jahr 1717 eingeführt.

Auch nach dem Rückzug der Schweden blieb in Torgelow und Treptow alles beim Alten. Am Schulwesen änderte sich wenig. Der amtierende Rektor hatte die Lust am Unterrichten verloren, als er merkte, wie wenig die Obrigkeit ihm als Pädagogen entgegenkam. Auch die Einrichtung in den Schulen war mangelhaft. Seine Kritik: »Alle Lehrer unterrichten nach Willkür und ohne Plan.« Ihm schien es, als würden »gerade solchen Männern die größte Anzahl von Kindern anvertraut, die ihrer Natur nach am wenigsten dazu die Kräfte haben«, heißt es in einem 1908 erschienenen Buch über »die evangelischen Geistlichen Pommerns von der Reformation bis zu Gegenwart«. Gerade war wieder ein Küster zum Schulleiter einer Nebenschule für jüngere Knaben berufen worden, der, statt zu unterrichten, sich lieber der Seidenproduktion widmete. Der Rektor kündigte seine Arbeitsstelle und verließ die Stadt.

Ein wenig erfolgversprechender Posten also, auf den Christian

Friedrich Gentzen berufen wurde. Gleich nach seinem Amtsantritt als Rektor stellte er fest: »Bei der elenden Verfassung unserer Schulanstalten bedarf unser Schulwesen, wenn es gut werden soll, einer vollständigen Umwandlung.« Er hatte vor, einen Lektionsplan zu erstellen. Neben Deutsch, Religion und Rechnen wollte er die Fächer »Geschichte des Vaterlandes und Unterricht in der Kenntnis der Verfassung desselben, Naturgeschichte und Technologie, Geografie, Naturlehre, Mathematik und Geschichte der Handwerke und Künste« einführen. Deshalb schrieb er an den Bürgermeister: »Möchten Sie doch dieselben wenigstens vors Erste einleiten, denn zur völligen Zustandebringung desselben würde wohl viel Geld und Zeit erforderlich sein.« Erst einmal sollte sich überhaupt etwas bewegen.

Ganz wie seinen Vorgänger wollten die Ratsherren den neuen Rektor auf das Notwendigste beschränken. Anders als der erwiderte Gentzen dem Magistrat:

> »Der künftige Professionalist muss nicht bloß außer der Kenntnis der Religion fertig Lesen, Rechnen und orthografisch Schreiben lernen, er muss in der Schule, und dies ist ebenso nötig, angehalten werden, sein Vaterland gehörig kennenzulernen, er muss die Umstände wissen, durch welche es das geworden ist, was es gegenwärtig ist, und woher es seine Verfassung hat. Er muss auch die Naturprodukte kennen, welche die Menschen zu ihrem Nutzen gebrauchen, und die Art und Weise, wie sie dieselben gebrauchen, er muss eine Übersicht über die vornehmsten Länder und Städte der Erde und dessen, was drinnen für ihn merkwürdig ist, als Verfassung, Natur- und Kunstprodukte haben, – er muss (und diese Unterrichtsgegenstände fehlen in unserer Schule gänzlich) mit der Geschichte des Handwerks und der Künste nicht unbekannt gelassen werden, er muss in der populären Mathematik, im Zeichnen oder Rissemachen, in der Gesundheitslehre und der Muttersprache, welche jedoch zu treiben nicht bisher ganz vernachlässigt ist, Unterricht erhalten.«

Gentzen war sich bewusst, wie gegensätzlich seine Meinung und die des Magistrats waren. Deshalb bat er, den von ihm entworfenen Lehrplan sogleich »dem königlichen Schulkollegium zur Prüfung vorzulegen, dessen Abänderungen für mich stets und nur immer willkommen sein werden.« Den Magistrat aber ließ er wissen, seine Zeit reiche nicht aus, um – wie angeordnet – noch am selben Tag einen alternativen Unterrichtsplan vorzulegen. »Die energische Sprache«, befand Gustav Bremer, Verfasser der örtlichen Schulgeschichte, »verfehlte ihre Wirkung nicht. Im Februar 1800 wurde der Plan für die 2. Klasse mit geringen Abänderungen genehmigt, bald darauf auch (mit Einschränkungen) der Plan für die 1. Klasse.«

Um den Lerneffekt der Schüler zu steigern, teilte Rektor Gentzen die Jungen jeder Klasse in drei Gruppen ein. So kamen in der ersten Gruppe alle die zusammen, die beim Lesen noch nicht fit waren, und in der zweiten Gruppe die, die beim Lesen schon etwas weiter waren. Die dritte Gruppe erfasste alle, die richtig lesen konnten und auch beim Rechnen Fortschritte gemacht hatten. Ähnlich verfuhr er in jeder anderen Jahrgangsstufe.

Ein Schulzwang bestand nicht. Belohnungen spielten aber eine Rolle. »An den Prüfungstagen erhielt jeder Lehrer eine große Butterkringel, die Kinder wurden mit Semmeln beschenkt, die von den Polizeidienern verteilt wurden.« Und damit die Kinder bei Prüfungen nicht der Willkür eines Lehrers ausgesetzt waren, »schrieb der Magistrat für den Schluss jedes Halbjahres ein öffentliches Schulexamen vor, in dem über ein vom Rektor vorgegebenes Thema geprüft wurde.« Gentzens Lehrpläne verbesserten das Lernverhalten. Auch für die Mädchen sollte eine erste Klasse mit eigenem Lehrer eingerichtet werden. Da sonst auch Kirchenleute als Lehrer eingesetzt wurden – er selbst war ja auch einer – sollte für die Mädchen der Organist da sein, lautete sein Vorschlag.

An den Küsterschulen ging es um das elementare Lesen und Schreiben. Es folgte die Bürgerschule. Dort erst wurden die übrigen Fächer unterrichtet, und zwar vom Rektor persönlich. Es brauchte bis zum Jahr 1815, bis der Magistrat und der Stadtverordnetenvorsteher eine Zusammenlegung der beiden Schulen beschloss:

> »Die beiden Küsterschulen sind als Unterklassen mit der Bürgerschule zu vereinen.
>
> Ein Lehrplan ist zu entwerfen, in dem auch die Anfangsgründe für Französisch und Latein nicht zu vergessen sind und auch dem weiblichen Geschlecht Gelegenheit gegeben sein soll, von den zum gewöhnlichen Leben nötigen Wissenschaften, Orthografie, etwas Geschichte und Geografie zu profitieren.«

Doch was 1815 hochgelobt wurde, war zu teuer. Der Fortschritt wurde ein Jahr später wieder rückgängig gemacht. Vier weitere Jahre gingen ins Land, bis im Jahr 1819 endlich feststand, dass zu den beiden Jungenklassen eine weitere hinzukommen und eine besondere Mädchenschule mit zwei Klassen eingerichtet werden sollte. In der Elementarschule – so der Plan – konnten die beiden ersten Jahrgänge unterrichtet werden. Sogar eine Aufstockung des Einkommens der Lehrer war vorgesehen. Außerdem sollte es weitere Schulgebäude für alle Kinder geben, samt einem Unterrichtsort für die Bürgertöchter.

Nicht alles, was er brauchte, setzte Christian Friedrich Gentzen durch. Seine Stellung behielt er nur bis zum Jahr 1811. Als er 1823 starb, war er 51 Jahre alt.

## Ein slawisches Heiligtum und die Prillwitzer Idole

Im Wendland bereicherte sich die Geschichte um einen weiteren Gentzen. In Trebel referierte im Jahr 2016 beim Verein Wendische Dialoge der slawophile Forscher Valentin Tschepego über die Suche nach Rethra, einem zentralen slawischen Heiligtum.

Es hieß, es hätte im Lande der Redarier eine Burg gegeben. Dort befinde sich auch ein Heiligtum aus Holz. Es soll eine dreieckige und dreitorige Burg namens Riedegost gewesen sein, umgeben von einem großen, für die Einwohner unverletzlich heiligen Walde.

Bischof Thietmar von Merseburg (975–1018) und Abt Adam von Bremen (1050–1081/85) waren die Ersten, die von dem Heiligtum berichteten. Selbst hatten sie es nie zu sehen bekommen. Die Überlieferungen, Beschreibungen und Theorien stammten aus der Zeit der Christianisierung Norddeutschlands im 10. und 11. Jahrhundert.

Zwei Tore der Burg seien dem Zutritt aller geöffnet. Bei Thietmar von Merseburg hieß es:

> »Das dritte und kleinste Osttor mündet in einen Pfad, der zu einem nahe gelegenen, sehr düsteren See führt. In der Burg befindet sich ein kunstfertig errichtetes, hölzernes Heiligtum, das auf einem Fundament aus Hörnern verschiedenartiger Tiere steht. Außen schmücken seine Wände verschiedene, prächtig geschnitzte Bilder von Göttern und Göttinnen. Innen aber stehen von Menschenhänden gemachte Götter, jeder mit eingeschnitztem Namen.«

Adam von Bremen (1050–1080/1085), der als Verfasser der mittelalterlichen Kirchengeschichte Hamburgs bekannt ist, dagegen schrieb:

> »Zwischen Elbe und Oder gibt es noch mehr Slawenstämme [...]. In deren Mitte sind die mächtigsten von allen die Redarier; ihr weit berühmter Vorort ist Rethra, der Hort ihres Teufelsglaubens. Dort steht ein großer Tempel ihrer Götzen, deren oberster Radegast ist. Sein Bild ist aus Gold gefertigt, sein Lager von Purpur. Die Burg selbst hat neun Tore und ist ringsum von einem tiefen See umgeben. Ein Knüppeldamm gewährt Zugang, aber

er darf nur von Leuten betreten werden, die opfern oder Orakelsprüche einholen wollen.«

Die Beschreibung stammt aus einer Zeit, die etwa 100 Jahre vor der endgültigen Niederschlagung der Wenden bei Salzwedel lag.

In Rethra sollen regelmäßig Volksversammlungen stattgefunden haben, bei denen der slawische ›Hauptgott‹ Svarožić angerufen wurde, um dessen Orakel zu erfahren. Im Jahr 983 soll dort ein großer Slawenaufstand beschlossen worden sein. In jedem Fall handelt es sich um einen bedeutsamen Mythos der slawischen Frühgeschichte, so die Einschätzung des Sozialwissenschaftlers Dietmar Welzel.

Insgesamt streiten bis heute allein in Mecklenburg-Vorpommern etwa dreißig Orte darum, dass der Kultort bei ihnen gelegen habe. Auch im Herzogtum Schwerin-Neustrelitz bestand ein Interesse, das Heiligtum bei sich zu verorten. Betraut mit der Suche nach dem Heiligtum war damals Johann Friedrich Gustav Gentzen, der Archivar und Archäologe des Herzogs von Schwerin-Neustrelitz.

Beim Namen Gentzen horchte ich auf und vermutete, mit ihm verwandt zu sein. Der Archivar Johann Friedrich Gustav Gentzen wurde 1796 in Friedland als Sohn des Zimmermanns Michel Gustav Gentzen geboren. Der Ort liegt gerade mal 25 Kilometer von Altentreptow/Tollense entfernt, wo die Gentzens herkamen. Um herauszufinden, ob tatsächlich eine Verwandtschaft vorliegt, beauftragte ich zwei Genealogen.

Johann Friedrich Gentzen hatte in Friedland die Gelehrtenschule besucht und 1815 an der Universität Berlin begonnen, evangelische Theologie zu studieren. 1816 wechselte er nach Jena, wurde dort Sprecher einer Urburschenschaft. In dieser Funktion nahm er 1817 am Wartburgfest teil. Zur Erinnerung an die Reformation versammelten sich dort etwa 500 Professoren und Studenten und forderten die Einführung von demokratischen Bürgerrechten und die Abschaffung der Sklaverei. Der Gedanke, dass ein Verwandter bei dem Wartburgfest eine Rolle gespielt haben könnte, beflügelte mich. Ich begann mich für den fortschrittlichen Gentzen zu interessieren.

Es war die Zeit, in der die Kriege gegen Napoleon zu Ende gingen. Die Menschen hofften auf Frieden, aber auch auf eine demokratische Wende in Deutschland. Zum ersten Mal spielte deshalb die nationale Frage eine Rolle. Endlich sollte nicht mehr in Kleinstaaten gedacht, sondern ein vereintes Deutschland geschaffen werden. Die Zollbestimmungen zwischen den deutschen Kleinstaaten sollten abgeschafft und die Reisefreiheit eingeführt werden. Alle Menschen sollten gleich sein. Deutschland sollte eine konstitutionelle Monarchie werden. Der Wille des Volkes sollte der der Fürsten sein. Nicht umgekehrt. So lauteten die Forderungen des Wartburgfests, um nur einige zu nennen.

In der Frankfurter Paulskirche konnten sich 1848 die Ziele des Wartburgfests nicht durchsetzen. Der preußische König weigerte sich, von der Nationalversammlung die Kaiserkrone anzunehmen. Er verstand sich als Herrscher von Gottes Gnaden und nicht von des Volkes Gunst.

Der utopisch denkende Johann Friedrich Gustav Gentzen wurde Lehrer und unterrichtete ab 1833 an der Elementarschule in Neustrelitz. Sein bekanntester Schüler war Heinrich Schliemann, der spätere Entdecker von Troja. Aus gesundheitlichen Gründen musste Gentzen aber schon nach fünf Jahren den Schuldienst quittieren.

Im Jahr 1842, also kurz vor der 1848er-Revolution, berief Großherzog Georg Johann von Mecklenburg-Strelitz den ehemaligen Sprecher der Urburschenschaft und Lehrer zum Leiter seiner Großherzoglichen Bibliothek, des Münzkabinetts und der Sammlung der obotritisch-wendischen Altertümer in Neustrelitz.

Damit wurde Gentzen in Mecklenburg ein Vertreter der frühen archäologischen Heimatkunde. Die archäologische Sammlung seines neuen Dienstherrn erlebte Mitte des 19. Jahrhunderts eine kurze und grandiose Blüte. Die Urkundenlehre entwickelte sich gerade. Und damit spielte die Unterscheidung zwischen dem Wahren und dem Falschen und der wissenschaftliche Nachweis eine entscheidende Rolle.

Im Jahr 1768 waren in Neubrandenburg kleine Bronzefiguren aufgetaucht und weil sie mit einer Art von Runen beschriftet waren, hielt man sie für slawische Götterbilder. Sie befanden sich im Besitz der Goldschmiedefamilie Sponholtz. Sponholtz behauptete, ein Verwandter habe die Bronzefiguren und -reliefs im Pfarrgarten von Prillwitz gefunden, als er einen Baum pflanzen wollte. Fortan wurden sie nach dem Fundort genannt: ›Prillwitzer Idole‹. Prillwitz liegt an dem Lieps, einem Nachbarsee des Tollense-Sees, unweit von Neubrandenburg und Altentreptow.

Die Reichen der Zeit überboten sich mit Kaufangeboten. Alle wollten die goldenen Skulpturen erwerben. Man schrieb die skurrilen Prillwitzer Idole dem wendischen Heiligtum der Obotriten zu und begann nach einem Tempel zu suchen.

Die Skulpturenfunde ließen in Neustrelitz die Archäologie erblühen. Rund 100 Jahre lang beschäftigten die kleinen goldenen Idole die Wissenschaft und Kunst der Zeit. Kupferstiche entstanden. Dass die Arbeiten aus der herzoglichen Sammlung der wendischen Kultstätte zuzurechnen waren, schien immer wahrscheinlicher.

Sogar der romantische Maler Caspar David Friedrich kam nach Prillwitz, um die Skulpturen in Augenschein zu nehmen. Seine Schwester war mit einem aus der Goldschmiedfamilie Sponholtz verheiratet. Dort fertigte er Bilder der Kultobjekte des obotritischen Heiligtums an. Dabei zeichnete er auch die Kinder seiner Schwester. Und malte den Blick auf das Tor in der Neubrandenburger Stadtmauer.

Dass Heinrich Schliemann in Neustrelitz ein Schüler von Johann Friedrich Gustav Gentzen gewesen war, nährte die archäologische Fantasie. In der Hochphase der Spekulationen um die Prillwitzer Idole begann Schliemann gerade seine Forschungsreisen nach Griechenland. Während er sich auf die Suche nach dem historischen Troja begab, suchte Gentzen nach dem Rethra, dem slawischen Heiligtum.

Neustrelitz wollte die archäologischen Funde krönen mit einem Werk des slowakischen Dichters Ján Kollár, dem klassischen Dichter aus Österreich-Ungarn, der in seiner Bedeutung Goethe gleichkam. Kollár erhielt den Auftrag, ein Editionsprojekt über die Prillwitzer Idole und die slawischen Heiligtümer zu leiten.

Die Naturwissenschaft begann in der jungen Archäologie Raum zu greifen. Man nahm Materialproben, schätzte das Alter des Metalls. Dass sich auf den Figuren Runen befanden, sprach gegen eine slawische Herkunft. Die Wenden nutzten keine Runen. Es kam zu Gerichtsverfahren, Augenzeugen wurden angehört. Die Prüfung wurde zu einer Schlacht um die Echtheit der Idole. Das Ergebnis der Gutachten war niederschmetternd: Die Prillwitzer Idole wurden als Fälschungen eingestuft.

Die Attraktion der Prillwitzer Idole war dahin und damit auch der Ruhm der Archäologie von Mecklenburg-Strelitz. Das in Teilen fertige Werk des Dichters Ján Kollár wurde obsolet, das Buch nicht mehr ausgeliefert. Es erschien auch später nie wieder. Als Verantwortlicher trat Johann Friedrich Gustav Gentzen 1869 von allen Ämtern zurück.

Nach seinem Ausscheiden aus den Diensten des Herzogs war Johann Gentzen ein gebrochener Mann und sogar teilweise gelähmt. Von Fritz Reuter, der schon einmal über einen Gentzen geschrieben hatte, wissen wir, dass der Bibliothekar bereits vor seinem Ausscheiden erkrankt war. Vom Herzog wurden Gentzen mehrfach Zuwendungen für seine Genesung und auch für die seiner Tochter genehmigt.

In einem Brief beschrieb Fritz Reuter 1863 über einen Besuch Gentzens bei ihm in Eisenach. Das war nach seiner Verrentung. Er tat ihm leid, weil Gentzen

> »[...] auf mich einen sehr traurigen Eindruck gemacht hat; er war in seiner herzlichen Weise froh und heiter, nahm auch in

reger Weise teil an Natur und Kunst auf der Wartburg, aber körperlich war er entschieden bedeutend leidend. Er hat auf mich einen wohltuenden, aber sehr elegischen Eindruck gemacht.«

Nach seinem Ausscheiden wurde am 14. August 1869 über die Höhe von Gentzens Rente entschieden. In den Unterlagen heißt es:

»Die großherzogliche Rentei erhält den Auftrag, an den in Ruhestand versetzten Bibliothekar Gentzen eine jährliche Pension in Höhe von 750 Talern quartalsweise auszuzahlen und sein bisheriges Gehalt in Höhe von jährlich 220 Talern zu streichen.«

Nach seinem Tod im Jahr 1871 in Neustrelitz erhielt auch seine Witwe noch Zuwendungen. Die fielen aber deutlich geringer aus:

»Die großherzogliche Rentei erhält den Auftrag, der Witwe des Bibliothekars Gentzen eine lebenslängliche Pension in Höhe von 100 Talern, den beiden ›hilfsbedürftigen Töchtern desselben zusammen ein lebenslängliches jährliches Gnadengeld‹ von 50 Talern quartalsweise auszuzahlen.«

Die Entwertung der Prillwitzer Idole als Fälschung hat übrigens auch einen positiven Effekt gehabt. So sind alle Skulpturen in den Depots erhalten geblieben, und das zu einer Zeit, als 1945 von der russischen Armee fast alle Museen der Region geplündert wurden.

Heute lässt sich sagen: Die Zuordnung zu den Wenden war ein Irrtum. Um Fälschungen, wie der damalige Vorwurf lautete, handelte es sich bei den Prillwitzer Idolen jedoch nicht. Vielmehr waren es eigenständige Kunstwerke, wahrscheinlich von Gideon Sponholtz, einem Verwandten des Goldschmieds in Prillwitz. Der soll psychisch krank gewesen sein. Diese Erkenntnis blieb dem 21. Jahrhundert vorbehalten, als die Prillwitzer Idole von Künstlern wiederentdeckt und ausgestellt wurden. Sie gelten heute als eine Art brut. Als Skulpturen waren sie der Kunst ihrer Zeit weit voraus.

Bazon Brock, Professor für Ästhetik und Kulturvermittlung, ging im Jahr 2008 in seiner Bewertung kulturgeschichtlich noch darüber hinaus:

> »Die Sponholtzens haben etwas erfunden, das es vorher nicht gab. Sie sind kreativ, weil sie den Erwartungen Futter gaben, sie aber gleichzeitig verwandelten. Durch ihre Arbeiten ist die Erwartung an altslawische Kultobjekte und Kulturen verändert worden.«

Statt der Abwertung alles Wendischen, war nun ein Heiligtum erwartet worden. Aufgegeben wurde die Suche nach dem slawischen Heiligtum bis heute nicht. Die Veranstaltung in Trebel vor wenigen Jahren belegt, dass das Interesse an dem Thema bis heute anhält.

Während ich an diesem Text schrieb, wurde 2022 ein neuer Fund in der Tollense bekannt. Der Spiegel berichtete von einer kleinen Bronzefigur, gerade mal 15 Zentimeter groß »mit einem eiförmigen Kopf und einer prominent geformten Nase, geschwungenen Armen, kugelrunden, kleinen Brüsten, einem angedeuteten Ring um den Hals und einem Gürtel um den Bauch.« Sie sei im Wasser gefunden worden.

Erneut begann das Rätseln: War es eine Göttin? Ein Gewicht? Oder nur Hinweis auf eine Querung der Tollense an einem historischen Handelsweg. Archäologen datierten die nun gefundene Figur auf das siebte Jahrhundert vor Christus. Dies wäre ein Hinweis auf die Frühzeit der Slawen oder auf eine noch ältere Kultur als die Slawische. Denn die begann erst ab dem sechsten Jahrhundert nach Christus.

Eine Frage ist offen: Ist meine Familie nun verwandt mit diesem Archäologie-Gentzen? Nach wochenlangem Suchen und vielen Details über den Archivar vermeldete der von mir beauftragte Genealoge: »Leider sind die Kirchenbücher von Friedland in der Mitte des 18. Jahrhunderts recht lückenhaft. Auch werden bei den Taufen der Kinder nie die Frauen genannt, sodass eine eindeutige Zuordnung der Getauften zu den einzelnen Familien oft nur über den Beruf des Vaters möglich ist.« Gerade zur Zeit dieses Gentzens fehlen Teile in den Kopulationsregistern und Sterberegistern, mit denen eine Verwandtschaft zu belegen gewesen wäre.

Das Verhältnis zu diesem Gentzen bleibt uneindeutig. Aber so kann es gehen. Die Geschichte über die Prillwitzer Idole im Zusammenhang mit dem Archivar Gentzen steht für sich. Deshalb erzähle ich sie gern.

## Die Gentzens verlassen Treptow

1816 gab es nach einer Zählung in Treptow mindestens zwei Dutzend BürgerInnen namens Gentzen. Weitere lebten in den umliegenden Städten. Ein Teil der Gentzens zog gegen Ende des 19. Jahrhunderts aus Neustrelitz fort. Eine schlechte Ernte und ein Kälteeinbruch lösten die Emigration aus. In dieser Zeit verloren die Zweige der Familie Gentzen den Kontakt zueinander. 1898 war in Treptow nur noch ein einziger Gentzen gemeldet.

Die Industrialisierung Ostpreußens bot einem Teil der Familie die Chance für einen Neuanfang. Mein Ururgroßvater Gustav Friedrich Wilhelm Gentzen, der 1816 noch in Torgelow geboren wurde, war einer von ihnen. In Ostpreußen kaufte er Land und wurde Inspektor und Gutsbesitzer. Er verstarb 1876 in Königsberg mit gerade mal 60 Jahren.

Mit der Migration meiner Familie erweiterte sich meine Suche um eine neue Region: Ostpreußen.

# VI. Die Königsberger Familie

## Das ostpreußische Foto

Ein Foto von einem zweistöckigen Haus mit Garten. An einer Mauer ranken grün belaubte Kletterpflanzen, sorgsam in die Höhe geleitet mit hölzernen Rankstützen. Ein Haus mit Freitreppe. Auf ihr steht der eine Teil der Familie. Rund um den Gartentisch sitzt die übrige große, sehr bürgerliche Familie unter kaum belaubten Bäumen. Elf Erwachsene und fünf Kinder. Meine Mutter besaß eine Kopie des Bildes, erzählte aber nichts darüber. Christa, die Ehefrau von Felix-Heiner, fertigte mir einen Abzug an. Der hängt gerahmt in meinem Arbeitszimmer und hat alle Unbill überstanden. Sogar den Brand meines Hauses im Jahr 2014.

Auf die Rückseite ihrer Kopie schrieb meine Mutter die Namen der Abgebildeten. Für ihr – wie sie es nannte – ›sprichwörtlich schlechtes Gedächtnis‹. Auch eine fehlende Erinnerung trägt möglicherweise zum Entstehen von neuen Familiengeheimnissen bei.

Es ging um die Bedeutung unserer Herkunft aus der Großfamilie Sandmann/Ruffmann/Ostendorff/Gentzen. Ich frage mich, warum mir die Bedeutung dieser Herkunft jahrzehntelang nicht vermittelt wurde.

Ein Schnappschuss war das Bild nicht, das hätte die Fotografie da noch nicht geschafft. Es war ein durchdachtes und sorgfältig komponiertes Bild. Die Familie muss Stunden gebraucht haben, bis die Kamera alle Familienmitglieder samt Utensilien wie geplant im Kasten hatte. Schon aus diesem Grund stelle ich alle kurz vor, die auf dem Foto verewigt sind.

Ganz rechts auf dem Bild steht »Tante Lieschen Hagen, geb. Sandmann«, geboren 1864. Auf dem Bild war sie 21 Jahre alt und schenkte Tee aus. Lieschens rechte Hand fasste die silberne Kanne, die linke eine Tasse. Nur zwei Tassen gab es auf dem Bild, mehr nicht. Dafür standen Zucker und Sahne auf dem silbernen Tablett vor meiner noch jugendlichen Urgroßmutter Anna Gentzen. Die saß am Tisch. ›Oma-ma-chen‹ wurde sie später in der Familie genannt. Im Alter hielt sie auf Fotos häufig die Säuglinge im Arm. Ein Foto ihres Sekretärs, auf dem unzählige gerahmte Familienfotos der Kinder und Enkel stehen, befand sich im Nachlass meiner Mutter.

Mit einer Zeitung in der Hand: Rudolf Sandmann, Oberhaupt der Familie, der Ehemann von Leopoldine. Die Beine leicht ausgestreckt und gekreuzt. Der Urgroßvater meiner Mutter war der Inhaber der Holzfirma Sandmann und Besitzer des Hauses, neben dem das Foto entstand.

Zu Füßen von Rudolf Sandmann saß mein Großvater als Zweijähriger. Leicht weinerlich blickte er in die Kamera, einen Ball in den Händen, die kurzen Beinchen ausgestreckt. Neben ihm ein kunstvolles Holzpferd auf einer Holzplatte mit Rädern, gesattelt und gestriegelt. Es reichte ihm bis an die Schulter. Auf der Rückseite steht in der Handschrift meiner Mutter über dem Zweijährigen: »Dr. Felix Gentzen (Vati)«.

Neben meinem Großvater ein älterer Junge: Max Gentzen, sein Bruder. Auf dem Bild zieht er einen kleinen Wagen. Ein abgefallenes Rädchen hält er bittend in die Höhe. Sein Vater war Arzt und konnte gewiss auch Wagen heilen. Auch Max wählte den Arztberuf, wurde aber dann Politiker und war demokratisch orientiert.

Im Zentrum des Bildes überragte Leopoldine Sandmann alle übrigen. Die ernst dreinblickende Matrone war die Seniorin der Familie, eine geborene Steinfurt. Mit Brille, Dutt und einem schwarzen Käppi darüber. Zum langen, dunklen Kleid trug meine Ururgroßmutter weißen Spitzenkragen samt passenden Manschetten und über der Schulter eine kleine, bestickte Tasche mit schmalem Schulterriemen.

Ein Foto wie ein Stammbaum. Obwohl da viele Namen stehen, weiß ich doch wenig über die einzelnen Verwandten und ihre Geschichte. Erst einmal will ich mehr über das Bild herausfinden.

Bei einem Besuch in Bremen befragte ich Margarete Ostendorff, eine Cousine meiner Mutter. Und erntete eine unerwartete Reaktion: Das Bild sei bestimmt gestellt. »Wir haben nie in einer Villa gewohnt, wir lebten immer in einer Etagenwohnung«, erzählte sie. Sie hätte auch niemanden gekannt, der das tat. »Das war wahrscheinlich die Kulisse eines Fotografen.«

Dagegen aber sprach die Ortsangabe auf der Rückseite des Bildes: »1885 im Hause Rudolf Sandmann«. Das hatte meine Mutter auf der Rückseite notiert.

Immer wieder stieß ich an Wissens- und Geheimnisgrenzen. Nur: Wie sollte ich mehr erfahren? Meine Mutter erinnerte sich nicht. Kein Wunder, wenn die Fragmente meiner sozialen und gesellschaftlichen Herkunft nie zueinander passten. Und ich auch keine Koordinaten entdeckte, entlang derer ich die Puzzelteile ausrichten konnte.

Immerhin: Die kurzen Notizen auf der Rückseite des Fotos wurden mir zu Wegweisern. Zu Rudolf Sandmann hieß es, dass er Inhaber der Holzfirma Rudolf Sandmann war. Bei »Onkel Walter Sandmann« stand, er sei Landwirt und Rittergutsbesitzer in Ackerau gewesen. Wenn meine Mutter über ihre ostpreußischen Ferien erzählte, ging es immer um Ferien auf einem Gut. Dort traf sie auch ihre Cousins und Cousinen, die Ostendorffs. Von denen erzählte sie. Und die kannte ich auch.

Wie großbürgerlich es in der Familie zuging, zeigte ein Fund im Nachlass von Margarete Ostendorff, einer Cousine meiner Mutter. Dort fand sich ein Gedicht aus dem Jahr 1855.

Das Gedicht ist 24 Jahre älter als das Foto. Mein Urgroßvater Felix hat es mit seinen Geschwistern für den Vater Felix verfasst.

*Teurer Vater!*
*Deine Kinder treten heut*
*vor Dich im feierlichen Kreise,*
*Um nach guter Kinder frommer Weise*
*Für Dein Wohl zum lieben Gott zu beten.*
*Dass sein Vaterauge ferner um Dich walte,*
*Blumen blühn auf allen Deinen Wegen,*
*Jeder Tag Dir bringe neuen Segen,*
*Gott Dich und die Mutter lang erhalte.*
*So fleht heut mein Herz zu Gott gewendet,*
*Und er hört, was fromme Kinder flehen,*
*Lässt ihr Wünschen in Erfüllung gehen,*
*Zweifle nicht, dass er Erhörung sendet.*
*Und ich wünsche Dir, was Dich beglücket,*
*Was Du selbst vom lieben Gott begehrest,*
*Vater, der Du mich nur Gutes lehrest,*
*Denke Dir wie mich dies Fest entzücket!*
*Stets will ich als gutes Kind Dich lieben,*
*Lieben wie heut Dich von ganzem Herzen,*
*Freud Dir machen, niemals Gram und Schmerzen,*
*Nur die Tugend einst im Alter üben.*
*Auch ich hab' heut' das Herz voll Wonne,*
*Bete heut' zum lieben Gott um Segen,*
*Vater sei beglückt auf allen Wegen,*
*Immer heiter lächle Dir die Sonne!*
*Auch ich hab' heut' das Herz voll Liebe,*
*Will Dich durch Artigkeit erfreuen,*
*Will stets Dein lieber, guter Carl sein,*
*Auf dass ich nie, Dich bester Vater mein, betrübe.*
*Nun nimm noch zum frohen Morgengruß,*
*Bester Vater, diesen Herzenskuss!*

*Von Deinen gehorsamen Kindern*
*Marie, Louis, Felix, Carl*

Mich erinnert dieses etwas schwülstige Gedicht an eines, das ich hundert Jahre später im Jahr 1957 meiner Großmutter zu Ehren schrieb und ihr zum 70. Geburtstag stolz im Kreise der Verwandten vortrug. Heute erinnere ich nur noch den Refrain:

*Und jedes Alter hat seine Reize*
*Und jedes bringt das Glück.*

»Woher weißt du das denn schon?«, fragte mein Onkel aus Leipzig spöttelnd. Ich fühlte mich beschämt, fand aber, dass ich das mit zwölf Jahren durchaus schon wissen konnte.

## Familientreffen

Nach ihrer Scheidung von meinem Stiefvater Ernst Plogstedt hat meine Mutter erst wieder den Kontakt zu ihrer eigenen Familie gesucht. Die ostpreußischen Verwandten halten regelmäßig Familientreffen ab, meist finden sie alle zwei Jahre statt. Da kommen die Großfamilien Ruffmann, Ostendorff, Scholz und Gentzen zusammen. Dreißig, manchmal sogar fünfzig Verwandte treffen sich. Da ich von unserer Familie wenig wusste, war sie für mich lange eher uninteressant. Mehr zu erfahren, wurde auch mir erst im Alter ein Bedürfnis.

Das Netzwerk der Älteren hielt lange. Wir, die Jüngeren, wuchsen nach und nach in die Großfamilie hinein. Durch frühe Gewöhnung sozialisieren Familienkonzerne ihre Nachkommen, um so die familiengelenkte Konzernstruktur weiterzugegeben. Unserer Familie scheint diese Methode in die Gene gelegt worden zu sein.

Unternehmen spielten auch bei den Treffen eine Rolle. In der Nähe von Hannoversch Münden besichtigten wir eine Stahlfabrik. Aus glühendem Eisen wurden Schrauben, Muttern und Gewinde gegossen, gehämmert, gedreht. Nun wurde ich doch neugierig. Was war das für eine Familie, in der man bei einem Familientreffen einen Betrieb besichtigt? Oder ein Eisenbahnmuseum besucht? Auch mich interessierten Betriebe schon immer. Ein Teil meiner Bücher handelt vom Arbeitsleben.

Bei einem unserer Treffen war ein ganzer Raum mit Stelltafeln gefüllt. An jeder Tafel hingen Stammbäume, Meter um Meter. Ich brauchte fast eine halbe Stunde, bis ich mich, meine Mutter und die nahe Familie gefunden hatte. Mit Kleinfamilie hatte das nichts zu tun.

Mit Akribie hat Arnulf Ruffmann, der Senior der Familie, dreißig Jahre lang Stammbäume aus dem Familiennetzwerk zusammengetragen und sich im Gedächtnis der Familie einen Ehrenplatz erworben. Wieder und wieder rief er auf, ihm Erzählungen und Fotos zu schicken und alle Daten genau zu überprüfen. Heraus kam die Ruffmann'sche Familienchronik. Die half mir beim Erkunden des ostpreußischen Teils meiner Herkunft. Sie wurde mir zum familialen Who-is-who.

## Wer war Rudolf Sandmann?

Rudolf Sandmann, der Patriarch inmitten der Königsberger Familie, wurde im Jahr 1825 geboren. Er war der Sohn eines preußischen Verwaltungsbeamten in Berlin. Bürokratie lag ihm nicht, er wählte lieber ein Handwerk. Als Zimmermann und Maurer ging er auf Wanderschaft. Er soll auch am Stephansdom in Wien mitgearbeitet haben, heißt es in der Chronik.

Während der Industrialisierung suchte Ostpreußen händeringend nach fähigen Leuten.

Nach dem Dreißigjährigen Krieg (1618–48) war das Land ausgeblutet und so gut wie entvölkert. Wenigstens den Siebenjährigen Krieg (1756–63) hatte Ostpreußen nur als Durchmarschgebiet erlebt. Doch die Pest, die seit dem 14. Jahrhundert immer wieder aufgetreten war, vor allem die Große Pest (1708–1710) hatte heftig gewütet und ganze Dörfer von heute auf morgen ausgelöscht. Von den damals 600.000 bis 700.000 Ostpreußen war mehr als ein Drittel dahingerafft. In einigen Regionen lag die Todesrate sogar bei 75 Prozent der Bevölkerung. Rund um die Städte wurden Sicherheitszonen errichtet. Die Seuche hatte sich in Russland, im Baltikum, in Polen und eben auch im Ostseeraum ausgebreitet.

Ostpreußen war zu einem Agrarland geworden. Weite Landstrecken mussten neu besiedelt werden. Und so strömten im 19. Jahrhundert aus allen Ländern Fachkräfte nach Ostpreußen. Seine Brückenlage nach Russland, zum Baltikum samt den Ostseehäfen versprach eine goldene Zukunft.

Auch Carl Rudolf Sandmann kam damals nach Königsberg. Die Bahn war erst bis zur Weichsel fertiggestellt, den Rest der Strecke legte er mit der Postkutsche zurück. Das war etwa im Jahr 1850.

1853 gründete der Ingenieur und Handwerker seine Firma *Rudolf Sandmann, Zimmerei und Baugeschäft*. Das Unternehmen lag am Weidendamm, unmittelbar neben der *Firma Steinfurt*. Benjamin Leopold Steinfurt war der Gründer der Waggonfabrik. Auch Sandmann errichtete dort sein privates Haus.

Die wohlhabende Nachbarschaft brachte Geschäftsbeziehungen mit sich. Aufträge bekam Sandmann von der *Firma Steinfurt*, der Stadt Königsberg und der Bahn. Seine handwerklichen Kenntnisse hatte Sandmann bereits beim Bau des Gaswerkes bewiesen.

Schon bald verkehrte er auch privat mit den Steinfurts. 1853 heiratete er Amalie Leopoldine Steinfurt, das sechste Kind der Familie. Mit ihr hatte er sieben Kinder. Nicht alle erreichten das Erwachsenenalter.

Sandmanns Firma war an fast allen Brückenarbeiten beteiligt. Auch eine der ersten Stahlbrücken ging auf ihn zurück. Als sein Unternehmen die ersten Sanierungsarbeiten am alten Hauptbahnhof durchführte, brach Sandmann bei einem Inspektionsgang über das Glasdach ein und fiel in die darunter liegende Bahnhofsküche. Dass er auf eine dicke Köchin fiel, rettete sein Leben. Doch er hatte innere Verletzungen erlitten, lahmte und wurde nie mehr richtig gesund. Wie es der Köchin erging, ist nicht überliefert.

Der Unfall geschah, kurz nachdem das Familienfoto entstand. Rudolf Sandmann hat den Sturz nur kurz überlebt. Mit 63 Jahren starb der Bau- und Holzunternehmer an den Folgen seiner Verletzungen.

Seine Witwe Amalie Leopoldine blieb mit einer Gesellschafterin und einem Mädchen in der großen Wohnung. Sie hielt sich ein Fuhrwerk. Kutscher Karl fuhr sie und war zugleich ihr Diener. Enkelkinder begleiteten sie auf ihren täglichen Ausfahrten. Nur im Winter, wenn die Großmutter im geschlossenen Schlitten fuhr, streikten sie. Bei der Schaukelei wurde ihnen übel.

Die Witwe hielt die Familie zusammen. Am ersten Weihnachtsfeiertag versammelten sich alle zwanzig Enkel bei ihr, auf der Kindertafel standen riesengroße Schalen mit Süßigkeiten und Leckereien. Meist verdarb sich eines der Kinder den Magen. Nach Amalie Leopoldines Tod wurden die Familienfeste auch von ihrem Sohn Georg fortgeführt, erinnerte sich eine der Enkelinnen.

Die Firma ging über in die Hände von Sohn Georg Sandmann und seinen Schwager Richard Ruffmann. Georg übernahm die technische Leitung und Richard die kaufmännische. Georg wurde auch in den Vorstand der *Firma Steinfurt* berufen. Johann Friedrich Heumann, auch ein Schwager, hatte dort den Vorsitz des Unternehmens. Die wirtschaftlichen Verflechtungen unter den Königsberger Familien waren eng.

Vorbereitet worden war der Übergang der Firma an die nächste Generation rechtzeitig. Richard Ruffmann hatte Margarete Sandmann, die Tochter seines Prinzipals Rudolf Sandmann, beim Tanzen lieben gelernt. Geheiratet wurde damals früh. Er war 27, sie gerade mal 14 Jahre alt. Das war im Jahr 1877. Nach der Hochzeit zog das junge Paar in eine Wohnung am Viehmarkt. Ein halbes Jahr später war Ruffmann bereits kaufmännischer Direktor und Mitinhaber.

Mein Urgroßvater, der Arzt Felix Gentzen, war es, der die Gentzens mit der Familie Sandmann verband. Im Frühjahr kam es in Königsberg zu einer Doppelhochzeit. Die galt als eine besondere Ehre. »Am 6.5.1878 war die Silberne Hochzeit der Eltern Sandmann und die Grüne Hochzeit der Tochter Anna Sandmann mit Dr. Felix Gentzen«, schrieb Marta Ruffmann. »Das junge Paar bezog eine Wohnung auf dem Viehmarkt. Die Hochzeit wurde im Haus Weidendamm 34 gegeben. Bald siedelten auch die Eltern (Ruffmann) dorthin um.« Sie hatten die Hälfte der oberen Etage. Marta Ruffmann und ihre Geschwister wurden dort geboren.

## Zur Vorgeschichte

Mehr als drei Generationen weit reicht das Familiengedächtnis nur selten. Viele Entwicklungen fallen dem Vergessen anheim, es sei denn, in der Familie wurden Tagebücher geführt und Erinnerungen aufgeschrieben. Auch Briefe mussten aufbewahrt werden und Kriege überleben. Ohne das ging der Zusammenhang von Familie und Zeitgeschichte verloren. Dass die Angehörigen des Schreibens mächtig waren und die Mädchen ebenfalls zur Schule gingen, war eine Voraussetzung.

Begonnen hat der wirtschaftliche und kulturelle Aufstieg der Familie damit, dass sich »die Kaufleute und Reeder Laubmeyer, Schnell und Dultz […] als Soldaten im Befreiungskrieg von Napoleon (1813–1815) kennengelernt [hatten]. Sie wurden Freunde und gründeten gemeinschaftlich eine Gießerei, die 1845 erstmals als *Union-Gießerei* firmierte«, heißt es in der Familienchronik. Das Unternehmen konnte sich hundert Jahre am Markt behaupten und bescherte den Gründern einen großen finanziellen Erfolg.

Die Schnells, eine der Gründerfamilien der Werft, lebten da bereits in Königsberg. Ihr unternehmerisches Denken zeigte, dass Beharrlichkeit und Ideenreichtum zum Erfolg führten. Aus den Jahren 1793–1864 sind die Lebensregeln von Gustav Schnell erhalten:

»1.) Sich bestreben, täglich frömmer zu werden, da in der menschlichen Seele, so wie in der ganzen Natur kein Stillstand möglich, sondern entweder Fortschritt oder Rückgang ist. Nie den Spruch vergessen: ›Du sollst alles mit Gott anfangen und vollbringen, damit der Herr Dein Werk segne.‹

2.) Stets wahrhaftig sein. ›Eine Lüge im Scherz aus Leichtsinn bleibt Lüge und eine Notlüge bleibt Unrecht.‹

3.) Tätig und arbeitsam sein, ohne sich in Geschäfte zu vergraben, weil der Mann alsdann beinahe gegen alle Gefühle abgestumpft wird.

4.) Mit der Zeit so kurz als möglich umgehen! Keine Verschwendung ist dem Menschen nachteiliger als diese. ›Die Morgenstund' hat Gold im Mund‹, Ordnung lieben und ausüben, ohne peinlich zu sein.

5.) Nie verschwenden, aber auch nie knickern, sondern stets mit Vernunft sparen. Den Luxus in Möbeln, Kleidern, Speisen und Getränken soweit als möglich meiden, denn gerade er wird gewiss so oft die Quelle des zeitlichen und ewigen Unglücks für Menschen.

6.) Weder hochmütig noch demütig in allen Verhältnissen und unter jeden Umständen gegen Menschen sein.

7.) Nie sich eine Übereilung noch eine schädliche Verzögerung zu Schulden kommen lassen.

8.) Mit Vernunft und Überlegung jeden Entschluss fassen und alsdann die Ausführung nicht unnützerweise in der Zeit verzögern.

9.) Sich jederzeit aufmerksam gegen seine Angehörigen und Freunde beweisen, auch selbst bei Erweisung kleiner Gefälligkeiten, weil gerade dadurch sich der Mensch die Liebe der Seinigen immer warm und neu erhält.

10.) Sich in jedem Tage gegen Freund und Feind aufrichtig beweisen. In dem ganzen Verhalten und der Handlungsweise überhaupt, muss durchaus keine Übertreibung sein.

11.) Der Mensch denke an die Möglichkeit, seine teuersten Angehörigen zu verlieren; denn im langen ungetrübten Besitze der Liebe und Freundschaft, freut er sich auch wohl zuweilen desselben. Jedoch mehr darum, weil er daran gewöhnt, als weil er sich des Wertes und der Vorzüge der Personen deutlich bewusst ist. Diese Erinnerung wird die Gefühle, sobald es nötig ist, beleben und stärken.«

Die Regeln entstanden für mindestens einen der Schnells zu spät. Unter Herzog Albrecht, dem Gründer der Königsberger Universität, wurde ein Stadtvater Schnell wegen Aufsässigkeit im Schlosshof von Königsberg enthauptet. Als Vergünstigung wurde ihm gewährt, dass die Enthauptung mit seinem eigenen Schwert erfolgen durfte. Das soll um 1530 gewesen sein.

Gustav Schnell, der Verfasser der Lebensregeln, wurde 1793 in Königsberg geboren. Er gründete eine Import- und Exportfirma, die er mit der väterlichen Reederei vereinte. Die Schnells wohnten in der Dammgasse. Zuletzt war in ihrem Haus die *Herberge zur Heimat* untergebracht, ehe das Haus im Zweiten Weltkrieg den Bomben zum Opfer fiel.

Die *Union-Gießerei* trug zur Industrialisierung Ostpreußens bei. Hier wurden Dampfschiffe, Kessel und Dampfmaschinen hergestellt. 1855 lief ein Dampfer mit dem Familiennamen *Schnell* vom Stapel. Es war der erste ganz aus Eisen gebaute Dampfer. Seine Maschine hatte 40 PS und diente dem Verkehr nach Tilsit (heute Sowjetsk) an der baltischen Grenze. Im gleichen Jahr wurde die erste Königsberger Lokomotive namens *Gilge* für die Ostbahn gebaut. 1859 folgte der Dampfer *Pregel*. 1899 wurde bereits die eintausendste Lokomotive gezählt. Kühlschiffe, Bagger, Einrichtungen für Brennereien und Brauereien und sogar Königsberger Klappbrücken gehörten zu den Produkten der Gießerei.

1877 wurde die Firma in eine Aktiengesellschaft umgewandelt. 1907 kam noch Contienen als Werk hinzu. 1920 erwarb die Gießerei ein Schwimmdock mit 4.500 Tonnen Tragkraft. 22.000 Beschäftigte waren dort im Jahr 1922 tätig. Später entstand der einzige Seedampfer – die *Tilsit*, Minensuchboote und U-Boote waren die Kriegsproduktion. In der Weltwirtschaftskrise musste die Werft schließen, konnte aber in die westpreußische *Schichau-Werft* mit immer noch 15.000 Beschäftigten eingegliedert werden. Bei den Luftangriffen 1944 verschonten die Engländer die Werft.

Neben Schnell waren die beiden Freunde aus den Befreiungskriegen ebenfalls Mitbegründer der *Union-Gießerei*. Karl Dultz und Friedrich Laubmeyer waren Schnells Schwäger und hatten ihre Häuser – so wie er – in der Dammgasse. Jeder der drei Gründer besaß eine eigene Firma.

Als Gottfried Ostendorff technischer Direktor der Firma werden sollte, war die Voraussetzung für den Eintritt in die Firma die Verbindung mit der Familie. Ostendorff heiratete eine der Töchter des Kommerzienrates Schnell und seiner Frau Dorothea Fredericia (geb. Dultz).

Schnells Gattin Dorothea Fredericia war eine reiche Frau, auch noch nach dem Tode ihres Mannes. Sie war eine bemerkenswerte Frau und soll sehr lebenslustig gewesen sein. So war sie überzeugt, dass Großstädterinnen viel zu solide seien. Ihren Enkelinnen hat sie gern von ihrer Jugend erzählt. Dass Napoleon sie geküsst hat, war ihr ganzer Stolz. Aber das war wohl eher eine andere Art von Befreiungskampf.

Über die Schnells, Dultz und Ostendorffs ist bekannt, dass sie viele Kinder hatten. Eines Tages stürzte ein kleines Mädchen aus dem Fenster. Das Drama wurde in Königsberg spöttisch begleitet: »Die Schnells haben so viele Kinder. Eins werfen sie schon aus dem Fenster!«

## Die Frauen der Familie

Die Lebensentwürfe der Frauen waren sehr unterschiedlich. Margarete Ostendorff, eine Cousine meiner Mutter, notierte: »Meine Mutter Gertrud Amanda Leopoldine Gentzen (geb. am 29.1.1882), genannt Trudel, war eine sehr kluge Frau und immer sehr wissbegierig.«

Gertruds Vater – und mein Urgroßvater – Felix Gustav Adolf war Arzt (geb. 1850, gestorben 1900). Tochter Gertrud wurde an Privatschulen unterrichtet.

> »Sie war die erste weibliche Abiturientin in Königsberg (die Einzige, die von den vier Mädchen bestanden hat). Sie hat das Studium der Sprachen begonnen und Latein und Griechisch gelernt. Zu jener Zeit mussten die Studentinnen noch die Professoren fragen, ob sie der Vorlesung beiwohnen durften.«

Gertrud Gentzen war die Schwester meines Großvaters Felix. Im Jahr 1908 heiratete sie Gottfried Ostendorff (1880–1946), Amtsrichter in Insterburg und später Landgerichtspräsident in Königsberg.

Gertruds akademischer Plan zerschlug sich, ehe er an Fahrt aufgenehmen konnte. Margarete Ostendorff: »Meine Mutter hat lange mit sich gekämpft, ob sie heiraten oder doch lieber studieren sollte, schließlich hat sie geheiratet und wollte viele Kinder haben. ›Eine halbe Fußballmannschaft.‹«

Der konservative Lebensentwurf von Gertrud Gentzen/Ostendorff gehörte nicht zu den Zielen der Männer der Familie.

> »Meinem Urgroßvater bescheinigte Marta Ruffmann, dass er wünschte, dass sie ihr Abitur machte. Obwohl sie leicht und gerne lernte, meinte sie doch, ihr würde Wirtschaften und Nähen besser gefallen, fand das für eine Frau eine so wichtige Tätigkeit. Und das hat sie ja auch später immer wieder betont, wie gern sie häusliche Arbeit doch tat.«

Ihrer Tochter Margarete wurde versichert: »... jedenfalls war deine Mutter schon eine seltene Frau. Ihre vielen Krankheiten benutzte sie auch zur inneren Einkehr und Arbeit an sich selber.«

Auch ihre Großmutter Anna Gertrud Sandmann (1857–1941) war froh über die Enkel. »Gerade das kleine Mädchen beglückte sie so und hatte von ihr doch am meisten, denn die Jungen entwachsen ja viel früher der Mutter.« In Margarete Ostendorffs Nachlass – sie war einst das kleine Mädchen, fand sich diese Erinnerung.

Annas Ehemann Richard Sandmann war früh leidend. Anna »konnte ihn nicht allein lassen ... aber er wurde immer als sehr gütiger, gutherziger und aufopfernder Mann geschildert, sehr klug und ich denke, deine Mutter [Anna] hat viel von ihm ererbt. Den Frohsinn vielleicht von der Omama«, wurde Margarete bedeutet.

Einige der Frauen der Familie waren – auch als Witwen noch – vermögend. In den Vorständen der Firmen fand sich keine einzige. Als ich begann, die Familientreffen regelmäßig zu besuchen, scherzte einer der Senioren der Familie: »Du wärst die erste Frau im Vorstand.«

## Auf in die Badeorte

Seit vielen Jahren koordiniert Sabine Bensinger die Familientreffen der ostpreußischen Großfamilie. Als sie im Jahr 2010 eine Reise nach Kaliningrad vorschlug, sagte ich spontan zu. Endlich konnte ich Einblick in die Familie bekommen. Sabines Mann, Wolf Bensinger, war dabei. Zu dritt ging es per Bus ins alte Familienland.

Unser Ziel waren Ostpreußens historische Seebäder. Rauschen, Neukuhren und Cranz, schon beim Klang der Namen dieser Badeorte hörte man das Rauschen der Ostsee. Neuhäuser liegt an einer Landzunge. Unser Hotel lag in Neukuhren. Die übrigen Badeorte standen im Ausflugsprogramm.

Erst einmal lernten wir alle Ortsnamen neu. Metschnikow hieß früher Neuhäuser, Pionirski war Neukuhren, Svertlogorsk war Rauschen und Cranz wurde zu Selenogradsk. Nach Königsberg/Kaliningrad waren es nur 38 Kilometer. Die konnte man früher gut mit der Kutsche, dem Pferd oder später auch mit dem Fahrrad bewältigen.

Die Ostsee und ihre Küste haben die Familie geprägt. Morgendliche Gänge am Strand standen auch für Sabine und mich täglich auf dem Programm. Am Strand rollten die Wellen sanft heran. Mal wichen wir aus auf den trockenen Strand, mal liefen wir barfuß im Wasser. Die Ostsee zeigte sich nicht immer von ihrer sanften Seite. Einmal erwischte mich eine Welle und zog mir die Beine weg. Sabine sah hilflos zu. Sie hätte nicht helfen können. Ich ließ mich ans Land spülen. Und danach ging es trotzdem die 80 Meter Steilküste wieder hoch zum Hotel. Außer Atem gelangten wir in den Frühstücksraum, in dem Wolf wie jeden Morgen wartete.

Getreu dem Motto, man sieht nur, was man weiß, hatte sich Sabine genauestens vorbereitet. Verwandte hatten sie mit den Adressen aus der ostpreußischen Zeit versorgt. Wenn wir durch kiefernbewaldete Seeorte gingen, auf die kleinen Holz- oder steinernen Kurhäuser blickten, hatte Sabine stets die passenden Namen parat. »Da in dem Steinhaus war vielleicht Amalie Leopoldine, die Großmutter, mit Bertha«. Für einen Augenblick bekamen unsere Ahninnen ihren alten Wohnort zurück.

Bertha Steinfurt galt nach dem Tode ihrer Mutter als Oberhaupt der Familie. Sie wurde 92 Jahre alt. Ihr dunkles Haar behielt sie bis zum Lebensende und sogar die Zähne, steht in der Familienchronik. Ihre Schwester war Leopoldine Amalie, die Frau von Rudolf Sandmann.

Über die Gründung vom Badeort Neuhäuser weiß die Familienchronik: »Sandmann kaufte vom Besitzer des Gutes Neuhäuser Grundstücke und baute Sommervillen für die Königsberger Familien Heumann, Steinfurt, Ehlers und andere. So entstand der Badeort.« Die halbe Familie war hier versammelt. Aus dem Gut wurde ein Gut mit Villenkolonie. Der Adel blieb und die wohlhabenden Königsberger gesellten sich samt Freunden hinzu.

Ein Anlass für die Gründung des Bades dürfte gewesen sein, dass Leopoldine Amalie Sandmann häufig krank war und den Sommer gern an der See verbrachte. Die unberührte Dünen- und Waldlandschaft zogen an den Wochenenden auch die Herren an. Im Halbwagen, gezogen von flotten Pferden, fuhren sie vor. Lange waren die Seebäder nur mit Pferd und Wagen zu erreichen.

Zu Beginn der großen Ferien wurde die ganze Familie an die Ostsee verladen. Hausrat und Hausmädchen kamen auf einen Lastwagen und erst wenn der abgerollt war, kam Friedrich, der Kutscher, mit dem Landauer. Die jüngeren, die schon im Besitz von Fahrrädern waren, radelten. In Tannenkrug wurde auf halber Strecke Station gemacht. Die Pferde wurden gefüttert. Gevespert wurde auch. »Auch wir bekamen unseren Teil. Belegte Brote, Bratklops, dazu meist ein Krug gekaufte Milch oder Kakao.«

In Neuhäuser angekommen, zogen die Familien mit großem Hallo ein und nahmen ihre Häuser oder Wohnungen in Besitz. »Friedrich, der Kutscher, besorgte die Pferde. Mit dabei war auch der ganze Viehbestand der Kinder. Kaninchen und zahme Igel kamen mit. Die Karnickel wurden vermehrt zurückgebracht.«

Die Gentzens hatten ihr Haus im Nachbarort. »Gentzen und seine Schwestern kamen oft zu uns«, berichtete Richard Ruffmann. Die Chronik weiß:

> »Den Sommer 1892 wollte er nicht wie die vorangegangenen in Neukuhren verleben. Wir zogen nach Neuhäuser mit Gentzens zusammen in die Villa Behring. Wir waren mit den Gentzen'schen Kindern zusammen sehr glücklich dort. Väterchen kam jedes Wochenende heraus. Aber das folgende Jahr ging's wieder nach Neukuhren in die Villa Kleienstüber, wo wir 20 Jahre jeden Sommer verbrachten und glückliche Ferien verlebten.«

Als die Samlandbahn um 1900 von Königsberg ausgebaut wurde, ging alles schneller. Pferd und Wagen fielen weg, die Pausen bei den netten Verwandten aber auch.

## Kaliningrad

Den einzigen programmfreien Tag unserer Erkundungsreise in die ostpreußischen Bäder nutzten die Bensingers und ich für einen Ausflug nach Kaliningrad. Ein Taxi brachte uns dorthin. Am Rande der Straßen fast nur unbestellte Felder. Im Oblast Kaliningrad gäbe es nur wenig Menschen, die etwas von Landwirtschaft verstünden, erklärte der Fahrer. Er hoffte, dass bald wieder Deutsche kämen, um ihnen, den Russen, die Landwirtschaft beizubringen. Der Satz erinnerte mich an Einladungen an einstige Kolonialherren, wenn sie ihre alten Güter in Afrika noch einmal besuchten.

Unterwegs: Auffallend viele Autos trugen eine EU-Plakette neben dem Kaliningrader-Kennzeichen. Ein Ausdruck für eine damals kurz aufflammende Hoffnung, dass Kaliningrad in einem Gebietstausch der EU zugeschlagen werden könnte. Doch nur wenig sprach dafür, dass Russland den Hafen und Vorposten in Europa räumen würde. In den Jahren darauf zeigte sich das Gegenteil.

Im Zentrum von Kaliningrad fanden wir kaum noch Spuren vom alten Königsberg. Alte Häuser und Gassen? Fehlanzeige. Kein Klinkerbau, kein Fachwerk, kein Gründerzeithaus. Alles war zerstört, alles neu und anders aufgebaut. Das heutige Kaliningrad entstand nicht auf den Ruinen, die nach den Luftangriffen in der Nacht vom 26. August zum 27. August 1944 geblieben waren. Alles Alte musste weg. Die Neubauten haben die Zerstörung vollendet.

Auf der Suche nach der Vergangenheit irrten wir die breiten Magistralen entlang. Plattenbauten überall, endlos und trostlos. Trotzdem versuchten wir uns zurechtzufinden. Irgendwo in der Nähe musste es hier eine Klinik gegeben haben. »Dort müsste dein Urgroßvater Dr. Felix Gentzen gelebt haben. Die Familie Gentzen lebte in der Nähe der Tragheimer Straße«, wusste Sabine. »Dein Urgroßvater war Arzt.« Ärzte lebten damals in oder bei den Kliniken. Auch die nächste Adresse fanden wir nicht. Nur die großen Straßenzüge, die Flüsse und Bahnlinien gaben Hinweise auf die Struktur der alten Stadt. Ausgestattet mit Stadtplänen in Russisch und Deutsch entzifferte Sabine alte und aktuelle Straßennamen.

Gerade mal ein knappes Dutzend Häuser wurden auf dem Gelände des alten Fischmarkts in historischem Stil wieder aufgebaut. Es gibt Pläne, das gesamte Kneiphofviertel originalgetreu wieder aufzubauen. Aber bis dahin wird wohl noch viel Wasser die Pregel-Insel umfließen.

Fertig war dagegen der Backsteindom. Hinein konnten wir nicht, innen wurde restauriert. Seitlich ein steinerner Sarg unter dem offenen Pfeilerbau. Ein leeres Grabmal. Der Katafalk Kants liegt außerhalb des Kirchenschiffs.

Vor dem Universitätsgebäude dann die Statue Kants. Den

Stock in der vorgestreckten rechten Hand, den Dreispitz in der Linken – so kannte man den Philosophen, so wurde er verewigt. Das Denkmal, geschaffen vom klassizistischen Bildhauer Christian David Rauch, ist eine Reproduktion des Originals von 1857. Die Kopie ist eine Spende von Gräfin Dönhoff. In ihrem Schlosspark sollte das Original während des Zweiten Weltkriegs geschützt werden, was aber nicht gelang.

## Kant, ein Freund der Familie

Zu meiner Überraschung geht es um Kant auch in unserer Familienchronik. Beschrieben wird da, wie Kant eines Nachmittags im Dönhoff'schen Garten spazieren ging, vor einer Laube stehen blieb, in welcher er einen Bekannten in Gesellschaft einiger ihm unbekannter Männer entdeckte. Kant ließ sich auf das Gespräch ein, bald ging es um die Zeitgeschichte. Es war zur Zeit des amerikanisch-britischen Kriegs. Kant setzte sich für den Freiheitskampf der Amerikaner ein, focht mit Wärme für deren gerechte Sache und ließ sich mit einiger Bitterkeit über das Benehmen der Engländer aus. Voll Wut sprang ein Mann aus der Gesellschaft auf, trat vor Kant hin, sagte, dass er Engländer sei, und seine ganze Nation und er selbst durch Kants Äußerungen beleidigt worden seien. Er verlangte Genugtuung durch einen blutigen Zweikampf.

Kant ließ sich durch den Zorn des Mannes nicht aus der Fassung bringen, sondern fing an, seine politischen Grundsätze und Meinungen und den Gesichtspunkt, aus welchem jeder Mensch als Weltbürger, von seinem ›Patriotismus‹ unbeschadet, solche Weltbegebenheiten beurteilen müsse, mit einer solchen hinreißenden Beredsamkeit zu schildern, dass der Engländer voll Erstaunen Kant freundlich die Hand reichte und den hohen Ideen Kants beipflichtete, ihn wegen seiner Hitze um Verzeihung bat, und ihn am Abend bis an seine Wohnung begleitete und zu einem freundschaftlichen Besuch einlud.

Dieser Joseph Green war ein Mann mit vielen Kenntnissen und von so großem Verstande, dass Kant später von ihm versicherte, er habe in seiner *Kritik der reinen Vernunft* keinen einzigen Satz niedergeschrieben, den er nicht zuvor dem Kaufmann Green vorgetragen und von dessen unbefangenem und an kein System gebundenem Verstande hätte beurteilen lassen.

Von da an verbrachte Kant jeden Tag mehrere Stunden bei dem Kaufmann, weiß unsere Chronik. Einmal fand Kant seinen Freund Green in einem Lehnstuhl schlafend vor, legte sich neben ihn, hing seinen Gedanken nach und schlief ebenfalls ein. Dann kam ›Bancodirector‹ Ruffmann, unser Verwandter, dazu. Ihm erging es nicht anders, bis schließlich Robert Motherby, ebenfalls Kaufmann und Engländer und ein Teilhaber Greens, ins Zimmer trat und die Gesellschaft weckte. Bis sieben Uhr unterhielten sie sich. Pünktlich um sieben gingen sie wieder auseinander. Die Nachbarn konnten die Uhr danach stellen. Es könne noch nicht sieben Uhr sein, hieß es bei ihnen, weil der Professor Kant noch nicht vorbeigegangen sei.

Wilhelm Ludwig Ruffmann, Bancodirector in Königsberg, zählte zu den regelmäßigen Besuchern von Kants Teestunde. Er gehörte über viele Jahre zu seinem Freundeskreis. Ein Porträt von Rousseau, den Kant sehr verehrte, soll er ihm geschenkt haben. Es war das einzige Gemälde in Kants Arbeitszimmer. Ruffmanns Vater Joachim war aus Berlin als Proviantmeister nach Pillau gekommen.

Ruffmann war mit Elisabeth Collins verheiratet. Beider Sohn Eduard wurde Stadtrichter und Justizrat in Pillau. Der Bancodirector selbst gehörte wie viele Königsberger der Dreikronenloge an. 1794 starb er im Alter von nur 57 Jahren und hinterließ sieben Kinder. Als seine letzte Adresse wurde die Kneiphöfische Langgasse angegeben.

Auch der bekannte Sozialkritiker der Aufklärung, Theodor Gottlieb Hippel, erwähnte den Bancodirector Ruffmann in einem Brief:

»Nie gieng in Köngsberg ein Morgen vorbey, wo mich nicht aus meinem Arbeitszimmer, der Anblick Ihres Hauses und der Gedanke Ihrer, so großen Würksamkeit, belebte und stärkte. Wie froh werde ich seyn wider einen so schönen Morgen in Königsberg zu feyern! Dem Herrn Director Ruffmann bitt ich mich gelegentlich zu empfehlen. Sein Herr Bruder wird die ihm zugedachte Stelle ganz gewis erhalten, wenn gleich er bis jezt noch nicht in Arbeit gesetzt ist. Er befindet sich durch diesen Anstand im reinen Gewinn.«

## Für oder gegen Kant?

Als wir Kaliningrad besuchten, löste der Name Kant nur noch wenig Ehrfurcht aus. Nachdem sich im Jahr 2018 eine Mehrheit herauskristallisierte, den Flughafen Kaliningrad nach Kant zu benennen, gab es Farbanschläge auf Kants Grabmal. Der Flugplatz solle doch lieber nach der Zarin Elisabeth, der Tochter von Peter dem Großen, getauft werden. Oder aber nach Marschall Alexander Wassilewski, der Königsberg im Zweiten Weltkrieg eroberte. Der Streit nahm an Schärfe zu.

Vizeadmiral Igor Muchametschin hielt eine scharfe Rede gegen Kant. Sowjetische Soldaten seien es doch gewesen, die die Stadt gestürmt hätten. Er sprach sich für den Eroberer Königsbergs Marschall Wassilewski aus. Über Kant meinte er abwertend: »Dieser Mensch hat sein Vaterland verraten, er ist auf Knien gerutscht, um einen Lehrstuhl zu erhalten. Er hat irgendwelche unverständlichen Bücher geschrieben, die keiner der hier vor mir Stehenden gelesen hat und auch niemals lesen wird.«

Der Namensstreit ist inzwischen entschieden. Der Flughafen heißt nach Zarin Elisabeth, der letzten Romanow. Die Tochter von Peter dem Großen hatte Ostpreußen im Siebenjährigen Krieg angreifen lassen, um das Land dann an Polen zu verschenken.

Der Kant-Streit indes ging weiter. Vierzehn Jahre nach unserer

Reise war alles anders. Die Polemik der russischen Nationalisten hat Kant geradezu populär gemacht.

Pünktlich zum 300. Geburtstag Kants streckt Russland im Jahr 2024 doch noch die Hand nach dem Philosophen aus. Überall in der Stadt finden sich Hinweise auf ihn. »Kant wurde als Deutscher geboren, war aber später Untertan der Zarin Elisabeth«, erklären die Fremdenführer dem außenpolitischen Redakteur der ZEIT, Michael Thumann, in Moskau. Der Philosoph habe immer in der Stadt gelebt, die zu Russland gehört. Daraus folgte eine Inbesitznahme des Philosophen: »Kant gehört uns.«

Plötzlich sprossen Kant-Läden aus dem Boden, es gibt eine Kant-Schule, Kant-Schokolade und vieles mehr. Und wo einst das Geburtshaus stand, gibt es zumindest eine Gedenktafel. Kant ist zum Markenzeichen von Kaliningrad aufgestiegen. Für eine Umbenennung Kaliningrads in Kantstadt fand sich bisher keine Mehrheit.

Gedreht hat sich die Stellung Kants aufgrund eines Dekrets von Putin. Des großen Philosophen der Menschheit solle zu seinem 300. Geburtstag gedacht werden. Und da Kant ja das Werk *Zum ewigen Frieden* verfasst hat, braucht man ihn heute in Russland dringlicher denn je. Dass sich Kants These vom gerechten Krieg auf Nazi-Deutschland anwenden lässt, stimmt. Im Überfall auf die Ukraine ist Kant gewiss kein Kronzeuge Putins.

## Das Haus am Weidendamm

Weiter die Suche in Kaliningrad. Ein Ziel unserer kleinen Reisegruppe, bestehend aus Sabine, Wolf und mir, war der Weidendamm. Wie schon der Name sagt, war die Straße einst mit Weiden bepflanzt. Sie gehörte zur Speicherstadt. Hier lag die Holzfirma *Rudolf Sandmann*. Auch Steinfurt hatte hier seine erste Firma. Und nicht nur er. Auf dem Weidendamm 1b wurde 1867 Käthe Kollwitz als Tochter von Carl Heinrich und Katharina Schmidt geboren. Erst mit der Heirat nahm Käthe den Namen Kollwitz an und zog nach Berlin.

Ein großer leerer Hof mit vielen Nebengebäuden. »Das muss der Holzhof der Firma *Sandmann* gewesen sein«, überlegte Sabine Bensinger. Daneben, völlig eingewachsen, ein sogenanntes ›Deutsches Haus‹. Ein einst gefälliger Bau mit geschwungenem Dach. Heute hatte es zerfallene Fenster und Bäume wuchsen von innen heraus.

Aus verrotteten Industriebauten wuchsen Birken auch andernorts. Hier war einst die *Seilerwarenfabrik Hoffmann.* Russischer Flachs wurde dort verarbeitet zu Bindfäden und Schnürmitteln. Als der Flachs im Ersten Weltkrieg ausblieb, entstand eine Flachsröste für heimische Faserpflanzen. Noch immer lagen am Boden Reste von Kontobüchern, nachlässig in eine Ecke gekehrt. So viele Ziegelmauern wir auch abschritten: Erkennbar blieb nur der Verfall.

»Hier kommt nichts Neues mehr hin«, unterbrach der Taxifahrer unsere Überlegungen. »Hier wird die Autobahn gebaut.« Wenn der Verkehr von Kaliningrad hier entlanggeführt wird, verschwinden die letzten Zeichen der Familienfirmen.

Irmgard Weindel, 1913 in Königsberg als Ruffmann geboren, wuchs in der Holzfirma auf. In ihrer Chronik schrieb sie:

> »Der Weidendamm war unser Nest. Je älter wir werden, desto mehr sehnen wir uns zurück nach dieser Ruhe, diesem Frieden, diesen so lieben alten Menschen, die nicht immer abgehetzt waren, sondern uns viel Liebe mit auf den Weg gegeben haben.«

An ihren Großvater Richard Ruffmann, den Schwiegersohn des Gründers Rudolf Sandmann, hatte Irmgard die schönsten Erinnerungen. Er wurde ihr zur Leitfigur.

> »Er war immer freundlich und ausgeglichen und hat viel Gutes getan. Als der erste Zeppelin gebaut wurde und gleich abstürzte,

stiftete er sofort eine große Summe. Ich glaube, es waren 20.000 Mark. Das war damals ungeheuer viel Geld.«

Er baute die ›Prussia‹, ein großes Haus für Studenten mit Schwimmbad darin, Paukboden für ihre Mensuren, Aufenthaltsräume und so weiter. Als der Bau für die Burschenschaft deutlich teurer wurde, als vorher veranschlagt, kam der Architekt ganz aufgelöst zu ihm. Er fürchtete, seinen Posten zu verlieren. Darauf der Großvater: »Machen Sie sich keine Sorgen, die Mehrkosten übernehme ich, denn das ist eine gute Sache.«

Ruffmann war sozial engagiert.

> »Als Erster in Königsberg errichtete er eine Krankenkasse für seine Angestellten und Arbeiter, was ihm von seinen Konkurrenten übel genommen wurde, sodass er fortan der ›Rote Ruffmann‹ genannt wurde.«

Er war Sozialdemokrat, was in der Kaufmannschaft von Königsberg selten war. Für seine langjährigen Arbeiter baute Ruffmann ein Mehrfamilienhaus auf seinem Weidendammer Grundstück.

Das alles schlug sich auch in seinem Erziehungsstil nieder. Eines Tages meinte er zu Irmgard Weindel, seiner Enkelin:

> »Wenn du an Herrn Wasin vorbeigehst [er saß viele Jahre am Eingang in der Portierloge], dann musst du immer sagen: ›Wie geht es Ihnen, Herr Wasin, was macht Ihre Frau, ist sie gesund?‹« Irmgard war da nicht einmal zehn Jahre alt. »Es machte einen großen Eindruck auf mich, aber mehr als: ›Guten Tag Herr Wasin‹, bekam ich nicht raus.« Doch es prägte ihr Leben. Ihr Motto wurde: »Sei nie hochnäsig, alle Menschen sind gleich!«

Selbst im Büro durften die Kinder herumrumrennen und Krach machen, das hat ihn nie gestört. Irmgard Weindel fuhr fort:

> »Wenn wir als Kinder ins Comptoir – heute Büro – gingen, war die Atmosphäre immer gemütlich. Ich erlebte Großvater nur einmal etwas ungehalten, als er Herrn Feltenstein, er war Jude, der Holzhandel und Pferdehandel waren meist in jüdischen Händen, anredete: ›Feltenstein reden Sie deutsch mit mir und nicht jiddisch!‹«

Heute wäre Ruffmann, aufgeklärt wie er war, vielleicht froh, dass jemand das Jiddische noch beherrscht.

Den Holzplatz der Firma beschrieb Irmgard so:

> »Wenn man durch das große Holztor der Firma *R. Sandmann* ging, sah man gleich rechts einen kleinen Meiler, in dem kleine Holzkohlen für den Samowar angefertigt wurden. Dahinter ein Schuppen, an dem ein großer schwarzer Hofhund angekettet war. Ich hatte immer große Angst vor ihm.«

Er hatte nämlich, als er einmal mit dem Nachtwächter unterwegs war, fünf schneeweiße Ziegen gerissen. Irmgards Erinnerungen begleiteten uns über das Firmengelände:

> »Links lag das Bürohaus. Da sehe ich heute noch den Großvater sitzen. Dann kam der Pferdestall mit ein paar dicken, großen Pferden, die die Kastenwagen mit den Hölzern zu den Baustellen ziehen mussten und dann noch zwei Kutschpferde, im Winter fürs Coupé und den Schlitten, im Sommer für den Landauer. Die waren in der Hauptsache für geschäftliche Fahrten und die Erwachsenen angeschafft. Für uns Kinder gab es die ›Elektrische‹. Sonst hieß es: ›Geh zu Fuß!‹«

Auch über die Kutscher gab es Geschichten. Einer hieß Thal. Er hatte die Pferde abgerichtet. »Wenn sie mal ›mussten‹, dann sollten sie wiehern. Er kam dann mit dem Eimer gerannt.« Weiter auf dem Grundstück: Hinter den Pferdeställen begannen die Gleise für die Loren, auf denen die Hölzer zu den Schneidemühlen und zum Pregelbassin transportiert wurden. Irmgard schrieb:

»Natürlich war es uns streng verboten, mit den Loren zu fahren. Aber was verboten ist, ist ja am schönsten! Dass uns da nie etwas passiert ist, wundert mich heute noch. Die Dinger sprangen oft aus den Gleisen. – Ebenfalls durften wir nicht auf den dicken Rundhölzern, die im Bassin lagen, spielen. Wenn sich ein Stamm im Wasser drehte, konnte sich ein kleines Kind nicht mehr retten. Der liebe Gott war mit uns.«

Nach den sonntäglichen Besuchen mit den Kindern auf dem Weidendamm habe ihre Mutter sich immer fürchterlich geniert, wenn sie am Abend mit drei schmutzigen Kindern nach Hause musste. Die Kleidung war dann schwarz-weiß gestreift vom Holzplatz.

Christel Plaumann (geb. Dencks) war die älteste Enkelin von Richard Ruffmann. Sie wurde im Jahr 1906 geboren, auch sie konnte einige Jahre im Hause ihres Großvaters Richard Ruffmann verbringen. Ihr verdanken wir eine Schilderung des Alltags der Ruffmanns. »Der Balkon war ein Lieblingsplatz vom Großvater. Hier trank er um sechs Uhr seinen Grog. Im Winter saß er in seinem Zimmer, das direkt hinter diesem Balkon lag.« Davor stand eine große Kastanie, ein richtiger Kindertummelplatz.

Pünktlichkeit war im Hause Ruffmann angesagt. Christel Plaumann schrieb:

»Frühmorgens ging Großvater über den Hof zu seinen Arbeitern. Dann kam er zum Frühstückstee. Anschließend ging es ins Kontor – ein sehr altes Schild mit der Bezeichnung ›Comptoir‹ zierte den Eingang. Pünktlich um ein Uhr gab es Mittag. Wenn ein Besuch in der Börse vorgesehen war, konnte es allerdings auch später werden. Es wurde dann auf ihn gewartet. Zum Mittagsessen trank er ganz gerne einen Schoppen Rotwein. Nach dem Abendessen setzte er sich dann gerne im Sommer auf den Balkon und genoss dort seinen Schoppen Wein.«

Vor dem Ersten Weltkrieg ging es bei den Sandmanns und Ruffmanns vor allem um den Holz- und den Pelzhandel mit Russland und dem Baltikum. Richard Ruffmann fuhr regelmäßig dorthin. Christel Plaumann erinnerte sich:

»Jeden Januar, Februar fuhr er mit seinem jüdischen Agenten nach Russland in die Wälder, um einzukaufen. Tagelang kam er nicht aus den Kleidern. In den primitiven Gast- und Bauernhäusern war es sehr schmutzig. Er lebte dann fast nur von Tee und Eiern. Häufig schlugen die kleinen Schlitten um. Einige Male kam er mit Rippenquetschungen nach Hause. Die von ihnen ausgewählten Baumstämme wurden dann im Frühjahr in Triften von den Djimkes, einem Roma-Volk, über Memel, Deime und Kanäle nach dem Pregel getreidelt. Die Rundhölzer waren mit Eisenketten aneinander befestigt. Auf dem Floß stand ein Hüttchen für die Djimkes. Sie trugen auch im Sommer einen Schafspelz, das Fell nach außen, Pelzmütze und hohe Stiefel. Die Waldungen lagen in der Gegend von Wilna, oder sie mußten tief nach Russland hinein. Um Hölzer weiter zu befördern, gab es einen Lastenwagen.«

Der Einkauf in Russland war ein Geschäft, Abenteuer, aber auch Gefahr zugleich. Die Familie zeigte sich besorgt: »Wir waren immer froh, wenn das Telegramm aus Wirballen, dem Grenzort, kam: Eintreffen dann und dann, Bad bereithalten!«

Ungefährlich war die Reise nie. Die Pässe wurden an der Grenze abgenommen, und ohne einige Rubel extra wäre niemand zu einer schnellen Abfertigung gekommen. Bestechung war in Russland üblich. »Aus Wilna brachte Vater herrliche, kandierte Früchte mit, köstlichen, geräucherten Stör und Zigaretten.«

Die Waschtage am Weidendamm waren ein Ereignis, erinnerte sich Christel Plaumann.

> »Der große Waschtag war etwa alle vier Wochen und ein besonderes Vergnügen. Die Mädchen und Frauen gingen dann über den Holzplatz zur Bleiche. Hier wurde die Wäsche aufgehängt oder auf der Wiese zur Bleiche ausgelegt. Wir Kinder konnten dort spielen und es ging immer fröhlich zu. Mit Sicherheit gab es an diesem Tag Eintopf. Kleine Wäsche gab es öfter und dann wurde diese auf dem Dachboden zum Trocknen aufgehängt.«

Natürlich gab es genügend Hilfskräfte, Küchenpersonal und Reinigungs- und Waschfrauen sowieso, fuhr Plaumann fort.

> »Unter den Waschfrauen gab es eine Frau Schimanski. Mit ihr passierte Folgendes: Großvater hatte einen Hut, den er über viele Jahre schon gerne getragen hatte und der bereits richtig durchgefettet war. Tante Marie hat diesen Hut der Frau Schimanski gegeben. Oh – welche Empörung bei unserem Großvater! Er schimpfte seine Schwester Marie aus: ›Was fällt dir ein, meinen Hut wegzugeben, ich will diesen Hut wieder haben, an dem hänge ich. Den hast du nicht wegzugeben, ohne mich zu fragen!‹ Tante Marie, genannt ›Omarie‹ , musste tatsächlich zur Frau Schimanski gehen und den Hut zurückfordern. Sie hat ihr dann einen anderen beschafft. [...] Omarie kam ins Haus, weil Richard Ruffmanns Frau Margarete früh gestorben ist. Um ihm bei der Erziehung seiner sechs Kinder zu helfen, ist sie als seine unverheiratete Schwester ins Haus gezogen. Sie wurde zur Seele des Hauses. Ihren Anweisungen folgte das gesamte Personal. ›Das Mädchen Marie, kam vom Lande und sprach ein breites Ostpreußisch.‹ Wenn man sie nach etwas fragte, bekam man immer den Satz zu hören: ›Die Tante hat gesagt.‹ Der Wille der Tante war Gesetz.«

In der Küche regierte Ernestine. Für die Kinder war die Küche ein Anziehungspunkt. Da gab es Maschinen, zum Beispiel den Fleischwolf und die Messerschärfmaschine. »Gerne haben die Kinder beim Kochen und Backen zugesehen. Da waren doch die großen Kochtöpfe und die irdenen braunen Tonschalen, in denen der Kuchenteig angerührt wurde.« Zur Unterstützung von Ernestine war ihre Nichte Marie da. Beide wohnten gemeinsam in einem schmalen Zimmer hinter der Küche. »Die Betten mussten hintereinander an der Wand stehen, damit seitlich noch Platz für einen Tisch und zwei Stühle war.« Sie waren nicht die einzigen Hilfskräfte im Haus. Für die Kinder gab es eine Französischlehrerin. Und Herr Wassilin war der Mann für alles.

Christel Plaumann erinnerte sich besonders gern an die Vorweihnachtszeit. Da sah sie »Ernestine mit kräftigen Händen den Teig kneten. Das war aber so schwer, dass zwei Personen die Schale halten mussten. Die Kinder durften hin und wieder Pfeffernüsse rollen, Plätzchen ausstechen oder die Schalen auslecken.« Und dann erst das Königsberger Marzipan!

> »Besonderen Spaß machte die Herstellung des Marzipans. Omarie hatte alle Mühe, dass nicht zu viele abgezogene Mandeln in den Mäulern der Gören verschwanden. Thorner Katharinchen, Zimtsterne und vieles andere mehr wurde gebacken. Oft kamen dann auch Großtante Ida, Großtante Selchen und Tante Marta zur Mithilfe, wobei Omarie das Ganze dirigierte.«

Das Haus wurde vergrößert:

> »Bei dem späteren Anbau und Ausbau einer Küche entstand ein langer überdachter Gang. Dieser führte an den Fenstern vorbei zum Balkon und Esszimmer. So konnten Ernestine oder Marie die Mahlzeiten direkt in das Esszimmer bringen.«

Die Firma hatte außerdem ein Motorboot:

> »Es hieß *Grete*, nach der jüngsten Tochter vom Großvater. *Grete* war so groß, dass die halbe Familie darauf Platz fand. Die *Grete* schipperte gemütlich an den Pregelwiesen vorbei. Unterwegs kein Gasthaus – nichts außer Wiesen. Dann machte die *Grete* Halt, Decken wurden ausgelegt, meine Mutter brachte einen mittelgroßen Koffer mit Bratklopsen mit.«

Auch Frieda Dencks, die Mutter von Christel Plaumann, schipperte als Kind schon mit auf der *Grete*. Sie wusste noch, dass sie einer Tante dabei die ganze *Glocke* von Schiller aufsagte. »So eine Engelsgeduld würde heute keine Tante mehr aufbringen.«

Die kleinen Reisen waren der Höhepunkt ihrer Kindheit. Frei nach Jean Paul fügte die Tochter Christel Plaumann hinzu: »Erinnerungen an die Kindheit sind ein Paradies, aus dem man nicht vertrieben werden kann.«

## Ein Schiff zwischen Lauben

Unserer Reise nach Kaliningrad führte uns weiter in Richtung Hafen. Auf unbefestigten Wegen fuhren wir durch eine Datschenkolonie. Laubenkolonien mit kleinen Hütten rechts und links. Menschen gab es hier keine.

Urplötzlich standen wir vor einem riesigen Schiff. Was für ein Fund! Schon die pure Größe verblüffte uns. Der Dampfer war aufgedockt und durch und durch rostig. Die Anlage gammelte still vor sich hin. Mitte des 19. Jahrhunderts war die Werft die Wirkstätte der Ostendorffs gewesen.

Johann Gottfried Ostendorff ist ursprünglich aus Kamen gekommen, er wurde 1812 in Westfalen geboren und starb im Jahr 1876 in Neuhäuser. In Bergkamen gibt es bis heute Verwandte, die diesen Namen tragen. Friedrich Ostendorff, Biobauer und

Bundestagsabgeordneter von Bündnis 90/Die Grünen, kam sogar einmal zu einem Familientreffen.

Seine Laufbahn in Königsberg begann Johann Gottfried Ostendorff als Autodidakt. Er erlernte dann aber doch das Tischlerhandwerk und das Mühlenbaufach, absolvierte die Gewerbeschule und arbeitete zunächst als Techniker in England. Im Jahr 1845 wurde Ostendorff technischer Leiter der *Union-Gießerei* in Königsberg und 1852 Teilhaber und Direktor des Unternehmens. Unter ihm wurde der Lokomotivbau in Betrieb genommen, weiß das Lexikon der Stadt Königsberg.

Als weiterer Kompagnon stieß Elias Radok zu den drei Firmengründern. Geboren 1840, stammte er aus Böhmen, war Jude und hatte an der technischen Hochschule in Prag studiert. Später hat er bei August Borsig gearbeitet, der ihn mit der Entwicklung des ersten Schwimmdocks in Swinemünde beauftragte. Er kam 1869 in die *Union-Gießerei* und übernahm 1876 zunächst die technische und 1891 die gesamte Leitung des Werks, das sich zur größten Maschinenbaufirma Ostpreußens entwickelte. Auch hier gingen Unternehmen und Familie Hand in Hand: Max Hartung, der die Werft und seit 1923 das Unternehmen leitete, war sein Schwiegersohn.

## Deutsch im Untergrund

Unter dem Pflaster, da liegt der Strand. Um einen Zugang zur deutschen Vergangenheit zu finden, müsse man hinabsteigen in die Unterwelt Kaliningrads, schrieb der Osteuropawissenschaftler Karl Schlögel in seinem lesenswerten Porträt von Kaliningrad. Nur in den unterirdischen Kanälen sei die Infrastruktur des alten Königsbergs noch vorhanden. Gullydeckel bilden die Pforte dorthin. In der Tat. Viele Gullys trugen den Schriftzug »Union-Gießerei« oder »Steinfurt«. Und alle stammen aus den Produktionsstätten der Großfamilie.

Mit großen Papierbogen und breiten, sehr weichen Bleistiften hockten Sabine Bensinger und ich am Boden, zwei ältere Damen aus Deutschland mitten auf der Straße in Kaliningrad, und scribbelten die Schrift von den Deckeln ab. Papier und Bleistifte hatte ich mitgebracht. Erstaunt schaute uns ein Russe zu. Zuvorkommend wollte er uns helfen. »Hier ist noch ein Gully«, zeigte ein anderer unter einen Pkw. »Wir können das Auto ein Stück zur Seite heben.« Schon im ehemaligen Neukuhren und Rauschen hatten wir auf die Gullys geachtet. Und in den Neubauvierteln im Zentrum auch. Und nun im Industrieviertel von Kaliningrad wieder. Die Pforte zum Untergrund ist Familiengeschichte.

Das Taxi begleitete uns den ganzen Tag. Diesmal stiegen wir nicht ein. Es ging nur noch ein paar Hundert Meter zu Fuß bergab in Richtung Hafen. Vor uns lag die Steinfurt'sche Waggonfabrik. Rechts die Werkhallen, halb offen, die Mauern am Zerfallen. Gegenüber begannen die Gleise. Abfahrbereit vier, fünf fahlgrüne, unbeladene Waggons. So kaputt sie ist – die Fabrik arbeitet noch heute für die russische Bahn.

Neben den Gleisen das Direktorenhaus. Davor eine Tanne. Dieses Haus war als einziges noch intakt. Von einer Freitreppe vor dem Haus gab eine Frau dem Fahrer Anweisungen. Für einen Moment überlegte ich, ob wir fragen sollten, ob wir hineindürfen. Doch ich fürchtete ein Missverständnis. Sie könnte denken, wir wollten die Fabrik zurück. Nein, das wollte keine von uns. Nicht für geschenkt. Wir gingen direkt zum Hafen. Über den kamen die Materialien und Werkzeuge heute wie damals an. Und hier wurden auch die Eisenprodukte verschifft.

## Die Gründerzeit

Die Metallbearbeitung entwickelte sich in Ostpreußen Mitte des 19. Jahrhunderts. Benjamin Leopold Steinfurt, Sohn eines aus Bremen zugewanderten Klempnermeisters, gehörte zu den Gründern. Sein Großvater hatte auf dem Markt in Bremen noch mit Gemüse gehandelt und besaß nicht einmal das Stadtrecht. Und bis zum Abend musste er die Stadtmauern wieder verlassen haben.

Benjamin Leopold Steinfurts Aufstieg fiel in die Gründerzeit. Seine erste Maschinenfabrik entstand im Jahr 1830 in der Badergasse. Dort baute er Feuerspritzen und Dampfmaschinen. Auch die *Eisengießerei Vulkan* war sein Besitz. Als der Bahnbau Königsberg erreichte, begann Steinfurt mit dem Bau der Waggons. Steinfurt starb im Jahr 1864. Johann Friedrich Hubert Heumann übernahm dann die Leitung. Auch er wurde ein Familienmitglied. Nach dem Ende des Trauerjahres heiratete er Gertrud Steinfurt.

Tu felix Austria nube. Du, glückliches Österreich, heirate. Anders als bei den Habsburgern lief es in Königsberg nicht. Nur dass es profan hieß: Geld heiratet Geld. Oder wie es der Königsberger Strumpf- und Strickwarenproduzent Chasirius festlegte: »Ein Mädchen, was kaum ein Hemd mitbringt, das gibt's nicht.«

Dies alles fand Charles Hughes vor, als er 1826 aus Birmingham in Ostpreußen einwanderte. Hughes gründete eine Fabrik für gusseiserne Waren. Er beschäftigte 26 Arbeiter. Die arbeiteten auf dem Gelände einer Silberschmelze, die Friedrich der Große 1764 dem Schutzjuden Daniel Itzig konzessioniert hatte. Um das technische Know-how aufzubessern, holte Hughes Fachkräfte aus England nach Königsberg. Manche Betriebe zählten damals bis zu zehn Prozent Engländer.

Hughes war es, der 1828 die drei Königsberger Kaufleute Schnell, Dultz und Laubmeyer in seine Firma aufnahm. Mit ihnen begann der Aufstieg unserer Familien. Fritz Gause, der Historiker der Stadt Königsberg, schreibt, dass diese Fabrik zu einer der größten in Ostdeutschland werden sollte.

»Alle waren Reeder, Laubmeyer Getreidehändler und besaß mehrere große Speicher. Auch Schnell war Kaufmann und nicht Industrieller. Er baute das Import- und Exportgeschäft, das er 1813 gegründet hatte, mittels seiner englischen Beziehungen zu einer der größten Handelsfirmen Königsbergs aus und gliederte ihr, als er 1855 Maschinen zur Flachs- und Hanfveredelung aus England einführte, eine Spinnerei an.«

Die Flachs- und Bindfadenfabrik von Gustav Hoffmann hat bis 1945 bestanden. Damals ist sie abgebrannt. Ihre traurigen Reste sahen wir auf unserer Rundtour durch Kaliningrad.

Auf dem Grundstück Butterberg 3 wurde die *Union-Gießerei* von den drei Freunden Schnell, Dultz und Laubmeyer gegründet. Das war im Jahr 1828. Die Fabrik wuchs, bis sie an das Gelände zur Hugh'schen Fabrik angrenzte. Hughes blieb der Leiter des Unternehmens. Unter den fünfzehn Königsberger Reedereien wuchs die Dultz'sche Firma 1851 zur größten heran. 1860 besaß er schon neun Schiffe, damals waren das Segelschiffe. Dampfboote waren da noch selten.

Die erste Dampfmaschine wurde 1821 in Königsberg montiert. Mitte des 19. Jahrhunderts war die Mehrzahl der Fabriken mit Dampfkraft ausgerüstet, also auch die Gießereien, die Zuckerraffinerien und die Mühlen. Dampfsägemühlen gab es gleich zwei. Eine war die Annahütte. Max Ruffmann, ein Enkel von Gustav Schnell, war ihr Besitzer. Die Nähe zueinander beförderte die gemeinsame Entwicklung der Betriebe.

Auch der private Komfort profitierte davon. So heißt es in der Familienchronik:

»Steinfurt, die Fabrik lag neben unserer, schloss sich an. So waren wir die Ersten in der Stadt, die in der Wohnung elektrische Beleuchtung hatten. Alle staunten. Großmutter Ruffmann, die nie mehr ausging, wurde mit dem Wagen geholt, um das Wunder zu bestaunen.«

Das muss 1894 gewesen sein. Gasbeleuchtung gab es da schon in der Stadt. Etwa zur gleichen Zeit wurde auch die Kanalisation gelegt. »Das erste Mal an der Kette ziehen, das Wasserrauschen, war aufregend«, beschrieb ein Familienmitglied.

## Der Erste Weltkrieg

Der Erste Weltkrieg sei wie ein Schlag aus heiterem Himmel über sie alle hereingebrochen, schrieb Richard Ruffmann, der Jüngere, für seine Kinder auf. Eigentlich war er vom Kriegsdienst befreit aufgrund seiner schwachen Gesundheit. Mein Urgroßvater Dr. Felix Gentzen – sein Onkel – hat ihn ärztlich betreut. »Doch es litt mich nicht zu Hause und mein vaterländisches Empfinden gebot mir, mich freiwillig zu stellen.«

Schon am vierten Mobilmachungstag wurde er Soldat. Als Kraftwagenführer kam er nach Braunsberg und Allenstein zur Feldfliegerabteilung. Doch das Militär war nicht seine Leidenschaft. »Vier Jahre hat mich der Krieg gekostet«, lautete sein Fazit. Seine Schwester Marta Ruffmann notierte in ihren Erinnerungen, dass sich damals die Arbeit zu Hause vollkommen veränderte.

> »Im Geschäft begann viel Arbeit mit wenig Leuten. Überall wurden Schanzen und Brücken gebraucht. Ein Trupp Arbeiter, die nicht wehrfähig waren, wurden beordert, wohnten in Baracken auf unserem Hof. In unserer Waschküche errichteten wir eine Kantine. Die Gretel und ich leiteten mit Hilfe der Frau unseres Faktors Wasin. Dann kamen die Flüchtlinge aus Gumbinen und Tilsit und Umgebung. Auf unserem Hof standen Wagen, Pferde und Kühe und kampierten die dazugehörigen Leute.«

Militärisch sah es zunächst schlecht aus.

> »Der Russe kam schnell ins Land. Königsberg musste, soweit es ging, geräumt werden. Die Flüchtlinge wurden abtransportiert.

Auch Erna und die Kinder Ostendorffs, Wegers und viele andere fuhren ins ›Reich‹. Wir waren froh, wie sie alle fort waren, dachten selber gar nicht ans Fortgehen und sahen unserem Schicksal eigentlich sehr gelassen entgegen. Onkel Walter Sandmann kam mit Frau und Kindern zu uns, der Russe besetzte sein Gut.«

Marta Ruffmann schrieb weiter:

»Die Lage im Geschäft wurde immer schwieriger durch die immer bedrohlichere Lage. Der Russe stand kurz vor Königsberg und wir warteten auf den Fall der Stadt. Überraschend zogen die Russen ab. Die siegreiche Schlacht bei Tannenberg war auch unsere Rettung. Nun gab's wieder Aufbauarbeiten in der ganzen Provinz, besonders viele Notbrücken wurden gebaut. Ende des Jahres 1914 kamen viele Flüchtlinge wieder zurück. So gingen die vier Kriegsjahre mit viel Arbeit, Sorgen, Lichtblicken, wenn gute Nachrichten kamen, Urlaub der Söhne, dahin. Der unglückliche Ausgang des Krieges, Revolution, Spartakistenaufstand brachten weiter viel Not, Sorgen und Schwierigkeiten.«

Die Söhne und die der Verwandten kamen größtenteils gesund zurück. Zwei Cousins waren aber auch gefallen.

1931 kam es bei den Ruffmanns am Weidendamm 34 zu einer großen Veränderung. Die Krise hatte die Folge, dass der älteste Sohn Rudolf samt Familie ins Haus Ruffmann zog, um Miete zu sparen. Tochter Ruffmann erinnert sich:

»Das war für alle Teile nicht leicht und es war Vater sehr schwer, beengter zu wohnen, ja nicht mehr alleine zu sein. Er war sehr krank, als sie einzogen, und ich hätte ihm gewünscht, er hätte schon damals sterben können. Das letzte Jahr war sehr schwer für ihn, auch für mich. Er sah sein Lebenswerk zusammenbrechen, wusste, der Zusammenbruch war nicht aufzuhalten. Seine körperlichen und geistigen Kräfte ließen sehr nach. So unglücklich er war, sah er zum Kontor hinüber: ›Da ist manches nicht in Ordnung.‹«

Im Oktober 1932 kam es zum Konkurs der Firma.

> »Im November [1932] kam dann die Krankenschwester, die schon Tante Marie gepflegt hatte. Er wurde so unsicher, durfte nie allein sein. Die Nächte waren so schlecht. Am 26. Dezember stand er dann nicht mehr auf und schloss am Abend die Augen für immer.«

Zurück zu Richard Ruffmann, dem jüngeren Sohn. Nicht nur der Krieg, ebenso das Ende der Monarchie nach dem Krieg war ihm zuwider. Und auch wirtschaftlich ging es ihm nicht gut.

> »Der Zusammenbruch [der Monarchie] hat mich tief erschüttert. Wir waren vaterländisch erzogen und ich war auch monarchistisch treu und sehe auch heute noch diese Staatsform für Deutschland als am zweckmäßigsten an. [...] Die Inflation raubte den persönlichen Besitz, und um damals nicht mein ganzes Vermögen zu verlieren, beschloss ich, mir ein Grundstück zu erwerben. Vater gab seine Einwilligung und so kam unter dem Druck der Verhältnisse der Ankauf von Andreashof zustande. Es war eine ganz verwahrloste Wirtschaft, doch durch die Inflation war mein Geld bereits so weit entwertet, dass ich nichts Besseres finden konnte.«

Auf der Hochzeit eines Verwandten lernte er seine Frau Grete kennen. Sein Wahlspruch wurde: »Lass draußen die Welt ihr Unwesen treiben. Mein Heim soll meine Ruhestatt bleiben.« Aus seiner Ehe stammten acht Kinder. Es folgten zwölf Enkel und 18 Urenkel. Zwei Ururenkel erlebte er noch. Immerhin konnte er den Hof bis 1945 halten.

Nach dem Verlust Ostpreußens empfahl er all seinen Nachkommen, sich die neue Heimat erst einmal zu erarbeiten. »Denn wo man schaffen kann, da ist Heimat.«

## Die Radoks

Nach Gottfried Ostendorffs Tod wurde Elias Radok 1876 sein Nachfolger in der *Union-Gießerei.* Im Vorstand saß er mit Arthur Ostendorff, dem Sohn Gottfrieds. Nach Radoks Tod folgte Max Hartung, der bis 1925 die Leitung innehatte.

Radoks Sohn Fritz trat 1915 ebenfalls in die Waggonfabrik ein, als ihn die Armee wegen einer Erkrankung entließ. Fritz Radok begann in Königsberg sein Lebenswerk. Er erhielt Prokura und wurde gemeinsam mit dem Vorstandsvorsitzenden Fritz Heumann kaufmännischer Direktor.

Die *Firma Steinfurt* wurde in eine Aktiengesellschaft umgewandelt. In der Familie wird kolportiert, der Grund seien die endlosen Schnorrereien von Familienangehörigen gewesen. Mit der Umwandlung der Geschäftsform waren Besitz und Gewinn aufgrund der gesetzlich festgelegten Rechenschaftspflicht geregelt.

Faktisch waren es wohl nicht die Verwandten, sondern die Inflation, die Vermögen auffraß. Aus Verzweiflung nahmen sich in der Krise eine Reihe von bis dahin erfolgreichen Unternehmern das Leben.

Fritz Radok leitete die Fabrik weiter und stellte die Produktion um. Weil er nun auf Ackerwagen und landwirtschaftliche Geräte setzte, blieb er erfolgreich. Auch die Waggonproduktion lief weiter. Die *Firma Steinfurt* hatte 1930 ihre Hundertjahrfeier und lieferte ihren 30.000sten Waggon aus.

Beeindruckt von den industriellen Erfolgen unserer Familie, erwarb ich nach meiner Rückkehr aus Ostpreußen im Internet eine historische Aktie der Waggonfabrik. Seither bin ich als Stammaktionärin mit 1.000 Reichsmark an dem Unternehmen beteiligt. Die Aktie aus dem Jahr 1940 ist unterzeichnet vom Aufsichtsrat Gustav Hoffmann und dem Vorstand Heumann.

Mich begann das Miteinander unserer Angehörigen mit der Familie Radok zu interessieren. Die Radoks entwickelten sich gemeinsam und parallel zu Großindustriellen. Beide Familien betrieben dieselben Unternehmen und folgten in der Leitung aufeinander. Beide wurden gemeinsam reich.

Wie erging es den Radoks im Nationalsozialismus? Halfen unsere Verwandten? Oder haben sie weggeschaut und sich gedrückt, statt ihren Kompagnons zu Hilfe zu kommen? Wer die Geschichte der Steinfurts, Sandmanns, Ostendorffs und Gentzens verstehen will, muss über die Radoks sprechen.

Um das Schicksal von Rainer Radok, einem der Söhne von Fritz und Gertrud Radok, wusste Margarete Ostendorff. Die Cousine meiner Mutter schickte mir seine Mailadresse. Sie selbst stand im Briefkontakt zu ihm und erzählte, dass er lange in Australien gelebt hätte und mit einer tschechischen Frau verheiratet war. Als ich an Radok schrieb, lebte er bereits von ihr getrennt. Er antwortete sofort. Ihm war es wichtig, noch einmal Kontakt »zu jemandem aus der Familie« zu haben. Also zu den ostpreußischen Steinfurts, Ruffmanns und allen übrigen.

Radok war von Australien nach Thailand ausgewandert und hatte dort mit einer Marktfrau einen Deal abgeschlossen, dass sie für ihn sorgte. Thailand war für Sextourismus bekannt. Auch wenn davon nicht die Rede war, irritierte mich der Gedanke und hielt mich zurück, Radok in Thailand zu besuchen. Ich verstand zu der Zeit auch noch gar nicht, wen er mit ›der Familie‹ meinte. So weit war ich noch nicht. Die Bedeutung ›der Familie‹ war mir da noch nicht bewusst. So verpasste ich die Möglichkeit, Wissen über die Familie, die Betriebe und die Radoks aus erster Hand zu erfahren. Immerhin begann ich, Radoks Spur aufzunehmen und seine autobiografischen Bücher zu lesen.

Rainer Radoks Großvater, Elias Radok, stammte aus dem Böhmischen. Nach einem Studium an der Technischen Hochschule in Prag und einigen Jahren bei Borsig kam Elias Radok im Jahr 1869 nach Königsberg. Da hatte er bereits in Swinemünde den Bau des ersten Schwimmdocks der preußischen Kriegsflotte verantwortet. Er erlebte dabei die besondere Ehrung: Beim Stapellauf wurde er dem preußischen Kronprinzen vorgestellt, dem späteren Kaiser Friedrich III.

Kein Wunder, dass Elias Radok im liberalen Königsberg rasch aufstieg. 1891 wurde er der alleinige Leiter der *Union-Gießerei*, die vor ihm Gottfried Ostendorff geführt hatte.

Radok legte Wert auf die Integration seiner Familie. Seinen Vornamen Elias legte er ab und ließ sich auf Emil taufen. So blieb es bei E. Radok. Unter der Leitung von Radok entwickelte sich die *Union-Gießerei* zur größten Maschinenfabrik Ostdeutschlands. Arthur Ostendorff, der Sohn von Gottfried Ostendorff, gehörte ebenfalls dem Vorstand an.

Als Emil Radok im Jahr 1910 starb, erwies ihm die Stadt Königsberg mit einem »vorher kaum erlebten endlosen Trauerzug ihre Referenz«, heißt es im Vorwort der Autobiografie seines Enkels Rainer Radok.

Sohn Fritz wurde 1883 geboren. Er wuchs in der Dienstwohnung des Vaters auf. Die befand sich in der Fabrik. Seine Frau Gertrud Vageler war bäuerlicher Herkunft. Ihre Familie kam ursprünglich aus Holland. In Ostpreußen hatte sie zwei Güter bei den Grafen Dönhoff gepachtet. In Neuhäuser nannten sie eine wunderbare Strandvilla ihr Eigen.

Eigentlich hatte Gertrud das Lehrerinnenseminar besuchen wollen, traf dann aber auf den eleganten und reichen Radok. Sie heirateten im Jahr 1913 in der Luisenkirche im Vorort Amalienau. Fünf Kinder brachte sie zur Welt, eines war Rainer Radok, der von Beruf Mathematiker wurde. Unter dem Nationalsozialismus galten alle Kinder als Halbjuden.

Um das Jahr 1900 lebten in Königsberg etwa 5.000 Juden. Dabei namhafte Wissenschaftler, Ärzte, Professoren, Dichter und Künstler nennt das Lexikon der Stadt Königsberg. Unter jüdischen StudentInnen wurde die Hauptstadt Ostpreußens zu einem Zentrum des Zionismus. Hier wurde der Traum vom eigenen jüdischen Staat geträumt, gestützt und gelebt.

1915 zog es Fritz Radok von Neuhäuser in die ostpreußische Hauptstadt. Ein Jahr zuvor waren er und seine Frau von einer einjährigen Afrikareise zurückgekehrt. In Königsberg zog er zunächst in eine Etagenwohnung, lebte dann in einer Doppelvilla in der Ottokarstraße in Amalienau. Die Villa war einst für den kommandierenden General der Provinz erbaut worden.

Am 15. November 1915 trat Radok in die *Waggonfabrik Steinfurt* ein. Als kaufmännischer Direktor der Waggonfabrik genoss Fritz Radok wie schon sein Vater ein großes gesellschaftliches Ansehen.

Die Fabrik war Fritz Radoks Leben. Er war stolz, dass die *Firma Steinfurt* die Wirtschaftskrise überlebt hatte, während die *Union-Gießerei* unter seinem Schwager Max Hartung in Konkurs ging. Hartung hatte Margarete Radok geheiratet und war somit ein Schwager Radoks. Radok hatte in der Wirtschaftskrise Anfang der Zwanzigerjahre die Fabrik retten können, weil er, wie beschrieben, Ackerwagen und landwirtschaftliche Geräte herstellen ließ und *Steinfurt* in eine Aktiengesellschaft umgewandelt hatte.

Nach dem fulminanten gesellschaftlichen und wirtschaftlichen Aufstieg in nur zwei Generationen kam der schreckliche Einbruch durch die Naziherrschaft. Als viele Juden Königsberg schon verließen, blieben die Radoks. Trotz der Nürnberger Rassegesetze konnte Fritz Radok sich nicht vorstellen, dass sie auch davon betroffen sein könnten. Sohn Rainer erinnerte, dass der Vater keine öffentlichen Ämter mehr bekleiden durfte. Die Rassegesetze verboten den Radoks auch, weiterhin arisches Hauspersonal zu beschäftigen. Die Kinder übernahmen einen Teil der häuslichen Aufgaben.

1936 verlor Fritz Radok dann auch seine Stelle bei *Steinfurt*. Und das Auto samt Chauffeur. Fritz Radok lernte selbst Auto zu fahren. 1910 hatte er bei einem ersten Versuch, den Führerschein zu machen, noch kapituliert.

Ab dem 1. Januar 1939 musste Fritz Radok seinem Vornamen den Beinamen Israel hinzufügen. Den jüdischen Namen Elias, den sein Vater vor der Taufe getragen hatte, durfte er nicht wählen. Als sogenannter Halbjude durfte auch sein Sohn Rainer nicht mehr studieren. Bis zum Beginn der Vorlesungen wartete der noch ab, ob man ihn wohl doch zuließe. Das Hoffen, dass der Kelch an der Familie vorübergehen möge, kostete wertvolle Zeit. Die Diskriminierung der Juden nahm immer schärfere Formen an. Radok soll geklagt haben, dass »die Familie« ihm nicht zur Seite stand.

Es brauchte lange, bis sich Fritz Radok endlich durchringen konnte zu emigrieren. Rainer Radok schrieb über die schwere Entscheidung seines Vaters:

> »So wie viele Leute in ähnlichen Situationen zögerte er, sein Lebenswerk und seinen Besitz gegen das bloße Überleben auszutauschen. Mit anderen Worten, er trägt jetzt die Last seines Erfolges seines früheren Lebens und des damit verbundenen Wohlstandes.«

Für ein Einreisevisum in die USA erhielt Radoks Familie die amerikanischen Wartenummern 65303 bis 65306. Wie man mit solch hohen Wartezahlen umgehen konnte, wusste niemand. Dabei wurde die Situation täglich gefährlicher. Mal hieß es: Das Visum für alle wäre da, ein Ticket für die Überfahrt aber noch nicht. Oder es fehlte das Geld für das Ticket. Das musste extra beantragt werden, damit es von einem Konto abgehoben werden durfte. Reine Schikane. Denn nie klappte alles zugleich.

Auch in den Einwanderungs- und Transitländern kamen immer mehr bürokratische Hindernisse hinzu. Rainer Radok zählte sie auf:

»Am 12. März 1940 bestätigt die Schifffahrtslinie in Genua, dass das Geld für die Schiffskarten eingegangen ist. Das venezolanische Konsulat in Hamburg hat jedoch noch nichts über die Visa gehört ... [...] In München entstehen wieder Probleme wegen der Fahrt über den Brennerpass. Vater darf nicht fahren. [...] Als die Eltern mit Gundula in Genua ankommen, erfahren sie, dass die Abfahrt des Schiffes um ein paar Tage verschoben ist. [...] Nach zwei Tagen hören sie, dass es eine weitere Verzögerung von drei Wochen geben wird. Nur amerikanische Schiffe fahren. Sie haben aber nicht das Geld, auf ihnen zu entkommen.«

Doch am Ende klappte es. Am 13. Februar 1941, 273 Tage nach ihrer Abfahrt in Königsberg, erreichte das Schiff mit Fritz Radok und seiner Familie Ellis Island.

Die Söhne Radoks hatten eine eigene Emigrationsgeschichte. Zwei von ihnen studierten bereits in England, kurz nach Kriegsausbruch kam Rainer hinzu. Alle drei wurden interniert. Die Länder, in denen sie lebten, trennten in den Lagern Juden und Nazis nicht. Die Feindseligkeit unter deutschen Juden und deutschen Nazis interessierte die Lagerverwaltung nicht.

Anders als seine Eltern landete Rainer Radok 1942 mit seinem Gefangenentransport in Australien und wurde dort erneut interniert. Doch nach einiger Zeit durfte er studieren und sogar heiraten. 1945 kam die gute Nachricht: »Am 20. Januar sagt man mir, dass ich vier Tage später entlassen werde, fünfeindrittel Jahre oder 1779 Tage nach der Internierung im Jahr 1939«, schrieb Rainer Radok über seine Odyssee und die seines Bruders. Nach der Bombardierung von Pearl Harbor diente Rainer Radok sogar in der australischen Armee.

Ein Bruder von Fritz Radok kümmerte sich um die Emigration seiner Kinder, wollte selbst aber bleiben. Mit der schrecklichen Folge, dass er 1944 in Theresienstadt ermordet wurde.

Von den tschechischen Radoks kamen besonders viele um. Beim Besuch der Pinkas-Synagoge in Prag fand Rainer Radok nach dem Ende des Zweiten Weltkriegs das Register von 77.297 Familiennamen, Vornamen, Geburts- und Todesdaten. Unter ihnen waren viele Radoks. Fast alle kamen schon 1943 um. Unter ihnen waren unter anderem:

Artur 28. V. 1899
Olga 2. II. 1903
Hana Ruth 28. V. – 6. IX. 1943
Bernhard 14. VII. 1848 – 25. V. 1943
Frantisek 26. XI. 1906 – IX. 1944
Max 19. XII. 1866 – 26. IV. 1943
Valerie 26. VIII. 1908
Kamila 26. VII. 1877 – 15. XII. 1943

Die Nachricht von der Ermordung so vieler Verwandter traf Fritz Radok schwer. Fortan verweigerte er jeden Besuch in einem KZ. »Der Tod ist etwas Persönliches, und die Methoden des Massentötens brauchen kein Denkmal«, lautete sein Fazit.

Die Eltern folgten Rainer Radok nach Australien. Der Vater Fritz Radok lebte bis 1968, seine Mutter Gertrud starb drei Jahre zuvor, ebenfalls in Australien.

In Australien wurde Rainer Radok Mitbegründer der *Applied Mathematical Conference*, einem jährlichen Treffen von Mathematikern und Studenten der angewandten mathematischen Forschung. 1966 erhielt er eine Berufung zum Professor in angewandter Mathematik an der in Gründung befindlichen Flinders University in Süd-Australien.

In hohem Alter wechselte Rainer Radok noch einmal den Kontinent. Er ging nach Thailand, wo er ebenfalls eine Professur bekam. Das Meer, das Wasser, die Mangrovenwälder hatten es ihm angetan. Die langen Sandstrände und das Meer erinnerten ihn an Ostpreußen. Dort lebte er in einem Haus, das er gebaut hatte. Er hinterließ es der ihn pflegenden Thai-Frau samt einem Vermächtnis. Mit 84 Jahren starb er am 23. August 2004 in Bangkok.

Mit den Bensingers ging es weiter im Taxi, weiter in die Vororte von Kaliningrad. Wir fuhren über Hügel, durch Parks und Gärten zu den einstigen Wohnorten der Familie. Sabine Bensinger ließ das Auto halten, sobald wir eine der Adressen erreichten. Im Gegensatz zum Stadtzentrum war das Villenviertel heil geblieben.

Im grünen und großzügigen Amalienau befanden sich viele Wohnstätten der Familie. Wir hielten vor einem mehrstöckigen Gebäudekomplex. In der Hardenbergstraße war die Heimstadt der Ostendorffs gewesen. Sie wohnten in einer großzügigen Etage, die das ganze Gebäude umfasste. Wir gingen um das Haus herum, trafen aber niemanden, der uns Auskunft hätte geben können. Aber es war ohne Zweifel so, wie Margarete Ostendorff angesichts des historischen Familienfotos aus dem Jahr 1885 sagte: »Wir haben nie in einer Villa gewohnt.« In den benachbarten Straßen wie der Hufenallee oder Körteallee wohnten Verwandte aus der Ruffmann'schen Familie.

Wir kamen in den früheren Maraunenhof, auch der ein Stadtteil von Königsberg. Die Bausubstanz der Villen ist gut erhalten. Am einstigen Oberteichufer ließ Sabine Bensinger den Wagen halten. Die gut erhaltene Villa war mehrstöckig, umgeben von einem gepflegten Garten. Vom Balkon der Villa blickte man auf einen Teich, der später zum Schlossteich wurde. Hier hatten die Scholzens gelebt, die Großeltern von Sabine Bensinger. Hinein wagten wir uns in keines der Häuser.

Von der besonderen Prominenz in dieser Gegend erfuhren wir wieder vom Taxifahrer. Ganz in der Nähe befindet sich die Villa von Putins erster Frau. Sie stammt aus Kaliningrad und wuchs hier auf. Die Putins waren, als wir Kaliningrad besuchten, noch nicht lange voneinander getrennt.

## Ein SS-General in der Familie

»Wir haben auch einen Mörder in der Familie«, wurde ich von einem Verwandten gewarnt. Es ging um Werner Ostendorff. Seine Fotos könnten aus den Alben meiner Mutter herausgerissen worden sein, überlegte ich. Immerhin hatte Ostendorff einen hohen SS-Rang, wie auch der Chef meiner Mutter in Riga. Vielleicht ist er meiner Mutter ja in Riga begegnet, als sie für den Befehlshaber der Bereitschaftspolizei General Jedicke oder in Bromberg, wo sie für den Polizeipräsidenten von Proeck arbeitete. Belege gibt es dafür keine. Die Klebestellen im Fotoalbum machen darüber keine andere Aussage als die: Es könnte so gewesen sein. Aber sie zeugten davon, dass sie die Kenntnis von bestimmten Menschen beim Sieg der Alliierten verheimlichen wollte.

Bei Familientreffen wurde über Werner Ostendorff nicht gesprochen. Nebulös hieß es nur, dass »die Münchner« auch kommen sollten. Deshalb sollten die Treffen nicht allzu weit im Norden stattfinden. Wer – so wie ich – von Werner Ostendorff nicht wusste, konnte nicht verstehen, welche Katze sich gerade um den heißen Brei drückte. Dass ein Geheimnis dahintersteckte, konnte ich aber spüren.

Einmal war mir der Name Ostendorff schon in einem SS-Zusammenhang aufgefallen. Da saß ich nach 1969 in Prag in politischer Haft und las in der RUDÉ PRÁVO von einem Ostendorff, der während des Kriegs in der Tschechei tätig war. »Ostendorff?«, fragte ich meine Mutter in einem Brief: »War das ein Verwandter von uns?« Sie antwortete nicht. Und nach meiner Haft kamen wir nicht auf das Thema zurück.

Aber weil Familiengeschichte nun mal keine Biedermeieridylle ist und kein Lobgesang auf verflossenen Reichtum, richtete ich meinen Blick auf Werner Ostendorff. Und machte Entdeckungen, die vieles übertrafen, was ich erwartet hatte. So tief im Inneren der Familie hatte ich die SS und ihr Morden nicht erwartet. Leicht fiel mir das nicht. Tabus bleiben wirksam.

Wer war Werner Ostendorff? Erste Daten waren leicht zu beschaffen. Werner Gottfried Richard Ostendorff, geboren im Jahr 1903 in Königsberg, war ein Sohn des Regierungsrats Ernst Ostendorff und seiner Frau Frieda. Seine Geburtsurkunde befindet sich im bergischen Datenpool der Familie.

Anders als die eher sozial eingestellte Unternehmerfamilie Sandmann kämpfte Werner Ostendorff gegen die Demokratie, die mit dem Ende des Ersten Weltkriegs ausgerufen wurde. Schon als Schüler schloss er sich den Freikorps an, die 1919/20 in Ostpreußen gegen die Kommunisten kämpften, und trat in den völkischen Schutz- und Trutzbund ein. 1923 machte er sein Abitur. Als kaufmännischer Lehrling ging er zur Königsberger Firma *Heygater & Eschle*, wo er bis September 1925 blieb.

Weil ihm das Militärische näher lag, vielleicht aber auch, weil die Wirtschaft nach 1923 wenig Chancen bot, wechselte Werner Ostendorff 1925 zur Reichswehr und trat als sogenannter Zeitfreiwilliger in die Infanterie ein. Ein Jahr später wurde er als Offiziersanwärter in den aktiven Dienst übernommen und absolvierte eine praktische Ausbildung beim Nachrichtenzug, um dann weiter Nachrichtentechnik, Betriebskunde und Gerätekunde an der Infanterieschule in Dresden zu studieren. 1930 zum Leutnant befördert, wurde er Zugführer der 6. Kompanie des 1. Infanterieregiments und darauf Führer des Nachrichtenzugs derselben Einheit. 1933 kam die Beförderung zum Oberleutnant. Das war schon nach der Machtergreifung der NSDAP und der Ernennung Hitlers zum Reichskanzler.

Gegen den Willen seiner bisherigen Infanterieeinheit bei der Reichswehr wechselte er zum Reichsluftfahrtministerium und wurde dort zum Piloten und Flugzeugbeobachter ausgebildet. Er wurde Taktiklehrer an der sogenannten *Bomberschule Jüterbog* und war als Leiter der Bildstelle zuständig für die Luftbildauswertung. Zudem war er für den *Deutschen Luftsportverband* tätig, einer Tarnorganisation der NSDAP für den Aufbau einer Luftwaffe. Die war laut Versailler Vertrag ja noch verboten.

Dauerhaft übernommen wurde Ostendorff in die neu gegründete Luftwaffe nicht. Bei einer ärztlichen Untersuchung zeigte sich, dass er untauglich war, Kriegsflieger zu werden.

Zurück zur Infanterie konnte er wegen seines eigenwilligen Wechsels zur Luftwaffe nicht. Nach dem sogenannten Röhm-Putsch kam aber auch die SA nicht mehr infrage. Die war gerade von der SS zusammengeschossen worden.

Deshalb wohl bat Ostendorff um die Aufnahme in die nationalsozialistische Schutzstaffel SS. Die notwendige Bürgschaft legte er vor. Ab Juli 1935 war er mit der Mitgliedsnummer 257.146 aktiver SS-Führer. Bereits im Oktober desselben Jahres wurde er in der Funktion eines SS-Obersturmführers von der SS-Junkerschule in Bad Tölz aufgenommen.

Merkwürdig genug: In die NSDAP trat er erst im Jahr 1937 ein. Seine Mitgliedsnummer war 5.081.143, später wurde sie nach unten korrigiert, dann bekam er die Nummer 4.691.488. In erster Linie ging es ihm ums Fliegen, in zweiter ums Militärische. Und wohl erst in dritter Linie ums Nationalsozialistische.

Ostendorff machte in der SS schnell Karriere. Drei Monate später war er bereits Hauptsturmführer. Und am 1. Juni 1939 wurde er Kommandeur eines SS-Bataillons. Mit dem nahm er zu Beginn des Zweiten Weltkriegs am Überfall auf Polen teil.

Seitens der SS sind einige Beurteilungen über Werner Ostendorff erhalten. Sie werden zitiert in den Bänden *Die Generale der Waffen-SS und der Polizei* (Andreas Schulz, Günter Wegmann und Dieter Zinke). Dort heißt es:

> »Ostendorff ist ein ausgesprochener Soldat. […] Bei einwandfreiem Charakter ist O. bescheiden und taktvoll. Wenn er auch selbst zu gesunder Kritik neigt, ist er für Hinweise und gelegentliche Korrekturen dankbar. Gesunde nat.soz. Weltanschauung.«

Ein anderer Vorgesetzter schrieb im selben Jahr: »In seiner weltanschaulichen Haltung bedarf er, der 1935 aus der Wehrmacht zur SS kam, noch Festigung.« Und ein Jahr nach Beginn des Krieges: »Gerader, unkomplizierter Charakter ohne Weichheit und ohne Nerven. Geistig gut veranlagt und beweglich. Vertritt seine Ansichten. Praktisch veranlagt. Kein Gelehrter. Weltanschauung klar ausgerichtet.«

1941 begann dann der Überfall auf die Sowjetunion. Für seine Beteiligung wurde Ostendorff immer wieder ausgezeichnet und weiter befördert, zunächst zum SS-Standartenführer, dann zum SS-Oberführer. Die Hierarchie in der SS war alles andere als flach.

Im Februar und März 1943 nahm er in der Ukraine an der Schlacht von Charkow teil, das heute im Angriffskrieg von Russland gegen die Ukraine wieder umkämpft ist.

1941, als die Ukraine während des Weltkriegs besetzt wurde, mussten in Charkow die Juden registriert werden. Dann wurden sie in Gruppen zu 250 bis 300 Menschen zusammengetrieben und zur Erschießung in das östlich von Charkow gelegene Drobyzkyj Jar gebracht. In Gaswagen wurden Frauen und Kinder umgebracht.

Neben den Juden wurden in Charkow auch politische Kommissare der Sowjetunion, Partisanen, Roma und Saboteure hingerichtet. Tausende Kriegsgefangene starben in den Lagern der Deutschen an Hunger, Unterversorgung und Kälte. War Werner Ostendorff da beteiligt? Zumindest hatte er militärisch dafür gesorgt, dass die Morde möglich waren.

Ähnlich in Babyj Jar. In einer Schlucht auf dem heutigen Gebiet von Kiew wurden 33.000 Juden und Jüdinnen erschossen. Die Bundeszentrale für politische Bildung nennt das Massaker »das größte Einzelverbrechen auf europäischem Boden«. Begangen wurde es zwischen dem 29. und 30. September 1941.

Im Oktober 1942 folgten Massaker an Juden aus dem Getto von Misocz, einer westukrainischen Kleinstadt. Hier wurden Frauen und Kinder erschossen. Die Frauen wussten um ihr Ende, klammerten sich an ihre Kinder, während sie in einer Schlange anstanden und auf ihr Ende warteten. Nach den Schüssen prüften Patrouillen, ob die Jüdinnen auch tot waren. Ein Fotograf nahm ihre Leichen auf.

Einer der Täter von Misocz stand später vor Gericht. Er spürte vor allem Selbstmitleid. Selbst mit dem Morden. »Man kann sich gar nicht vorstellen, welche Nervenkraft es kostet, da unten diese schmutzige Tätigkeit auszuführen«, zitierte ihn die WELT im Jahr 2021. Von Mitgefühl mit den Opfern keine Spur. »Die ganze Erschießung mag etwa bis 17 oder 18 Uhr gedauert haben. An diesem Abend hat es wieder Alkohol (Schnaps) gegeben.« Im Gegensatz zu Babyi Jar galten die Verbrechen von Misocz nach Einschätzung von Fritz Kellerhoff (DIE WELT) als sogenannte ›normale‹ und ›alltägliche‹ Morde.

Ob Werner Ostendorff unmittelbar mit ihnen zu tun hatte, oder ob er die militärische Aufgabe von diesen Verbrechen getrennt wahrnahm, weiß ich nicht.

Der unfassbare Schrecken des Massakers in Babij Jar ist mehrfach in die Kulturgeschichte eingegangen. Schostakowitsch schrieb seine 13. Symphonie (*Babi Yar*) zur Erinnerung an die Morde. *Babij Jar* heißt auch ein Gedicht von Jewgeni Jewtuschenko, selbst ein Grabstein gegen das Morden, ein Schrei der Angst, ein Schrei ohne Stimme. Im Angesicht des Verschweigens. Angesichts der wieder aufflammenden Marterung des jüdischen Volkes. Ein Dichter, der sich bekennt: zu den Verfolgten, zu den Juden, zu Anne Frank, zu Babij Jar. Und der sagt: Vergiss das nie!

Als die Sowjetunion im Zweiten Weltkrieg Charkow erobert hatte, fand dort der erste öffentliche Kriegsverbrecherprozess statt. Im Dezember 1943 wurden drei Deutsche und ein Russe verurteilt. Anhand von Zeugenaussagen wurde die Zahl der Ermordeten auf 33.000 Menschen geschätzt. Alle vier Angeklagten wurden zum Tode verurteilt und noch am gleichen Tag auf dem Hauptplatz von Charkow gehängt. Ein Vorgriff auf die Nürnberger Prozesse.

Dass Kriegsverbrecherprozesse in den von den Deutschen besetzten Ländern stattfinden durften, hatten die Außenminister der USA und der Sowjetunion bereits am 1. November 1943 in der ›Moskauer Erklärung‹ beschlossen. Bis dahin hatte es in der Sowjetunion lediglich Prozesse gegen Kollaborateure gegeben. Im Gegensatz zu den Moskauer Prozessen der Dreißigerjahre mussten in Charkow keine Beweise erfunden werden. Alle Verbrechen waren durch Zeugenaussagen und Fotos belegt.

Unmittelbar vor der Einnahme durch die Rote Armee fanden 1941 im Stadtgebiet von Kiew noch Erschießungen statt. Die Zahl der Opfer war hoch, sie soll zwischen 150.000 und 200.000 gelegen haben. Um den Massenmord zu vertuschen, mussten Zwangsarbeiter die Leichen auf Scheiterhaufen mit Benzin verbrennen. Im Anschluss wurden die Zwangsarbeiter erschossen. Sie sollten nicht als Zeugen aussagen können.

Von 1940 bis 1942 wurde Werner Ostendorff in den Stab der SS-Division ›Reich‹ verlegt. Die Division wurde in Frankreich umorganisiert und erhielt eine Kradschützenabteilung und eine Sturmgeschütz-Batterie. Im März 1941 kam die Einheit nach Rumänien und nahm am Balkan-Feldzug teil. Anschließend ging es weiter nach Brest-Litowsk, wo 15.000 Deutsche etwa 10.000 Russen gegenüberstanden. Viele fielen. 1942 bekam Ostendorff bei Ržev das Kommando über die Restkampfgruppe, die aus überlebenden Soldaten zusammengestellt wurde. Der Name Restkampfgruppe sagt, dass die bisherigen Mitglieder der Truppe gefallen waren.

Der Name Ržev sagte mir nichts, ein Ort unter sehr vielen Kriegsschauplätzen in Ostendorffs Biografie. Als ich nachschlug, war ich fassungslos. Ržev liegt 180 Kilometer westlich von Moskau. Dort fand eine der längsten und materialreichsten Schlachten zwischen dem Deutschen Reich und der Sowjetunion statt.

Ein Augenzeuge der 17. Gardeschützendivision schrieb:

»Im ganzen Krieg habe ich nichts Schrecklicheres gesehen. Riesige Bombenkrater, bis zum Rand mit Wasser gefüllt, am Wegesrand zerstörte Fuhrwerke und Autos, tote Pferde und ringsherum Leichen. Und aus dem Wald das Stöhnen der Verwundeten.«

Ein russischer Augenzeuge beklagte das Morden durch die Deutschen im April 1942:

»Dort haben sie meine Mutter umgebracht. Sie haben sie vergewaltigt, ihr dann die Zähne ausgeschlagen, die Hände gebrochen und sie mit vier Bajonettstichen getötet. Es war ein Übergriff. Die Deutschen selbst haben die Mörder hingerichtet.«

Aufseiten der Roten Armee sollen allein 500.000 Soldaten gefallen und etwa eine Million verwundet worden sein. Die Deutschen nannten auf ihrer Seite 162.713 Tote und zwei bis drei Mal so viele Verwundete. Russische Wissenschaftler kamen dagegen auf doppelt so viele Tote auf deutscher Seite.

Nach Ansicht eines sowjetischen Militärhistorikers zählte die Schlacht bei Ržev zu den größten Katastrophen des Zweiten Weltkriegs. Hier war Ostendorff dabei. Aufgrund der hohen Verluste wurde seine Division neu aufgestellt. Er überlebte und wurde zum Befehlshaber der Restkampfgruppe ernannt.

Im Winter 1942/43 kämpfte Ostendorff in der Schlacht von Charkow an der Ostfront, anschließend am Dnjepr. Die Wechsel der Orte erfolgten schnell. Im Februar 1944 wurde seine Einheit nach Frankreich verlegt. Als die Alliierten in der Normandie landeten, begingen Einheiten der Division hier weitere Massaker. So die von Tulle und von Oradour.

Ostendorff stieg in der SS weiter auf. Inzwischen hatte er die Führung der 17. SS-Panzergrenadierdivision *Götz von Berlichingen* in Frankreich. 1944 nahm er an den Kämpfen in der Normandie teil. Dort wurde er schwer verwundet. Wieder genesen wurde Ostendorff 1944 zum SS-Gruppenführer und Generalleutnant der Waffen-SS ernannt und Chef des Generalstabs beim Oberbefehlshaber *Oberrhein*. 1945 wurde er Chef des Generalstabs der Heeresgruppe. Im Februar 1945 folgte das Kommando der 2. SS-Panzerdivision *Das Reich* in Ungarn.

Sein Aufstieg war kein Schutz. Verwundet durch Granatsplitter im Unterschenkel, musste ihm der linke Unterschenkel amputiert werden. Hinzu kamen eine Lungenentzündung und Kreislaufschwäche. Ostendorff erlag seiner Verwundung, weil deutsche Militärärzte keine Antibiotika mehr hatten.

Am 1. Mai 1945 starb Werner Ostendorff in Bad Aussee in Österreich. Dieses Datum steht auf seinem Grab. Experten nennen aber den 5. Mai als Todestag. Denn einen Tag später wurde er noch mit Eichenlaub ausgezeichnet. Die Rechtmäßigkeit der Auszeichnung wurde damals sogar infrage gestellt, weil sie aufgrund eines Erlasses erfolgte (des sogenannten ›Dietrich-Erlasses‹), den es nie gegeben haben soll. Zwei Tage nach Ostendorffs Tod kapitulierte Deutschland.

Wäre Ostendorff, wenn er überlebt hätte, in den Nürnberger Prozessen verurteilt worden? Das muss offenbleiben. Aufgrund der ›Verbrechen gegen die Menschlichkeit‹ wurde die SS in den Nürnberger Prozessen als Institution verurteilt, dennoch wurden viele der zu zehn oder fünfzehn Jahren Haft verurteilten SS-Funktionsträger schon Anfang der Fünfzigerjahre wieder aus der Haft entlassen. In der Bundesrepublik galt die SS in Teilen der öffentlichen Wahrnehmung als nicht so schlimm wie die SA, sondern wurde eher mit der Wehrmacht gleichgesetzt. Und das, obwohl die SS in den Nürnberger Prozessen eindeutig als Kriegsverbrecher verurteilt wurde.

Und die Familie? Der Verwandte, der mir als Erster über Werner Ostendorff berichtete, hat sogar die Tochter von Werner Ostendorff in München besucht.

»Und was hat die gesagt?«, wollte ich wissen. »Fand die auch, dass ihr Vater ein Mörder war?«

»Die sah das anders«, antwortete er.

Ein anderer Verwandter wiegelte etwas ab: »Ich würde ihn gar nicht als nahen Verwandten sehen. Er gehört eher zu einer

Seitenlinie.« Er spekulierte weiter: »Immerhin muss er die eigenen Leute gut behandelt haben, denn er ist nicht von ihnen erschossen worden. Das gab es ja auch oft genug. Ostendorff ist wirklich gefallen.«

## Flucht aus Ostpreußen

Am 12. Januar 1945 wurde Ostpreußen von der russischen Armee angegriffen. Eigentlich war für den Angriff erst der 20. Januar vorgesehen, doch die amerikanische und die britische Armee brauchten eine Entlastung im Westen. Die angreifenden Russen erlebten die Lebenssituation der Deutschen wie einen Kulturschock. Ein Soldat schrieb nach Hause, wie sehr er von den Lebensbedingungen der Deutschen beeindruckt war. Dass nicht nur die Häuser, sondern auch die Ställe alle aus Stein gebaut waren und es überall Elektrizität gab. Und wenn er mit Waffen in ein Haus eindrang, kam er kaum voran. So viele Möbel gab es in den Wohnungen.

Nach dem Angriff auf Ostpreußen begann sich die Bevölkerung auf die Flucht vorzubereiten. Die Menschen packten alles ein, was warm war und was sie irgendwie mitnehmen konnten. Und natürlich die Lebensmittel für die Flucht. 1945 war einer der kältesten Winter, die Temperaturen lagen bei minus 20 Grad.

Margarete Ostendorff, die Cousine meiner Mutter, war vom Reichsarbeitsdienst gerade von Wien zurück nach Königsberg beordert worden und kam genau am 12. Januar an. Sie hatte die Funktion einer Führerin im Reichsarbeitsdienst. Ihr Vater Gottfried war in Königsberg Landgerichtspräsident. Auch sie begann sogleich zu packen. In ihren Aufzeichnungen über ihre Flucht aus Ostpreußen heißt es:

> »Der Arbeitsdienst musste bis zuletzt bleiben, sollte dann aber doch die Stadt verlassen. Mein Weggang aus der Regentenstraße

in Königsberg erfolgte am 25.1.45 mit den letzten Angehörigen dieser Dienststellen. Am Abend erhielt ich den Bescheid, dass wir zu Fuß Pillau (ca. 55 km) erreichen sollten. Da mein Vater krank war, durfte ich ihn als ›Angehörigen der Verwaltung‹ mitnehmen.«

Die Haushaltshilfe der Familie war bereits geflohen und hatte alle Vorräte mitgehen lassen. In dieser Situation war sich jede und jeder selbst am nächsten. Anders als vorgesehen, wurden sie nicht von einem Auto abgeholt. So mussten sie die gepackten Koffer zurücklassen. Sie hätten sie nicht tragen können.

»So zogen wir um 21.30 h bei ca. – 20° Kälte und Schnee in warmen Sachen zu Fuß los. Für jeden wurden ein Rucksack und eine Tasche mit Verpflegung auf einen Kinderschlitten gepackt und es ging zur Landstraße Richtung Pillau (zwei Rucksäcke + Schlitten + Handstock). Die sieben Kilometer bis Juditten hatten wir hinter uns gebracht, als uns ein Militärlastwagen mitnahm, wo wir im Jugendheim andere vom Bezirk trafen. Es gab Decken. Trotz zerbrochener Fensterscheiben ließ es sich dort notdürftig leben.«

Pillau, die Hafenstadt an der Ostsee, heißt seit 1945 Baltijsk. Dort warteten Margarete und ihr Vater auf eine Möglichkeit, mit einem Schiff weiterzukommen. Sie notierte: »Am 30. Januar zogen wir in den Hafen, mussten aber bei minus 25° Kälte im Freien warten.« Schließlich durften beide auf den Frachter mit dem Namen *Irene Oldendorff*. Der Frachter brachte unverbrauchte Munition aus Russland zurück und nahm zusätzlich Flüchtlinge auf. Keine ungefährliche Kombination.

Rund 3.000 Flüchtlinge fanden Platz auf dem Frachter. Es folgten elf Tage auf See. Margarete Ostendorff: »Jeder hatte nur so viel Platz, dass er mit angezogenen Knien, den Rucksack unterm Kopf, liegen konnte. Vater durfte in die Kajüte zum Kapitän.« Für den Kapitän hatte Margarete Socken gestopft und sich so die kleine Vorzugsbehandlung für den Vater verdient. Die Nacht auf See war düster:

> »Alle 2 Stunden wurde ein Eimer (als Toilette) für Männer und Frauen abwechselnd gestellt. Frauen und Kinder bekamen ihr Essen am Tage, die Männer nachts. Ich hatte große Sorge, dass Vater verhungern würde, denn unser Brot war gestohlen worden.«

In Gdingen, 1933 von den Nationalsozialisten in Gotenhafen umbenannt, legte das Schiff an, um Verpflegung an Bord zu nehmen. »Dort konnten wir uns in einer Schule waschen. Etwa am 11.2. landeten wir in Swinemünde.«

Während die sogenannten ›Arbeitsmaiden‹ ihre Entlassungspapiere auf dem Schiff erhielten und dann zusehen mussten, wie sie weiterkamen, erlaubte man Margarete als Führerin im Zug nach Westen mitzufahren. Obwohl einige der Frauen sich zu ihren Dienststellen in Berlin, Ilsenburg oder Schwerin begaben, durfte Margarete den »Vater nach Hamburg bringen. In Swinemünde standen Züge in alle Richtungen bereit zu diversen Auffanglagern. Wir sollten nach Westfalen, sind aber in Hamburg ausgestiegen.«

Um eine Unterkunft zu finden, fragten sich beide zu Verwandten durch. Margaretes Vater wurde sehr krank. Er bekam Durchfall, hatte Fieber und Typhus und musste in Hamburg ins Krankenhaus. Erst nach seiner Heilung konnten beide ihre Flucht fortsetzen.

Ihr Ziel war Stendal. Hilde, die Frau von Margaretes Bruder Georg, hatte ihnen dort ein Quartier angeboten. Auch sie hatte schon eine eigene Fluchtgeschichte hinter sich. Im Herbst war sie von Kiel nach Königsberg evakuiert worden, weil die Engländer Kiel bombardierten. Als die Russen Ostpreußen angriffen, war sie weiter nach Stendal gezogen, weil ihr Onkel dort eine Gastwirtschaft betrieb.

Am 6. April begannen die Russen mit dem Angriff auf Königsberg. Sie kamen mit vier Armeen, 137.000 Soldaten, 530 Panzern, 2.400 Flugzeugen. Ein Drittel der russischen Luftwaffe war im Einsatz. Demgegenüber konnte die Reichswehr zur Verteidigung der ostpreußischen Hauptstadt gerade mal 35.000 Soldaten und fünfzig Panzer aufbieten.

Die deutschen Stellungen wurden schnell zerschlagen und Königsberg am 9. April aufgegeben. General Otto Lasch, Kommandant der Festung Königsberg, kapitulierte. Er nahm Kontakt zum russischen Oberkommando auf und handelte eine gute Behandlung aus. Das Einverständnis Hitlers hatte er dazu nicht. Der bezichtigte ihn des Verrats, ließ ihn in Abwesenheit zum Tode verurteilen und Laschs Familie verhaften. Der Kampf ging weiter.

Als sie Königsberg eingenommen hatte, sammelte die russische Armee die gesamte Zivilbevölkerung und drohte, alle noch intakten Häuser anzustecken. Die Drohung wurde wahr gemacht. Königsberg brannte und fiel in Schutt und Asche.

Bei Kriegsende kam Laschs Familie wieder frei. Auch Lasch überlebte die russische Gefangenschaft und kam 1956 mit den Kriegsgefangenen in die Bundesrepublik zurück.

Margarete Ostendorff hatte Glück, Königsberg rechtzeitig verlassen zu haben. Sie schrieb:

> »Ich habe mich in Stendal beim Arbeitsdienst gemeldet und musste dort als Lagergruppenführerin Mädchenlager besuchen, betreuen und auflösen. Über den Arbeitsdienst habe ich ein Zimmer bekommen. Mein Vater blieb bei meiner Schwägerin Hilde mit ihren 3 Kindern.«

Am 13. April 1945 endete auch in Stendal der Krieg. Die Stadt wurde von Amerikanern besetzt. Margarete Ostendorff: »Sie suchten Quartier und wollten in unseren Zimmern wohnen und warfen uns alle raus, so mussten wir ebenfalls zu Hilde.« Noch am selben Abend beschlagnahmten die Amerikaner auch Hildes Wohnung.

»Im Abenddunkel standen wir auf der Straße, eine Großfamilie, die niemand aufnehmen wollte. Erst das energische Eingreifen eines amerikanischen Offiziers verhalf uns zu einer Schlafstelle. Er beschlagnahmte kurzerhand ein großes Zweibettzimmer in einer Villa, in dem wir uns (sechs Erwachsene, drei Kinder und zwei weitere uns unbekannte Personen) kaum rühren konnten. Am Morgen wurde uns der Zutritt zur Küche verwehrt und wir bekamen den Hof, auf dem uns Hildes Vater einen Herd baute, als Esszimmer und Küche zugewiesen. Also Picknick im Freien!«

Völlig unerwartet tauchten zwei amerikanische Soldaten mit dem Maschinengewehr im Anschlag auf.

»[Die Soldaten] verhafteten alle Erwachsenen, die zuvor in der Yorkstraße gewohnt hatten. Nur die Kinder und wir beiden blieben mit zitternden Knien zurück. Warum dieser Überfall, was hatten wir verbrochen? Werden die Verhafteten wiederkommen, und wenn nicht, wie bringen wir die Kinder durchs Leben? Nach stundenlangen Verhören kamen sie alle einzeln zurück und wir erfuhren den Grund für die Festnahme. Bei der Durchsuchung des Hauses in der Yorkstraße hatten die Amerikaner in einer Wohnung den Uniformmantel eines englischen Offiziers gefunden und dahinter ein Verbrechen vermutet.«

Als das nicht zutraf, wurde auch vier oder fünf Tage später das Haus in der Yorkstraße für die Zivilbevölkerung freigegeben. Die Amerikaner rückten ab. Stendal wurde von den Engländern besetzt. Unterkunft fand Margarete dann bei einem Uhrmacher. Dort lebte sie bis in die Fünfzigerjahre.

Natürlich mussten beide wieder ans Geldverdienen denken, um ihren Unterhalt zu finanzieren.

»Wir bewarben uns beim Gärtner Mattewis (Obst + Gemüse) und durften für 30 Pfennig/Std. umgraben. Es war uns eine große

Hilfe, dass wir beim Reichsarbeitsdienst (RAD) praktisches Arbeiten auf dem Lande kennengelernt hatten. Es dauerte nicht lange, da betraute uns der Gärtnereibesitzer mit besonderen Arbeiten wie Kirschen pflücken, im Mistbeet die junge Saat zu bearbeiten und dergleichen mehr. Zu Hause übernahm mein Vater die kleinen Einkaufsbesorgungen. Groß war die Freude, als nach einigen Wochen uns ganz plötzlich mein Bruder Walter mit seiner Ankunft überraschte, total erschöpft nach einem Fußmarsch quer durch Deutschland. Er kam von der Kriegsakademie in Kissingen, war dort von den Amerikanern gefangen und wieder entlassen worden. Walter fand ein möbliertes Zimmer und Arbeit als Treckerfahrer.«

Stendal gehörte mit Kriegsende zur sowjetisch besetzten Zone.

»Am Donnerstag, den 22. August 1946, wurde mein Vater abgeholt zu einer ›angeblichen Vernehmung‹ – ohne den Ort und den Grund zu erfahren. Er kam weder am nächsten Tag noch überhaupt irgendwann zurück und verschwand spurlos. Ich habe ihn niemals wieder gesehen. Später haben wir erfahren, dass er wahrscheinlich in ein russisches Lager gesteckt worden ist und dort wohl krank geworden und gestorben ist.«

Wie ihm erging es vielen von denen, die in den ersten zwei Jahren in der Sowjetzone von den Russen verhaftet wurden.

Ein weiterer Bruder von Margarete war Artur Ostendorff. Ihn umgibt bis heute ein fast undurchdringbares Familiengeheimnis. Als ich Dietrich Ostendorff danach fragte, er ist ein Sohn aus der nächsten Ehe des Vaters, sagt er: »Von allen Angehörigen weiß ich von der Geschichte der ersten Familie meines Vaters am wenigsten.«

Bekannt ist: Artur Ostendorff war in russischer Kriegsgefangenschaft. Im Lager hatte er sich mit Typhus angesteckt. Als Warnung vor einer Ansteckung habe er, um vor Ansteckung zu warnen, stets ein »Typh-Typh« ausgestoßen. Mit der Folge, dass ihn die Russen so schnell wie möglich loswerden wollten. Sie drängten ihn quasi aus dem Gefangenenlager heraus. Schon damit sich dort nichts ausbreitete.

Krank wie er war, kam er zu Hause an. Seine Familie fand er nicht mehr vor. Der Vater seiner Frau hatte die eigene Tochter, alle vier Kinder und zuletzt sich selbst erschossen. Aus Angst vor Vergewaltigung und Erschießen. Ein Tod aus Angst vor dem Tod. Es starben Ursula Lewek und mit ihr ihre Kinder Sigrid, Dietrich, Peter und Anja.

Artur Ostendorff heiratete wieder. In der zweiten Ehe gab es zwei Kinder. Dietrich und Ursula. Weitere kamen mit der nächsten Heirat. Die Kinder der neuen Ehen erhielten die Namen ihrer erschossenen Geschwister.

## Die englischen Verwandten

Für einige unserer Verwandten war England mehr als 100 Jahre lang attraktiv. Immerhin kamen aus dem angelsächsischen Land Händler und Ingenieure mit ihrem industriellen und technischen Wissen nach Ostpreußen. Auch manch ein Tunichtgut suchte auf diesem Weg die Freiheit. Über sie erfuhr man nur selten, weshalb und woran sie nicht guttaten. Und weshalb sie nicht mehr zur Familie gehörten. Das war bei den Wisplers so und auch den Ruffmanns. Nur bei den Daniels war es bekannt.

In der Familie Ruffmann war es ein Dissident aus der Familie der Besitzer der Werft, der in England landete. Dort heiratete er prompt die Tochter eines der bedeutendsten Reeder. Ein weiterer Verwandter zog sogar nach Kanada weiter und baute dort eine Werft auf.

Wenn ich mich recht erinnere, war es das Jahr 2011, in dem Sabine Bensinger beim Familientreffen über unsere Reise nach Kaliningrad berichtete. Just da tauchten vier Geschwister der britischen Ruffmans auf. Bruce, Alastair, Jane und Will. Die Schreibweise ihres Namens war durch die Streichung eines n's an die englische Sprache angepasst worden. Das hatte ihr Vorfahr Louis Ruffmann im Jahr 1916 veranlasst.

Sein Vater Johan Heinrich Ruffmann war im 19. Jahrhundert nach England ausgewandert. Im Rahmen der Industrialisierung hatte er, wie schon seine Vorfahren in Memel, Erfolg im Holzhandel. Mit Stollen für Bergwerke kam er zu Geld. Und bekam Zugang zu der britischen Familie Bourne und heiratete 1878 Mary Anne Louisa Bourne. Sein Sohn Louis Ruffman heiratete Gertrude (genannt Gertie) Brigham. Ihre Familie besaß die Werft *Brigham & Cowan* in South Shields.

Ob Ende des 19. Jahrhunderts dabei schon eine Handelskette von familiär miteinander verbundenen Werften von Ostpreußen über England nach Kanada entstand, kann heute kein Angehöriger bestätigen. Auffällig ist jedenfalls, dass es diese Kette gleicher und gleichartiger Unternehmen gab. Mit der internationalen Werftenkrise ging auch der Besitz in England verloren. Heute haben alle andere Berufe oder kleine Unternehmen.

Nachdem unsere englischen Verwandten zwei unserer Familientreffen besucht hatten, luden sie uns nach New Castle ein. Neun von uns nahmen das großzügige Angebot an. Wir sahen die breite Flussmündung des Tyne, an dem Ufer hatte die britische Marine ihr Domizil. Heute sind die Ufer mit einer Brücke verbunden. Ein Drehmechanismus ermöglicht es RadfahrerInnen wie FußgängerInnen, den Fluss ebenerdig zu überqueren. Die Architekten wurden mehrfach für diese Konstruktion ausgezeichnet. Ohne den Drehmechanismus, mit dem die Brücke geöffnet wurde, hätten die im Hinterland gebauten Schiffe das Meer nicht erreichen können.

Drei Tage in Newcastle und an der englischen Ostküste. Selbst das Schloss, in dem die Harry-Potter-Filme gedreht wurden, entdeckten wir auf dem Weg. Damit nicht genug: Alastair, der heute ein Reisebüro betreibt, hatte für sieben von uns eine

Rundreise durch Nordengland gebucht. Wir waren gut betreut. Bei einem Essen im Haus von Willy und Jane übergab Kai Ruffmann, Kardiologe in Baden Baden, den englischen Ruffmans das Siegel der Familie.

Bei unseren englischen Verwandten war das Wissen über unsere wohlsituierte ostpreußische Herkunft bewahrt, während ich mir die Kenntnis gerade erst erarbeitete. Und merkte – Tempi passati – dass längst nicht alle deutschen Angehörigen um die vergangene Bedeutung der Familie wussten. Zu dem Verlust von Betrieben und Immobilien der Familie in Ostpreußen meinte Willy Ruffman fassungslos: »So ein unsagbarer Reichtum – wie kann man den nur vernichten?«

# VII. Schatten der Vergangenheit

## Der Mathematiker Gerhard Gentzen

Das Schicksal unserer Vorfahren berührte mich immer wieder. In der eigenen Herkunft zu stöbern, ist alles andere als langweilig. Familienforschung ist ja nicht nur die Beschäftigung mit längst verstorbenen Verwandten, sondern auch das Entdecken einer Wiederkehr von Mustern früherer Generationen in meiner Familie und sogar in meinem Leben. Immer wieder begegneten mir Schatten einer Vergangenheit, von der ich bis dahin nichts geahnt hatte.

Dies war so bei Gerhard Gentzen. Der Mathematiker lebte während des Zweiten Weltkriegs in Prag, also etwa ein Viertel Jahrhundert, bevor ich mich politisch dort engagierte. Von ihm erfuhr ich durch den ›neuen Verwandten‹, der nach dem Mathematiker ebenfalls Gerhard getauft wurde. Beide gehören zu einem Zweig der Gentzen'schen Familie, zu dem die Kontakte verloren gegangen waren und die im Thüringischen lebten.

Als ich meinen Halbbruder Christian Fenske – auch er war Mathematiker – nach seinem Berufskollegen Gentzen befragte, schrieb er mir, dass er ihn einst sogar in seiner Habilitation behandeln wollte. Beim Recherchieren entdeckte ich zudem einen Gerhard-Gentzen-Lehrstuhl an der Maximilian Universität in München, der von der *Volkswagen Stiftung* gefördert wird. Gerhard Gentzen hatte als Mathematiker Bedeutung.

Als ich gerade damit begann, mich mit dem Mathematiker zu beschäftigen, erschien ein Roman mit dem Titel *Gentzen oder: Betrunken aufräumen* (Matthes & Seitz Berlin). Er begann mit dem kurzen, aber einprägsamen Satz: »Gerhard Gentzen – Deutsches Genie.« Der Autor Dietmar Dath stützte sich auf eine

2001 in der Schweiz erschienene Biografie von Eckart Menzler-Trott: *Gentzens Problem: Mathematische Logik im nationalsozialistischen Deutschland* (Birkhäuser).

Die Vorgeschichte: Unser ›neuer Verwandter‹ Gerhard Gentzen hatte dem Journalisten Eckart Menzler-Trott einst seine Ergebnisse der Familienforschung zur Verfügung gestellt. Als der daraus eine Buchveröffentlichung machte, fühlte Gentzen sich betrogen. Seine Recherche wurde nur in Fußnoten erwähnt. Mit der Folge: Gerhard Gentzen ließ niemanden mehr an seine Sammlung über die Gentzens heran. Auch mich nicht.

Soweit aus öffentlich zugänglichen Quellen hervorgeht, wurde der Mathematiker Gerhard Gentzen 1909 in Greifswald geboren. Der Vater war der Rechtsanwalt Hans Gentzen, die Mutter die Handelslehrerin Melanie Gentzen, geborene Bilharz. Sie war bei der Geburt 36 Jahre alt.

Gentzens Großeltern mütterlicherseits waren der geheime Sanitätsrat Alfons Bilharz (1836–1925) und seine Frau Adele, geborene Fasnacht. Bilharz' Bruder Theodor war der Entdecker der Bilharziose, nach Malaria eine der verbreitetsten parasitären Infektionskrankheiten. Noch heute wird Bilharz in Ägypten verehrt.

Unter den Vorfahren väterlicherseits gab es mehrere Logiker und Mathematiker. Der Großvater Dr. Wilhelm Johann Carl Gentzen war Mathematiklehrer am Gymnasium in Stralsund, ein Onkel am Arndt-Gymnasium in Berlin-Dahlem.

In der Schule war Gerhard Gentzen Primus in fast allen Fächern und trotzdem beliebt bei seinen Mitschülern. Die Lehrer erkannten seine Begabung und rieten der Mutter ab, ihren Sohn eine oder mehrere Klassen überspringen zu lassen, weil er dann zu sehr in seinem Denken versponnen wäre. Er hätte isoliert an seinen Gedanken und Ideen gearbeitet. Ein Fehlen von Kontakten, die er in seiner Klasse entwickelt hatte, hätte ihm geschadet. Seine damalige Freundin Hertha Michaelis bezeugte:

»Gelesen hat Gerhard vor allem wissenschaftliche Abhandlungen, keine Belletristik. Er konnte manchmal sehr still sein, es kam vor, dass er Tage lang nur das Nötigste sagte, dann knobelte er eine mathematische Formel aus. Worüber wir uns unterhalten haben, ganz alltägliche Dinge, wie alle jungen Menschen und sehr viel über Astronomie. [...] Als lebenslustigen Menschen würde ich ihn eigentlich nicht bezeichnen, er konnte sehr vergnügt sein, aber auch recht in sich gekehrt. Er war sehr bescheiden und genügsam.«

Dass er in seinem Mathematikstudium während seiner Ausbildung wohl von den Bilharz unterstützt wurde, wird angenommen. Später erhielt er ein Stipendium der Studienstiftung des Deutschen Reiches.

1933 war Gentzen gerade dabei, seine Dissertation »Untersuchungen über das logische Schließen« fertigzustellen, als seinem Mentor Paul Bernay wegen der jüdischen Herkunft innerhalb von nur zwei Tagen von der Universität in Göttingen gekündigt wurde. Ab dem 28. April 1933 durfte Bernay keine Veranstaltungen mehr durchführen. Bernay empfahl seinen außergewöhnlichen Schüler Gentzen an seinen Mathematikerkollegen Herrmann Weyl weiter.

Nicht nur Prof. Paul Bernay musste gehen. Wegen der jüdischen Abstammung seiner Frau bekam auch Gentzens neuer Doktorvater Weyl Probleme. Unter dem Druck bat Weyl den Minister, ihn unter Verzicht auf alle Gehalts- und Pensionsansprüche aus dem Amt zu entlassen.

Obwohl Gentzen bereits seinen Doktorvater wie auch seinen Ersatzdoktorvater durch den Rassenwahn der Nazis verloren hatte, trat er im November 1933 in die SA ein. Dennoch widersprach der eher links orientierte Biograf Menzler-Trott der verbreiteten These, dass Gentzen ein Nazi war: »Warum will man den immer als zurückhaltend und introvertiert geschilderten Gentzen gerne mit einer NS-Karriere belegen?« Im Vorgriff fragte der Biograf, ob die Verdächtigungen gegen Gentzen wohl dazu dienen sollen, Gentzens Tod in Prag zu entschuldigen. Zu Gentzens Entlastung führte er an:

> [Wenn er ein Nazi gewesen wäre,] »würde Bernay mit ihm bis 1939 verkehrt haben? Gentzen ist erst im November 1933 in die SA eingetreten [...] und hat dies Bernay per Postkarte mitgeteilt. [...] 1937 tritt er erst in die NSDAP ein, und zwar genau vor dem Pariser Descartes-Kongress.«

Gentzen hielt nicht nur Kontakt zu seinem jüdischen Doktorvater, in Paris nahm er zudem Kontakt zu Jean Cavaillès auf, einem Vertreter der Résistance. Im privaten Kreis, der sich in Göttingen um den bis heute bekannten Mathematiker David Hilbert traf, las Gentzen Schiller. Auch in seinem Nachlass fand man einen Satz Schillers: »Der Menschheit Würde ist in eure Hand gegeben – Bewahret sie! Sie sinkt mit euch! Mit euch wird sie sich heben.«

Würde und Klarheit gehörten für Gentzen zusammen. Sie kamen in Gentzens mathematischer Sprache zum Ausdruck. So schrieb er 1933 in einer mathematischen Zeitschrift:

> »Die wesentlichen Eigenschaften eines solchen Normalbeweises lassen sich in etwa so ausdrücken: Er macht keine Umwege. Es werden in ihm keine Begriffe eingeführt, welche nicht in seinem Endergebnis enthalten sind und daher zu dessen Gewinnung notwendig verwendet werden müssen.«

Warum aber trat Gentzen in die SA ein? Schlicht, um sich ernähren zu können. Er brauchte eine Stelle. Ohne eine Anbindung an das NS-System war keine Stelle an einer Universität im Deutschen Reich mehr zu bekommen. 1935 erhielt er außerplanmäßig eine Assistenz bei dem Mathematiker David Hilbert in Göttingen. Der war damals schon krank und stellte Gentzen zur Fertigstellung seiner (also Hilberts) Veröffentlichungen ein.

1939 wurde Gentzen in die Wehrmacht einberufen und als Funker im ›Heimatkriegsgebiet‹ stationiert. Er wurde zwischen Münster und Braunschweig zur Flugaufklärung eingesetzt. Sein militärischer Rang hätte niedriger nicht sein können, es war der eines Gefreiten.

Im englischsprachigen Raum, vor allem in den USA, war Gentzen mit seinen Arbeiten bereits bekannt. 1940 habilitierte er in Göttingen. Neben seinem Dienst arbeitete er an einem Lehrbuch zur mathematischen Grundlagenforschung.

Aufgrund einer nervösen Erschöpfung kam Gentzen im Jahr 1942 ins Lazarett. Im Juni 1942 wurde er deshalb aus dem Wehrdienst entlassen. »Gentzens Denken [...] half ihm vielleicht über die Unerträglichkeit der Kriegsumstände hinweg, forderte auf der anderen Seite auch einen Teil an Gesundheit«, erklärte Menzler-Trott.

Gentzen sei ein liberaler, sachlich distanzierter Beobachter gewesen, der neben seinem Alltag allein die Mathematik akzeptierte. In sich selbst eingekapselt, habe er versucht, so der Biograf, »den geistigen Funken wenigstens in seinem Kopf durch die dürftige, schlimme, mörderische Zeit in eine neue Zukunft zu tragen.«

Nach seiner Entlassung aus der Reichswehr hätte er als Assistent nach Göttingen zurückkehren können, wurde aber als Dozent für Mathematik von Hans Rohrbach in Prag angefordert. Seinen Probevortrag hielt Gentzen zum Thema: ›Die Keppler'schen Gesetze der Planetenbewegung.‹

In der tschechischen Hauptstadt unterrichtete Gentzen vor allem AnfängerInnen in Mathematik. Zusätzlich hatte er den Auftrag, für Peenemünde ballistische Fragen zu berechnen. Für die Berechnungen beschäftigte er eine Schar von Oberschülerinnen. Wissenschaftler, die ihn in dieser Zeit trafen, erinnerten sich, dass es sich dabei um statistische Aufgaben gehandelt habe.

1944/45 kehrte Gentzen nicht mit den abziehenden deutschen Truppen nach Deutschland zurück. Das mag mit seiner Furcht zusammengehangen haben, dass er in Deutschland noch einmal zurück zur Wehrmacht geholt werden könnte.

Prag am Ende des Zweiten Weltkriegs. An seine letzten Tage dort erinnerte sich der Mathematiker Paul Armsen:

> »Am 5. Mai begannen die Tschechen mit ihrer Revolution. Diesen Anfang erlebte ich in einer Vorlesung von G. über Einführung in die formale Logik. Er begleitete mich noch bis zur Straßenbahn und verabschiedete sich mit Grüßen an meine Frau und dem Rat, unterwegs nicht zu reden. Am 6. und 7. Mai haben wir noch telefoniert, am 8. Mai wurden wir von den Tschechen eingesperrt.«

Gentzen war da bereits inhaftiert. Am Tag der Verhaftung hatten Gentzen und seine Kollegen in einer vegetarischen Gaststätte gegessen.

> »Etwa um halb 2 bat uns der Inhaber der Gaststätte verstört, das Lokal über den Hinterausgang zu verlassen. Als wir in der Gasse brodelnde Menschenmengen sahen, übernahm die Sekretärin, die als Prager Kindl akzentfrei tschechisch sprach und auch pragerisch geschminkt war, die Führung, und wir schlenderten in Richtung Institut. Nach wenigen Metern sahen wir, dass Leute am Gehsteigrand auf die Straße spuckten. Dort lag ein deutscher uniformierter Polizist, dem mit einem abgebrochenen Wegweiserschild das Genick klaffend aufgeschlagen war. Wir kamen dann zu einer breiteren Ausfallstraße, wo zuerst deutsche Soldaten in Kübelwagen gen Westen brausten. Nach kurzer Zeit waren nur noch Tschechen mit der im Protektorat verbotenen Zwickelflagge in den Kübelwagen. Die Sekretärin brachte uns dann, strahlend tschechisch plaudernd, über die Straße, wo wir uns trennten.«

Auf den Straßen ertönte immer wieder der Ruf: »Erschießt die Ratten.« Als er noch einmal ins Institut wollte, musste Gentzen den Pförtner beruhigen.

»Wir holten aus der ›Mathematik‹ unsere festen Schuhe und Kleider und zogen uns in den Keller zurück, wo sich bereits ein Rest des im Gebäude wohnenden Personals befand. Strom, Wasser, Telefon und Radio funktionierten ohne Beeinträchtigung. Am 7. Mai kamen Tschechen aus unserem Uni-Viertel (Medizin, Naturwissenschaften) mit Armbinden und Gewehren und sagten, dass sie uns in Schutzhaft zu bringen hätten.«

Gentzen brachte man ins Polizeipräsidium, dann zum Strafgefängnis am Karlsplatz. Ein Mitgefangener beschrieb, was er durch ein Zellenfenster mit ansah. Es waren die ersten Bestialitäten: Mit nacktem Oberkörper wurden die Gefangenen zum Räumen der Barrikaden eingesetzt. Der Mitgefangene Franz Krammer erinnert sich und schrieb in einem Brief an Gentzens Neffen:

»Plötzlich begann eine Frau aus der uns umstehenden Meute zu zetern [...] sie zeigte dabei in Richtung Gentzen. Sie warf dann einen Pflasterstein [...] In der Zelle sah ich dann, dass ihm durch den Steinwurf der kleine und Ringfinger der rechten Hand (fast) abgequetscht wurden. Dem wunderbaren Ärzteteam in unserer Zelle gelang die Heilung in etwa einer Woche, doch blieben die beiden Finger steif.«

Weil er wegen seiner verletzten Hand nicht mehr draußen arbeiten konnte, konnte er bei den Arbeitseinsätzen auch kein Brot mehr verdienen. Gentzens Mitgefangener Fritz Kraus schrieb später an den Mathematiker und Logiker Paul Isaak Bernays:

»Als der Hunger Gentzen zu sehr quälte, versuchte er noch einmal arbeiten zu gehen. Damals war ich bei derselben Partie. Wir mussten im obersten Verwaltungsgericht Teppiche klopfen, ununterbrochen von 9 bis 1, in praller Sonne, am Boden knieend. Rückte die Sonne weiter und wir kamen in den Schatten, wurde der Teppich wieder in die Sonne gezogen, damit wir wieder

> in die Sonne kamen. Dazu schlugen die Wächter, bewaffnet mit Maschinenpistolen, den Takt auf unseren Rücken. Beim Zurücktragen der schweren Teppiche brach Gentzen zusammen. Und wurde deshalb mit Gummiknüppeln schrecklich verprügelt. Ich dachte, es ginge mit ihm zu Ende! Daraufhin ging er nicht mehr arbeiten. Er blieb ständig in der Zelle und ich sehe ihn noch auf seiner Holzpritsche liegen (wir hatten weder Strohsäcke noch Decken). [...] Er äußerte mir gegenüber einmal, er sei eigentlich ganz zufrieden, denn nun hätte er endlich Zeit, über den Beweis der Widerspruchsfreiheit der Analysis nachzudenken. Auch beschäftigte er sich mit einer künstlichen Sprache usw. Hie und da hielt er in der Zelle einen kleinen Vortrag, das taten wir öfter, um uns gegenseitig abzulenken. Gentzen war überzeugt, er würde in wenigen Tagen entlassen werden, er war ja nicht angeklagt. Er wollte zurück nach Göttingen, um sich seiner Forschung zu widmen.«

Kraus erinnerte sich, dass Gentzen beim Zellenappell von seiner Pritsche herunterkroch, »aber zu schwach war, wieder hinaufzuklettern. Horner bot ihm sein Lager ›Parterre‹ an. Gentzen konnte aber nicht einmal mehr die Beine auf die Pritsche heben. Kurze Zeit nachher brach ihm das Auge.« Fritz Krammer, ein weiterer Mitgefangener, schrieb: »In den ersten Augusttagen fand ich bei der Rückkehr vom Arbeitskommando Gentzen bereits in der Agonie vor; ich bettete seinen Kopf in meinem Schoß: So starb er, fast bewusstlos und friedlich, nach kurzer Zeit«, heißt es in dem Brief an den Neffen Gentzens weiter.

Mir lief es heiß und kalt den Rücken hinunter, als ich vom Schicksal Gerhard Gentzens las. Ich kenne das Gebäude in Prag. Ich war schon einmal in demselben Gebäude, in demselben Zellentrakt und möglicherweise sogar in derselben Zelle, in der 26 Jahre zuvor Gerhard Gentzen verhungerte.

Am Prager Karlsplatz befand sich in den 1970er-Jahren das Kreisgericht, das Petr Uhl, mich und unsere Gruppe ›Bewegung der Revolutionären Jugend‹ (HRM) zu Gefängnisstrafen verurteilte. Petr Uhl zu vier Jahren, mich zu zweieinhalb Jahren. In die Zellen wurden wir aus dem Gefängnis Ruzyně gebracht, als im Frühjahr 1971 unsere Gerichtsverhandlung angesetzt war. Die Transportzellen waren für etwa 20 Personen ausgelegt.

Als wir, die Gruppe der revolutionären Jugend (HRM), dort in unseren Zellen – Männer und Frauen getrennt – auf unseren Prozess warteten, zitierte unser tschechischer Mitgefangener Jarda Suk ironisch: »Und jetzt haben wir nichts zu verlieren als unsere Ketten.«

Gerhard Gentzen verlor sein Leben.

Ich verlor meinen Partner Petr Uhl.

Nach eineinhalb Jahren politischer Haft wurde ich 1971 aus der Tschechoslowakei ausgewiesen. Ein Jahr Haft wurde zur Bewährung ausgesetzt. Selbst Bitten des SPD-Vorsitzenden Jochen Vogel an den tschechoslowakischen Botschafter, mich wieder nach Prag einreisen zu lassen, halfen nicht. Ich durfte erst nach der Samtenen Revolution nach Prag zurückkehren. Und wurde dann auch rehabilitiert.

## Und dann noch die DDR-Stasi

Geheimnisse entfalten ihr Eigenleben. Die frühe und unverständliche Drohung meiner Mutter, mich ja nur nie auf Geheimdienste einzulassen (»Dann kenne ich dich nicht mehr!«), wurde für mich später aktuell. Die Warnung half mir, wie ich schon erwähnte, den Anwerbeversuchen der tschechoslowakischen Stasi in Prag und der Stasi der DDR zu trotzen. Ich habe darüber auch in meinem Prag-Buch *Im Netz der Gedichte* geschrieben.

Familiengeheimnisse suchen möglicherweise nicht nur den geraden Weg von einer Generation zur nächsten. Es gibt wohl auch Generationensprünge. So fragte ich mich, ob mein Erleben in den Siebzigerjahren noch in einem weiteren Zusammenhang stand zu einem weiteren unaufgelösten Geheimnis.

Es begann mit den Passierscheinabkommen, die es WestberlinerInnen 1963 erlaubte, Verwandte in Ostberlin zu besuchen. Damals nahmen meine Eltern die Chance wahr, einen Verwandten der Ostendorffs zu besuchen, der in Ost-Berlin lebte. Im November besuchten wir zu dritt Hans-Jürgen Ostendorff, ein Sohn von Georg Ostendorff und ein Neffe von Walter Ostendorff, beide Cousins meiner Mutter. Die Ostendorffs waren mir von den Verwandten die vertrautesten.

Hans-Jürgen Ostendorff war in der Bundesrepublik Zeitsoldat gewesen. Kurz vor dem Ablauf seiner Dienstzeit ging er mit seiner Frau Inga in die DDR. Der Grund war unklar und ist es bis heute geblieben. Einmal hieß es, er hätte Schulden gemacht. Dagegen sprach, so hörte ich in der Familie, dass Geld nicht der Grund für die Flucht in die DDR gewesen sein konnte. Bei seiner Entlassung aus der Bundeswehr hätte er eine Abfindung bekommen und alle Schulden begleichen können.

Ich war 17 Jahre alt. Mit jedem Passierscheinabkommen planten wir neue Besuche. Zwischen uns wuchs nach und nach eine Vertrautheit. Dass Felix-Heiner, der Bruder meiner Mutter, Hans-Jürgen aus Leipzig kontaktiert hatte, er solle ja die Finger von mir lassen, wusste ich nicht. Vor allem verstand ich nicht, dass die Botschaft politisch gemeint war.

Als sich in Westberlin während des Schahbesuchs im Juni 1967 die Situation zuspitzte, war ich dabei, als der SDS und der Republikanische Club am 2. Juni vor der Oper demonstrierten. Der Schah ging in die Oper, draußen prügelten persische Schlägertruppen auf uns ein. Am Rande der Demonstration wurde der Student Benno Ohnesorg erschossen.

Dass der Täter, der Polizist Karl-Heinz Kurras, für die Stasi arbeitete, wäre damals für uns undenkbar gewesen. Aber dies wurde auch erst viele Jahre später öffentlich.

Aufgewühlt wie ich war, fuhr ich nach Ohnesorgs Tod zu Hans-Jürgen in Ostberlin. Längst hatten wir uns westdeutsche Pässe besorgt, mit denen wir über die Grenze konnten, wann immer wir wollten. Obwohl es paradox war: Auf dem Weg in den Osten begann ich ruhiger durchzuatmen. Ich fühlte mich frei, ausgerechnet, als ich in der S-Bahn die Mauer überquerte.

Im Osten beklagte ich mich über den Polizeieinsatz im Westen, fühlte mich von Hans-Jürgen verstanden. Ähnlich war es mir schon in Leipzig bei meinem Zauberonkel Felix-Heiner ergangen.

Auch später besuchte ich Hans-Jürgen weiter. Am 19. November 1969 war ich wieder bei ihm. Da lebte ich bereits ein Jahr in Prag. Eine knappe Woche später folgte am 25. November 1969 ein Treffen von Hans-Jürgen mit seinem Führungsoffizier. Es fand statt in Hans-Jürgens Privatwohnung in Treptow. Am 13. Dezember, weitere vierzehn Tage später, wurde ich an der tschechoslowakischen Grenze zur DDR aus dem Zug geholt und verhaftet. Ich wollte nach Berlin, um Weihnachten bei meiner Mutter zu sein.

Dass Hans-Jürgen Ostendorff ein Zuträger der Staatssicherheit der DDR war und unter dem Geburtsnamen seiner Frau der Stasi berichtete, entnahm ich nach der Wende den Stasi-Akten. Die Protokolle waren meiner Opferakte hinzugefügt. 1968/69, las ich, bekam er Belobigungen von seinem Führungsoffizier. Wofür? In dem Protokoll ging es um mich.

Hans-Jürgen Ostendorff beobachtete meine Entwicklung und berichtete der Stasi. Am 26. November 1969 notierte er für seinen Führungsoffizier von der Hauptabteilung XX/7/III:

> »Bis 1968 ist sie mehrmals bei uns zu Besuch gewesen. Während dieser Besuche zeigte sich in den gehabten Unterhaltungen, dass sie sehr fortschrittlich eingestellt war. Sie gehörte zum ›Republikanischen Club‹ in Westberlin. Ihre positive Einstellung auch gegenüber der DDR wurde besonders anschaulich, als sie nach der Ermordung des Studenten Ohnesorg unmittelbar nach hier kam, um ihrer Empörung Luft zu machen. … In der Vergangenheit hat sie immer ihr Engagement mit den fortschrittlichen Kräften

betont und hat bei jedem Besuch sich Bücher von Lenin, Marx, Engels und andere Neuerscheinungen über aktuelle politische Probleme, die bei uns veröffentlicht wurden, gekauft. Bei ihren Besuchen erzählte sie auch von ihren Auslandsreisen. Demnach war sie u. a. in England, Frankreich ... Israel und der ČSSR und auch einmal nach Moskau gereist. Über die Moskaureise sagte sie, dass diese in Verbindung mit dem Zentralrat der FDJ zustande kam.«

Am 19. November 1969 befand ich mich auf der Durchreise nach Prag, hatte am Ostbahnhof aber meinen Zug verpasst. Mein Versuch, den Zug mit einem Taxi in Schönefeld einzuholen, war misslungen. Ich konnte erst nach Mitternacht weiter. Ich nutzte die Zeit für einen spontanen Besuch. »Als eine wichtige Angelegenheit wurde von ihm der überraschende Besuch der Sibylle Plogstedt hervorgehoben«, notierte Ostendorffs Führungsoffizier.

»Über die Plogstedt und den Verlauf des Besuches« am 26.11.1969 – Hans-Jürgen Ostendorff nahm ihn zum Anlass, alle Besuche Revue passieren zu lassen. Der Führungsoffizier notierte seine Aussage drei Wochen vor meiner Verhaftung:

»Sie hat mich erstmals im November zusammen mit ihren Eltern in meiner Wohnung in der DDR-Hauptstadt besucht. Das war zu der Zeit des ersten Passierscheinabkommens und sie stand kurz vor dem Abitur. Ostern 1964 hat sie ihr Abitur abgeschlossen [Anm. d. Autorin: Richtig war Ostern 1965]. Zum Zeitpunkt des 1. Besuches bei mir lebten Mutter und Vater der Pl. noch zusammen und es waren ausgezeichnete finanzielle Verhältnisse vorhanden. Der Stiefvater, um den handelt es sich, ist Vertreter bei Wüstenrot in Westberlin. Er besitzt mehrere Häuser und auch auf Bornholm ein größeres Grundstück mit Haus. Die Eltern der P. ließen sich später scheiden.«

Hans-Jürgen berichtete weiter:

»Während der Unterhaltung mit der Pl. entwickelte sich gleich anfangs ein bemerkenswerter Disput über Husák und Dubček. Dabei machte sie die neue Parteiführung in der ČSSR für die schwierige Versorgungslage verantwortlich und verteidigte eindeutig Dubček. In diesem Gespräch wurde sie teilweise recht heftig und aggressiv.«

Was ich denn in Prag machte, wollte Hans-Jürgen von mir wissen. Dass ich in Prag am Soziologischen Institut der Akademie der Wissenschaften studierte, war kein Geheimnis. Dass ich für die tschechische Sprache einen Kurs an der Karls-Universität belegt hatte, ebenfalls nicht. Fließend Tschechisch lernte ich erst später, es war eine Überlebensstrategie im Gefängnis Ruzyně.

Als ich ihm Fragen zur Außenpolitik der DDR und zu seinem Arbeitsplatz bei der AKTUELLEN KAMERA stellte, fühlte sich Hans-Jürgen offenbar bedroht.

»Dabei gewann ich den Eindruck, dass sie wissen wollte, welchen Einfluss ich darauf habe. Daran schloss sich ihre Meinungsäußerung an, wonach wir falsch polemisiert hätten nach dem 21.8.68. Sie wurde dabei wieder heftig und meinte, unsere Propaganda läge vollkommen falsch. Wir hätten zum Beispiel behauptet, dass die illegalen Sender von der Bundesrepublik aus gesteuert würden. Sie wüsste aber genau, dass die illegalen Sender alle in der ČSSR stationiert waren. Nur 2 oder 3 illegale Sender hätte es in Österreich gegeben, was von den Österreichern dann auch bestätigt wurde.«

In der Tat: Dass der Widerstand gegen die Invasion 1968 ein genuin tschechoslowakischer war, davon war und bin ich überzeugt. Die spontan eingesetzten Sender halfen im Widerstand. Dass jemand aus der Prager Studentenvertretung mir bei meinen

Papiertransporten durch die russischen Kontrollen an der Moldau auch einmal einen Sender in mein Auto geladen und mich damit in eine große Gefahr gebracht hatte, wusste ich zu der Zeit noch nicht. Von dem Missbrauch meiner Hilfsbereitschaft erfuhr ich erst einige Jahre nach meiner Haftentlassung von dem emigrierten Studentenvertreter Karel Kovanda in den USA. Im Nachhinein war ich froh, dass damals nicht mehr passiert ist. Bei den Kontrollen meines Autos durch die Russen wurden weder Sender noch das Papier zum Druck von Flugblättern gefunden.

Ende 1969 waren die tschechoslowakischen Medien schon weitgehend gleichgeschaltet. Obwohl es bis zu meiner Verhaftung nur noch wenige Wochen hin war, fühlte ich mich von Hans-Jürgen nicht bedroht. Sonst hätte ich ihn bei meinem Besuch sicherlich nicht gefragt, ob wir in Prag eventuell Agenturmeldungen seiner Redaktion bekommen könnten, die er ja gewiss nicht mehr brauchte und wahrscheinlich als Schmierpapier verwandt würden. Offenbar fühlte ich mich in Prag ohne Zugang zu unabhängigen Informationen und Medien und ohne Informationen ungenügend auf die politische Entwicklung vorbereitet.

Hans-Jürgen Ostendorff gab darüber zu Protokoll:

> »Es war auffallend, dass sie dieses Anliegen ziemlich dringlich behandelte und es von mir geschickt haben wollte. Ich habe ihr gesagt, dass ich es mir überlegen werde, ob das möglich ist. [...] Dieses Anliegen der Pl. erschien mir auch deshalb bemerkenswert, weil wir nun wirklich in Zeitnot geraten waren, um die S-Bahn noch zu erreichen. Wir sind dann in schnellem Tempo zur S-Bahn gegangen. Für den Weg haben wir statt der üblichen 6 Minuten nur 3 Minuten benötigt. Trotz des schnellen Schrittes hat sie selbst auf dem Weg zur S-Bahn nochmals gefragt, ob ich ihr das Material nicht schicken könnte, das sei doch für mich nicht problematisch.«

Ostendorff war alarmiert:

> »Ich bin dann von mir aus mit dem gleichen Zug, ohne dass sie mich gesehen hat, bis Schönefeld mitgefahren, um zu kontrollieren, ob sie nicht anderswo aussteigt und ob sie ihr Gepäck tatsächlich in Schönefeld aufbewahrt hatte.«

Als er sich davon überzeugt hatte, kehrte er – von mir unbemerkt – um und fuhr mit der nächsten S-Bahn zurück.

Aufgrund des Protokolls von Hans-Jürgen Ostendorff wurde von der Staatssicherheit der DDR ein operativer Vorgang namens ›Partner‹ gegen mich eröffnet. ›Partner‹ stand für meinen tschechischen Freund Petr Uhl.

Der Plan der Stasi war: Durch Hans-Jürgen sollte mein Interesse an Informationen »weiter gesteigert werden, um weitere Hinweise über Motive und Hintergründe zu erhalten.«

Seit dem Prager Frühling vermutete die Stasi, »dass die feindlichen Geheimdienste im Rahmen der Vorbereitung und der Durchführung der konterrevolutionären Angriffe in der ČSSR eine aktive Rolle spielten. Unter diesem Gesichtspunkt muss die Übersiedlung der Pl. nach Prag / von Westberlin aus / betrachtet werden.«

Ostendorffs Aufgabe war, weiterhin mein Vertrauen zu gewinnen. Dazu gehörte, dass er nach Prag fahren sollte, »um sich mit dem Umgangskreis der P., der politischen Konzeption, den Plänen und Absichten vertraut zu machen, sowie den Kontakt zu dem betreffenden Personenkreis herzustellen.«

Zusätzlich sollte ein weiterer informeller Mitarbeiter eingeschleust werden.

Am 4. März 1970 wurde Ostendorff aktiv. Er versuchte, mich telefonisch in Prag zu erreichen. Am Telefon war Petrs Mutter, Frau Uhlová. Ostendorff protokollierte das Telefonat für die Staatssicherheit, als er nach mir fragte:

»Uhl: Sie ist nicht mehr hier.
Frage: Wo kann ich sie denn erreichen? Sie ist meine Cousine.
Antwort: Kommen Sie aus Deutschland? Bitte kommen Sie rauf. Sie wissen, wo ich wohne. Mein Name ist Uhl.
Frage: Ja ich weiß. Sie sind die Mutter von Herrn Uhl, dem Bekannten meiner Cousine. Mein Name ist [...] Sibylle hat mir Ihre Anschrift und Telefonnummer gegeben. Anglická 8.
Antwort: Ja bitte. 4. Etage. Bitte kommen Sie rauf. Ich kann es am Telefon nicht so erzählen. Sibylle ist verhaftet worden.
Frage: So [...]
Antwort: Wenn Sie kommen, kann ich Ihnen alles erzählen.«

Darauf wurde die Telefonverbindung unterbrochen. Eine Woche später fasste Ostendorff die Informationen über mich in einem fünfseitigen Bericht zusammen. Neu tauchte in dem Bericht mein Onkel Felix-Heiner Gentzen aus Leipzig auf, der im August 1969 mit dem Auto tödlich verunglückt war. Die Verwandtschaft zu ihm leitete er nun folgendermaßen ab: »Felix-Heiner ist der Enkel der Schwester meiner Urgroßmutter, d. h. er hatte ein sehr weit entferntes verwandtschaftliches Verhältnis zu mir.« Entsprechend weit war das Verhältnis zu meiner Mutter. Das habe aber ausgereicht, dass meine Mutter während des Passierscheinabkommens Kontakt zu ihm aufgenommen hätte, führte er aus. Darüber hinaus berichtete Hans-Jürgen der Stasi, dass meine Mutter während des Nationalsozialismus als Chefsekretärin für einen SS-General in Riga gearbeitet habe.

Im Oktober 1969 hatte meine Mutter an Hans-Jürgen Ostendorff geschrieben und ihn über den Tod meines Onkels informiert. Ostendorff schrieb zurück, angeblich, um auf diese Weise wieder Kontakt zu mir herzustellen. Mit dem Erfolg, dass ich ihn – wie beschrieben – im November 1969 aufsuchte.

Auch nach Leipzig fuhr Hans-Jürgen im Auftrag der Staatssicherheit, um meine Tante Christa, die Witwe meines verstorbenen Onkels, über mich auszuhorchen. Bis Mitte November 1970 sei meine Mutter drei Mal in Prag gewesen, um mich aus der Untersuchungshaft herauszuholen, erfuhr er dort. Christa wusste bereits, dass Petr Uhl und ich versucht hatten, im Gefängnis zu heiraten, um zu verhindern, dass ich nach der Haft aus der ČSSR ausgewiesen würde.

Ob er mir schreiben solle, wollte Hans-Jürgen wissen. Christa hatte meine Gefängnisadresse und gab sie ihm. Sie selbst hätte auch geschrieben, sei aber ohne Antwort geblieben.

In einem nächsten Erinnerungsprotokoll für die Stasi schrieb Ostendorff am 19. November 1970:

> »Meine Tante – religiös stark gebunden – erklärte mir, ich solle die Finger davon lassen. Es sei denn, ich sei in der Partei. Als ich das verneinte, sagte sie, dann müsse ich unbedingt meinen Parteisekretär ins Vertrauen ziehen, um keine Unannehmlichkeiten zu bekommen.«

Nach meiner Verurteilung zu zweieinhalb Jahren wegen Untergrabung der tschechoslowakischen Republik wurde ich am 12. Mai 1971 nach eineinhalb Jahren Untersuchungshaft aus der ČSSR ausgewiesen. Meine Beschwerde gegen die Ausweisung wurde vom Gericht abgelehnt. Die tschechoslowakische Staatssicherheit fuhr mich bis zur Grenze der DDR. Dort übernahm mich die Stasi der DDR, versuchte vergeblich mit Druck und Bestechung, Zuckerbrot und Peitsche mich anzuwerben. Als ich ablehnte, entließ sie mich in Berlin am Grenzübergang Friedrichstraße. Und drohte, dass ich künftig nicht mehr in die DDR einreisen dürfte. Und dass mir von Westberlin aus auch die Transitstrecken verwehrt sein würden. Schon bald nach meiner Rückkehr nach Westberlin rief mich Hans-Jürgen Ostendorff an. Ich solle ihn doch besuchen. Meinen Einwand, dass ich nicht in die DDR einreisen dürfe, bezweifelte er. Ich solle es ruhig versuchen, es würde schon klappen. Tatsächlich unternahm ich fast ein Jahr nach meiner Haftentlassung einen Versuch und reiste ein mit dem befreundeten Westberliner Studentenfunktionär Jürgen Treulieb. Ohne jede Ankündigung fuhren wir zu Hans-Jürgen. Schon am nächsten Tag berichtete er der Stasi:

> »Meine Frau verständigte mich in der Redaktion telefonisch am 3.4.1972 gegen 18:30 Uhr von der Anwesenheit der P. in meiner Wohnung. Daraufhin fuhr ich nach Hause und hatte mit der P. und deren Begleiter ein ca. dreistündiges Gespräch. [...] Vordergründiges Anliegen der P. bestand darin, von mir zu erfahren, ob sich für uns in irgendeiner Weise Nachteile abgezeichnet hätten aufgrund ihrer Inhaftierung in der ČSSR und eine Überprüfung erfolgt sei. Ich erklärte daraufhin, dass von mir diesbezüglich nichts festgestellt wurde.«

In den Westmedien war von einer Liberalisierung in der DDR zu lesen gewesen. Der VIII. Parteitag stand für eine gewisse Liberalisierung. Ostendorff notierte am 4. April 1972:

> »Sie deutete den Begriff Liberalisierung dahingehend, dass Voraussetzungen gegeben seien, auch eine Meinung zu offenbaren und zu publizieren, die mit der offiziellen, von Partei- und Staatsführung vorgegebenen nicht übereinstimmt. In diesem Zusammenhang wollte sie wissen, ob es bei uns hier Diskussionen gäbe, Diskussionen mit Intellektuellen, mit denen man in größerem Kreise diskutieren könnte. Sie meinte, man könne sicher in einem kleinen Kreis (3–4 Personen) sitzen und bis in die Nacht diskutieren. Dann würde man auseinandergehen, sich sagen, gut, so müsste man das machen.«

Auf den Protokollnotizen war von seinem Führungsoffizier in aller Eile handschriftlich ein Maßnahmeplan gegen mich entworfen worden. Er beinhaltete meine Überwachung und die Klärung meiner Kontakte. Hans-Jürgen Ostendorff wurde bestimmt, mein Vertrauen weiterhin zu suchen.

Das Protokoll klang nach einem Drehbuch einer von mir ausgehenden Aktivität. Dabei hatte mich die Tatsache, dass Hans-Jürgen mir nach dem mündlich und intern auch schriftlich verfügten Einreiseverbot in die DDR geraten hatte, die Einreise dennoch zu versuchen, misstrauisch gemacht.

Nach seinem nächsten Anruf bin ich nie wieder zu ihm gefahren. Dennoch sammelten sich in meiner Stasi-Akte weiterhin Auskunftsersuchen, Fahndungsersuchen, Feststellungsergebnisse, Einreisesperren. Bis weit in die Achtzigerjahre hinein.

Am 4. Juni 1975 erfolgte seitens der Staatssicherheit ein Vermerk über Hans-Jürgen Ostendorff. So »wurde in einem Gespräch am 2.6.75 betont, dass Plogstedt bisher nicht wieder in Erscheinung getreten ist. Auch auf eine postalische Anfrage nach dem Wohlergehen erfolgte keine Reaktion.« Laut Protokoll rechtfertigte sich Ostendorff, dass er doch nichts dafür könne, wenn ich nicht mehr käme.

Im Alter von nur 42 Jahren starb Hans-Jürgen Ostendorff. Das war am 26. November 1978.

In der Familie kursierte die folgende Version über sein Ende: Etwa drei Tage vor seinem Tod habe Hans-Jürgen eine Einladung von jemandem aus der sowjetischen Botschaft erhalten und auch angenommen. Aus dem Restaurant sei er angeheitert nach Hause zurückgekehrt. Weil Hans-Jürgen aber nie Alkohol trank, war die Familie verwundert. Drei Tage später starb er. Möglicherweise an Herzversagen. Inga, Hans-Jürgens Frau, rief bei der sowjetischen Botschaft an. Dort hieß es, aus der Botschaft habe sich niemand mit Hans-Jürgen getroffen.

Bei der Beerdigung von Hans-Jürgen Ostendorff war die Stasi präsent und beobachtete, wer dabei war. Dass zu dem traurigen Anlass keine Westverwandtschaft gekommen sei, verwunderte die Beobachter. Nicht einmal die Eltern hätten teilgenommen.

Selbst das Grab hat die Stasi weiter beobachtet. Denn der stille Abschied des Vaters am Grab seines Sohnes ist vierzehn Tage nach der Beerdigung noch registriert worden. Auch zwei weitere

Besuche des Vaters Georg Ostendorff bei Inga, der Witwe von Hans-Jürgen, wurden im Dezember 1979 und 1980 registriert.

Traurig ist, dass drei von vier Kindern von Hans-Jürgen versucht haben, aus der DDR zu fliehen und dabei zwei von ihnen festgenommen wurden und ins Gefängnis kamen. Eine Flucht gelang.

Hinzuzufügen ist, dass in den Prozessakten der tschechoslowakischen Stasi von Hans-Jürgen Ostendorff keine Rede ist. Auch über eine Kooperation zwischen der tschechoslowakischen Polizei und der DDR-Stasi sind bisher keine Dokumente gefunden worden. Ob es vielleicht gar keine Kooperation der Geheimdienste gab, fragte ich. »Das ist unwahrscheinlich«, schrieb mir Hanka Sabatová, die Ehefrau meines ehemaligen Partners Petr Uhl, »aber so etwas gibt es.«

Die Falle, die Hans-Jürgen mir im Auftrag der Staatssicherheit der DDR stellen sollte, habe ich gespürt und konnte ihr entkommen.

# Nachwort: Wofür es gut war

Natürlich begann alles – wie so oft – mit dem Thema Nationalsozialismus und dem Schweigen darüber in der Familie. Deshalb sollte das Buch ursprünglich »Familiengeheimnisse« heißen. Doch mal abgesehen davon, dass dieser Titel bereits inflationär vergeben worden ist und jeder auf die Sensation setzt, die dieser Titel verspricht, war mir beim Schreiben der Auftrag solch eines Titels zu reißerisch. Mir ging es um Offenheit und wenn möglich um Wahrheit. Um eine Erzählweise, die Entwicklungen und Zusammenhänge nachvollziehbar macht. Samt ihren Ausgelassungen, die verschwiegenen, meist aber erspürten Geheimnisse.

Den fürs Schreiben wichtigen letzten Anstoß setzte eine Psychotherapeutin. Er kam unerwartet und überraschend bei einer Einladung zum Abendessen. Wir kannten uns nicht. Meine Gastgeberin sagte mir auf den Kopf zu, das ich viel mehr wisse als alle anderen, über die sie und ihre ebenfalls eingeladene Kollegin gerade schrieben. Verdutzt ging ich nach Hause. Und wollte nur mal ausprobieren, ob da etwas daran war. Wollte einfach mal aufschreiben, was ich wusste. Mich dabei vielleicht auch etwas entlasten, von dem, was ich wusste.

Immer mal wieder hatte ich mich mit einzelnen Aspekten der Familie beschäftigt, die Puzzleteile aber nie zusammengefügt. Dabei hatte ich manch ein Geheimnis, das mich selbst und meine Herkunft umgab, aufgeklärt und in dem Buch *Niemandstochter* meinen Weg dahin beschrieben.

Beim Schreiben wurde mir klar, dass ich ein Leben lang nach der Wahrheit gesucht hatte. Und ich offenbar – wie die Psychotherapeutin gespürt haben musste – randvoll mit Wissen angefüllt war, das nur noch aus mir hinausfließen und aufs Papier gebracht werden wollte. Die einzige Barriere, die mich gehindert hatte, war meine eigene Überzeugung, dass ich gar nichts weiß, weil meine Mutter mir nichts erzählt hatte. Dieses Hindernis wurde in der Zufallsbegegnung weggeräumt. Als dann noch Corona kam, fand ich die Zeit zum Schreiben. In den ersten Wintern konnte ich sowieso nicht viel unternehmen.

Schreiben ist ein inneres Aufräumen. Ein Zusammenfügen, ein Mir-klar-Werden über Zusammenhänge. Ein Alles-noch-einmal-Durchfühlen. Es war wie ein Nachschlag zu meiner Familientherapie, die ich mir in den Neunzigerjahren in Bonn gönnte. Auch da habe ich autobiografisch geschrieben und im Durcharbeiten der Texte mir immer wieder neu begegnen können, und fühlen, was das Tabu Vaterlosigkeit und später die politische Haft in Prag mir an Kraft und an Entwicklungsmöglichkeiten genommen, dann aber auch gegeben hatten. Auch jetzt ging es mir darum, mich selbst zu orten und den familiären Hintergrund kennenzulernen.

Manche Entdeckung habe ich mit Freuden gemacht und vielen Menschen davon erzählt. Zum Beispiel von dem reichen und freudvollen Leben meiner großindustriellen Familie in Ostpreußen. Plötzlich fühlte ich so etwas wie Stolz auf meine Herkunft.

Manche Funde aber kamen unerwartet und haben mich umgetrieben. Sie waren mir unangenehm und ich musste einen Weg finden, sie zu erzählen. Sollte ich in NS-Sachen zur Anklägerin werden und alles bis ins Detail nachweisen? Oder die Verbrechen während des Krieges nur benennen? Ich habe mich für Klarheit ohne Anklage entschieden. Wichtig war für mich, auch Momente der Entlastung zu benennen. Manche Vorwürfe konnten entkräftet werden, ohne die Fakten unter den Teppich zu kehren.

Natürlich gab und gibt es auch Erinnerungen, die ich nicht klären konnte. Das Auf und Ab der Gefühle schickte mich manchmal auf eine Achterbahn. Und nicht immer gibt es in Archiven eine Aktennotiz, die zeigt, wie es wirklich gewesen ist. Wichtig ist mir geworden, die Ambivalenzen, die noch bestanden, so gelassen wie möglich auszuhalten.

Es gab Enttäuschungen über Menschen, über die ich nicht zum ersten Mal schreibe. Weglassen wäre für mich nicht denkbar gewesen. Auch die gehören zu meinem Leben. Auch manche Rückschläge sind Teil der Zeitgeschichte.

Wenn ich Freunde über ihre Eltern in der Nazizeit und von ihren Familiengeheimnissen sprechen hörte, hatte ich manchmal das Gefühl, dass meine Mutter oder mein Vater die Eltern der Freunde kannten. So gut passten die Geschichten zueinander. Manchmal lagen nur wenige Kilometer zwischen dem Ort, wo die Großeltern der Freunde lebten, und dem, wo meine Mutter arbeitete. Einmal fühlte ich diese Nähe, als die Freunde den einstigen deutschen Ortsnamen nannten. Hatte meine Mutter von dem nicht auch gesprochen? Offenbar konnte sie selbst bis zu ihrem Lebensende nicht fassen, wie dicht sie damals an den Kriegsverbrechen war. Und dass sie schwieg und ihr Wissen darüber nicht preisgab, hat mich immer wieder umgetrieben.

Trotzdem sah ich auch, dass der Krieg in der Familien katastrophale Folgen hinterlassen hatte. Der Verlust der Heimat, des Besitzes, der von Angehörigen waren ein großer Schmerz. Der Neubeginn nach 1945 war – vor allem für die Frauen – extrem belastend.

Als 68erin und eine die vorgezeichnete Bahnen verließ, haben mich die sogenannten Tunichtgute der Familie Anfang des 20. Jahrhunderts besonders beschäftigt. Dass sich aus ihnen eine Auswanderungsgeschichte ganzer Familiezweige entwickelte, war für mich unerwartet. Nie war nur eine Person betroffen, gegen die autoritäre Maßnahmen verhängt wurden. In meiner Familie sind mindestens drei Tunichtgute bekannt. Der dramatische Verlust von Heimat und Familie und der Neuanfang in unterschiedlichen Teilen der Welt hat mich auch bei ihnen berührt. Ich sah, wie schwer sie es und ihre Nachkommen hatten, bis sie nach ein oder zwei Generationen sozial und materiell wieder das Niveau ihrer Herkunftsfamilien erreichten. Dass die Nachkommen in Australien und in den USA emotional besonders stark an ihrer Herkunft hängen, ist verständlich. Ihnen war es besonders wichtig, ihre Geschichte in dem Buch zu wissen.

Freunde hatten gesagt, sie würden gern einmal lesen, wie ich zu der wurde, die ich geworden bin. Nachdem mir die Familie so viele Jahrzehnte lang gleichgültig war, musste ich meine Haltung zur ihr erst einmal ändern. Ich war verblüfft, als ich merkte, wie viel es zu entdecken gab. Die Abwehr, die aus meiner Angst als nicht eheliches Kindes entsprang, abgelehnt zu werden, hatte sich überholt. Vielleicht hat mich das Gefühl, nicht dazuzugehören, dazu gebracht, die Spur derjenigen aufzunehmen, die wirklich ausgeschlossen waren und – in der dritten Generation – bis heute darunter leiden.

Schreibend habe ich versucht, unser Wissen übereinander miteinander zu verbinden. Mir war es wichtig, alte Konflikte als solche ihrer jeweiligen Zeit einzuordnen und die Familie wieder zusammenzuführen. Herausgekommen sind so unterschiedliche Facetten unserer Familien, dass ich jede davon als Gewinn erlebe.

Die Freundschaft zu hiesigen Verwandten, auch das gemeinsame Reisen und die Unternehmungen mit ihnen, waren ein emotionaler Gewinn, den ich zusätzlich zu meinen Entdeckungen errungen habe. Dass ich das Wissen von so verschiedenen Teilen der Familie in diesem Buch zusammenfügen konnte, verdanke ich all denen, die über ihre Familie schon vor Jahrzehnten geschrieben und diese Erinnerungsschätze bewahrt haben. Ich möchte es weitergeben an die, denen Familie vielleicht noch nicht so viel bedeutet. Oder denen, für die die Bedeutung gerade abnimmt. Wenn auch sie sich einmal auf den Weg machen werden, finden sie vielleicht – ähnlich wie ich heute – Zufriedenheit.

# VIII. Quellen

In meinen autobiografischen Büchern habe ich über einige der in diesem Buch genannten Menschen bereits publiziert.

Sibylle Plogstedt: Niemandstochter. Auf der Suche nach dem Vater. Piper Verlag, München 1991.

Sibylle Plogstedt: Im Netz der Gedichte. Gefangen in Prag nach 1968. Ulrike Helmer Verlag, 2018. Erstveröffentlichung 2001, Ch. Links Verlag.

Bei der Erforschung der Geschichte unserer Familie Gentzen stütze ich mich auf Erzählungen.

Zu sprechen versucht habe ich natürlich immer wieder mit meiner Mutter Ilse Plogstedt. Mehr erfahren habe ich von meinen Tanten Eva Stelten (geb. Gentzen), Christa Gentzen und Irmingard Karger, also den beiden Ehefrauen meines Onkels Felix-Heiner Gentzen. Ferner gab es die Gespräche mit Ute Steinkopff, deren Familie mit meiner Mutter die Wohnung in Riga geteilt hatte. Hinzu kamen Gespräche mit Margarete Ostendorff und ihr Bericht über ihre Flucht aus Ostpreußen. Dietrich Ostendorff verdanke ich die Erlaubnis, die Geschichte über die Familie seines Vaters zu berichten. Weiter stütze ich mich auf Briefe, Mails und Erzählungen meines Bruders Prof. Dr. Christian Fenske und auf die Erzählung der Geschäftsführerin des Hotels Valdemars in Riga im Jahr 2014.

Über die Großfamilie Ruffmann, Ostendorff, Scholz und Gentzen stammen die Informationen weitgehend aus der Familienchronik Ruffmann, die von Arnulf Ruffmann zusammengestellt wurde. Viele Informationen finden sich im Datenpool der Großfamilie Ruffmann: https://datenpool.bvff.de/individual.php?pid=I2182&ged=Ruffmann. Auch die Szene über die Bekanntschaft von Kant und Green stammt von dem Theologen und Pädagogen Reinhold Bernhard Jachmann (1767–1843) und stammt aus der Ruffmann'schen Familienchronik. Von Marta Ruffmann stammt ein Bericht aus dem Dezember 1951 mit dem Titel: »Wohl dem, der seiner Väter gern gedenkt.«

Einige Reisen waren wichtig.

In den 1980er-Jahren war ich in Rastenburg. In den 1990er-Jahren suchte ich in Bydgość/Bromberg. 2010 war ich mit Sabine und Wolf Bensinger in Kaliningrad. Sabine organisiert seit einigen Jahren die Familientreffen. 2014 bin ich in Riga gewesen. 2018 waren wir gemeinsam mit neun Verwandten in Newcastle upon Tyne bei unseren englischen Verwandten Ruffman, die Mitte des 19. Jahrhunderts aus Ostpreußen ausgewandert sind.

Über den Bromberger Blutsonntag 1939 informierte ich mich u. a. über die Bundeszentrale für politische Bildung sowie:

Prof. Dr. P. A. Steininger (Hg.): Der Nürnberger Prozess. Aus den Protokollen, Dokumenten und Materialien des Prozesses gegen die Hauptkriegsverbrecher vor dem Internationalen Militärgerichtshof, ausgewählt und von Prof. Dr. P. A. Steiniger. Band 2, Berlin 1957, S. 171.

Felix-Heinrich Gentzen: Die Legende vom ›Bromberger Blutsonntag‹ und die 5. deutsche Kolonne in Polen, in: September 1939, Hrsg. Basil Spiru, Berlin (Ost) 1959, S. 41 ff.

Günter Schubert: Das Unternehmen ›Bromberger Blutsonntag‹ – Tod einer Legende. Bund Verlag, Köln 1989.

Über Lettland vor 1945 waren mir wichtig die Bücher von:

Purcy Gurwitz: Zähl nicht nur, was bitter war. Eine baltische Chronik von Juden und Deutschen. Verlag Neues Leben, Berlin 1991.

Bernhard Press: Judenmord in Lettland 1941–1945. Selbstverlag. Berlin 1988. [In der TAZ (26.6.1989) gab es dazu eine Besprechung.]

Weiter nutzte ich eine Broschüre des Hotels Valdemars in Riga (2014): The Treasure in Latvia. Clarion Collection. Hotel Valdemars.

Auf Wikipedia fand ich die Geschichte der Eigentümer der Wohnung in Riga: https://de.wikipedia.org/wiki/Jānis_Čakste, Stand 01.02.2021.

Um die Familie Wispler zu erkunden, waren mir Gespräche mit Anne Wispler und eine gemeinsame Reise nach Bad Münder wichtig. Weiter sprach ich mit Heide Cronjäger, Caroline Wispler und Maria Boelger, den Cousinen meiner Mutter und mit Eckart Boelger, Marias Sohn. Beim Familientreffen der ›Mitwispler‹ im Jahr 2023 in Bad Münder hat Renata Wispler viel über die Antroposophen berichtet. Sie ist die Witwe von Michael Wispler.

Der Roman von Leo Wispler *Spiel im Sommerwind* erschien erstmals 1938. Verfilmt wurde er 1939: Regie Roger von Norman. 83 Minuten. Mit Hannelore Schroth.
Den Anstoß zur Geschichte über *Karl Wispler* hat mir Anne Wispler gegeben. Die näheren Informationen verdanke ich Susan Wispler-Lyons.

Zur *Stuhlfabrik Wibro*:

Matthias Biester u. Klaus Vohn-Fortagne: Stühle und mehr. Heimatbund Niedersachsen e. V. (Hrsg.) Ortsgruppe Münder, 2000.

Lutz Wernicke: Gestern-heute-morgen. Heimatgeschichten. NEUE DEISTER ZEITUNG, 06.12.2003.

In der Chronik von Schloss Hamborn findet sich einiges über die Anthroposophen in unserer Familie: www.schloss-hamborn-chronik.de. Und auch über das Verbot durch die Nazis, Stand 13.02.2021.

Bei den Informationen über die Konflikte mit den NS-Behörden folgte ich Bodo von Plato und der Chronik von Hamborn. Dort gibt es ein Interview mit

Michael Wispler: Vieles – aber nicht alles war anders!, in: Schloß Hamborn: Erziehung zur Freiheit. 70 Jahre Waldorfpädagogik. 2017.

Über die Daniels gibt es innerhalb der Familie Aufzeichnungen über ihre Besuche in Bederkesa. Sie stammen von Lotte Daniel, einer Großnichte meiner Urgroßmutter. Sie wurden mir von Anne Wispler übermittelt. Marlene Brennan erzählte weiter und gab mir die Erlaubnis, die Berichte zu zitieren.

Über Königsberg/Kaliningrad:

Andreas Conrad in: Der Tagesspiegel, 10.12.2018. Stand: 20.03.2021.

Isabel Denny: The Fall of Hitler's Fortress City. The Battle for Konigsberg 1945. London 2007.

Fritz Gause: Königsberg, so wie es war. Droste, Düsseldorf 1972.

Fritz Gause: Geschichte der Stadt Königsberg. 2 Bde. Köln 1968.

100 Jahre Union-Giesserei, Königsberg Pr., 1828–1928.

https: //kreis-gumbinnen.de/historie/grosse-pest/ Stand: 15.02.2022.

Lexikon der Stadt Königsberg, Leer 1988.

Karl Schlögel: Promenade in Jalta und andere Städtebilder. Königsberg – Hannah Arendts Stadt, Fischer, Frankfurt 2003.

Karl Schlögel: Marjampole. Oder: Europas Wiederkehr aus dem Geist der Städte. Fischer, Frankfurt a. M. 2009.

Andreas Conrad in: Der Tagesspiegel, 10.12.2018. Stand: 20.3.2021.

Michael Thumann schrieb über Kaliningrad im Jahr 2024 und die neue Rolle von Kant. Zeit, 3.1.2024.

Über die Radoks:

Rainer Radok: Von Königsberg nach Melbourne. Vertreibung aus Ostpreußen im Dritten Reich, Hrsg. Ronny Kabus. Lüneburg 1998.

Rainer Radok: Dorf jenseits des Traums. Neubeginn in Thailand. Frieling Verlag, Berlin 2000.

Ferner gibt es ein Tagebuch von Rainer Radok im jüdischen Museum von Australien.

Werner Ostendorffs Lebensdaten finden sich im Bergischen Datenpool.

Andreas Schulz, Günter Wegmann, Dieter Zinke: Die Generale der Waffen-SS und der Polizei, Lammerding-Plesch, Biblio Verlag 2003.

Wikipedia- und Wikiwand-Einträge über die Kriegsverbrechen in Russland, in der Ukraine und in Frankreich zwischen 1939 und 1945.

Über die Gentzens in Mecklenburg:

Albert Burkhardt: Mitten in Mecklenburg – Wanderungen im Lande Fritz Reuters. Brockhaus Verlag, Leipzig 1983 .

Über die Prillwitzer Idole:

Bazon Brock Ausstellungskatalog Daniel Spoerri: Prillwitzer Idole. Kunst nach Kunst nach Kunst. 2006.

Adam von Bremen: Bischofsgeschichte der Hamburger Kirche, in: Quellen des 9. und 11. Jahrhunderts zur Geschichte der Hamburgischen Kirche und des Reiches. Neu übertragen von Werner Trillmich. Wissenschaftliche Buchgesellschaft, Darmstadt 1973.

Karl Theodor Gaedertz: Ungedruckte Dichtungen und Briefe Fritz Reuters, in: Nord und Süd 52 (1890), S. 329, vgl.

Frank Herold in: DER TAGESSPIEGEL 05.12.2018. Stand: 18.03.2021.

Thietmar von Merseburg: Chronik. Neu übertragen und erläutert von Werner Trillmich. 9. Auflage 2011, Wissenschaftliche Buchgesellschaft, Darmstadt, VI, 23-25.

Daniel Spoerri: Von den Fallenbildern zu den Prillwitzer Idolen. Kerber Art. Museen der Stadt Aschaffenburg. O. J.

https://de.wikipedia.org/wiki/Johann_Friedrich_Gentzen, Stand 25.04.2021.

https://www.spiegel.de/wissenschaft/mensch/tollense-archaeologen-raetseln-ueber-2700-jahre-alte-bronze-statue-a-328c8fde-da6c-42c4-92ee-79a869c1a31f, Stand 17.02.2022.

Dietmar Wetzel: Gab es das sagenhafte Rethra wirklich? Eine fragmentarische Untersuchung zur These: Das Zentralheiligtum der slawischen Stämme lag nordöstlich von Dargun. Grin Verlag, 2015.

Recherchen des Genealogen Karl-Heinz Steinbruch.

Über den Mathematiker Gerhard Gentzen:

Eckart Menzler-Trott: Gentzens Problem. Mathematische Logik im nationalsozialistischen Deutschland. Springer. Basel AG, 2001. [Enthalten ist darin auch der Brief eines Mitgefangenen an Gerhard Gentzen.]

Dietmar Dath: Gentzen oder Betrunken aufräumen. Kalkülroman. Matthes & Seitz, Berlin 2021.

Hinzu kamen Besuche in Archiven wie dem Berliner Stadtarchiv, dem Landesarchiv Niedersachsen, dem Bundesarchiv, der Stasiunterlagenbehörde und dem lettischen Nationalarchiv sowie Anfragen in kirchlichen Archiven in Schwerin, dem Archiv in Neustrelitz und Recherchen der von mir beauftragten Genealogen Karl-Heinz Steinbruch und Martin Sohn. Und natürlich immer mal wieder ein Nachschlagen in Wikipedia.

# Verwandtenregister

Blickwedel, Stephan Rudolf (1857-1936 ) Leer, Anwalt, verheiratet mit Emilie Frederike Hermine Thiele, Vater von Anne Catherine Deodora Sophie Blickwedel.

Blickwedel, Anne Catherine Deodora Sophie (1889-1979) Bederkesa und. Brisbane. Verh. mit Ernst Wilhelm Heinrich Daniel. Mutter von Lotte Daniel und Großmutter von Marlene Brennan.

Blickwedel, Margarete Philippine Karola (1883-?) Genannt Tante Grete. Soltau, Uelzen, Schwiebus, Bremen, verh. mit Heinrich August Adolf Daniel, Tante von Lotte.

Blickwedel, Wilhelmine Elisabeth, gen. Tante Liese, (1898-1978), Einbeck, Schlesien, Bremen, Schwester von Anne Blickwedel/Daniel, verh. mit Erhard Tummler, Tante von Johann Friedrich Carl, Liselotte und Ernst Daniel.

Boelger, Ewald (1928-2020) Castrop-Rauxel, Borchen, verh. mit Maria Wispler. Sohn Eckhart (1956).

Daniel, Carla Luise, genannt Lulu, (1898-1934), Tochter von Johann Friedrich Daniel, Schwester von Tilly, Johann Friedrich Carl, Gustav und Ernst.

Daniel, Ernst Wilhelm Heinrich (1888-1934), Bederkesa und Jambin/Queensland/Australien, Landwirt und Kaufmann, Goodna/Brisbane (Australien), verh. mit Anne Catherine Deodora Sophie Blickwedel, Sohn von Johann Friedrich Karl Daniel, Bruder von Lulu, Tilly, Johann Friedrich Carl und Gustav, Vater von Johann Friedrich Carl, Liselotte und Ernst.

Daniel, Ernst, genannt Ernie (1918- 2015) Bremerhafen, Bederkesa, Jambin, Mount Isa u. Rosewood/Queensland/Australien, Landwirt und Minenarbeiter, verh. mit Evelyn Brookes. Sohn von Ernst Wilhelm Heinrich Daniel, Bruder von Johann Friedrich Carl, Lotte. Vater von Marlene Brennan und Helen.

Daniel, Fanny Frieda Mathilde (1912-2012) Bederkesa, Tochter von Gustav Franz Martin Daniel, verh. mit Ernst Ludwig Kammann, Schwester von Margeretha Franziska Daniel.

Daniel, Gustav Franz Martin (1880-1927), Bederkesa, New York, verh. mit Marie Elisabeth Heidtmann, Sohn von Johann Friedrich Karl Daniel, Bruder von Lulu, Tilly Johann Friedrich, Carl und Ernst, Vater von Fanny und Margeretha Franziska.

Daniel, Johann Friedrich Karl (1822-1891), Bederkesa, Kaufmann, verh. mit Antoinette Maria Grave. Ururgroßvater von Marlene Brennan.

Daniel, Johann Friedrich Karl (1852-1916) Bederkesa, Kaufmann, verh. mit Franziska Friederike Elisabeth Gode, Bruder von Marie Antoinette Daniel, Vater von Lulu, Tilly, Johann Friedrich, Gustav und Ernst, Ururgroßvater von Marlene Brennan und von Sibylle Plogstedt.

Daniel, Johann Friedrich Karl (1880-1953), Sohn von Johann Friedrich Karl Daniel, Bederkesa und New York, Seeoffizier, Bruder von Lulu, Tilly Gustav und Ernst Daniel.

Daniel, Johann Friedrich Carl (1916-1993), Leer, Jambin und Brisbane, Landwirt und Minenarbeiter, verh. mit Hildegard Eva Schmid, genannt Hilde, Inhaberin eines Ladens, Schneiderin und Hutmacherin.

Daniel, Liselotte ‚genannt Lotte (1917-2008), Bederkesa und Brisbane. Besitzerin eines Cafés und eines kleinen Kaufhauses. Verh. mit Theodor Walter Steffen. Tante von Marlene Brennan.

Daniel, Helen Evelyn (1951), Biloela/Queensland und Mount Isa (Australien), Landwirtin, Verh. mit Terrance Thomas McHugh, Tochter von Ernst Daniel und Schwester von Marlene Brennan.

Daniel, Margaretha Franziska, genannt Grete (1912-2001) Bederkesa und Bad Oldesloe, verh. m. Otto Carl Heinrich Rodenburg, Tochter von Gustav Franz Martin Daniel.

Daniel, Marie Antoinette (1855-1938), Bederkesa, Münder. Verheiratet mit Heinrich Christian Wispler. Urgroßmutter von Sibylle Plogstedt.

Daniel, Marlene Ruth (1949), Biloela/Queensland und Brisbane, Landwirtin, Vermieterin. Verh.1. mit James Eugencia Henry Logan und 2. mit Geoffrey Richard Brennan, Tochter von Ernst Daniel, Nichte von Lotte Daniel, Ahnenforscherin der Familie Daniel.

Fenske, Christian, (1939) Prof. für Mathematik, Halbbruder von Sibylle Plogstedt.

Fenske, Walter (1908-1969) Berlin, Potsdam, Riga, Bremen. Beamter in Finanzbehörden, Vater von Christian und Joachim Fenske (1941) und Sibylle Plogstedt (1945).

Gentzen, Barbara Elisabeth (1948), Halle/Saale, Leipzig, Bokholt, Pädagogin. Geschied. Lohse.

Gentzen, Carl Friedrich (1813-1867), Altentreptow a.d. Tollense, Färbermeister.

Gentzen, Christian Friedrich (1709-1801), Treptow, Riemenmeister, verh. mit Maria Elisabeth Schwartze. Vater von Joachim Friedrich Gentzen.

Gentzen, Christian Friedrich (1773-1823), Torgelow a.d.Tollense und Treptow, Rektor und Frühprediger, Pastor in Torgelow, verh. mit Karoline Berta Charlotte Hasselbach, Vater von Gustav Friedrich Wilhelm Gentzen.

Gentzen, Dietrich Meinhard (1938) Königsberg, Walsrode, Dr. med. Kinderarzt, verh. mit Gertrud Herma Krause.

Gentzen, Dorothea, (1952). Leipzig, Hamburg, Lauenburg, Plauen. Kinesiologin. Verh. Machon. Tochter von Felix-Heinrich Gentzen. Cousine von Sibylle Plogstedt.

Gentzen, Eva, (1916 -1995) Berlin und Bergisch Gladbach, Verheiratet mit Willy Stelten. Kinder Anita und Horst-Wilhelm. Tante von Sibylle Plogstedt .

Gentzen, Felix Gustav Adolf, (1850-1900) Königsberg, Dr. med, verh. mit Anna Sandmann. Urgroßvater von Sibylle Plogstedt.

Gentzen, Felix Gerd Karl Georg, (1883-1950) Dr. ing., Königsberg, Berlin. Architekt, Ehemann von Sophie (Fifi) Gentzen, Großvater von Sibylle Plogstedt.

Gentzen, Felix Heinrich (Felix Heiner), (1914 – 1969), Dr. phil, Leipzig, Historiker, Prof. für polnische Geschichte, Sohn von Felix und Sophie Gentzen, 1. Ehe Imgard Lübs, 2. Ehe Christa Wagner, Onkel von Sibylle Plogstedt.

Gentzen, Gerhard Carl Erich, (1909-1945) Dr. phil., Göttingen und Prag, Mathematiker. Verhungerte im Gefängnis in Prag. Arbeitete in Göttingen für David Hilbert.

Gentzen, Gerhard, (1944-2023), Stuttgart, Diplom Ingenieur, Ahnenforscher der Familie Gentzen.

Gentzen, Gertrude Leopoldine Amanda, (1882 – 1937), Königsberg, verh. mit Gottfried Ostendorff.

Gentzen, Gustav (1908-1988), Nienburg/Weser, Dr. med. Arzt. Verh. mit Brunhild Häuer, Sohn von Gustav Adolf Max Gentzen.

Gentzen, Gustav Adolf Max, (1880-1950), Königsberg u. Lübeck, Dr. med, Arzt und Landrat. Verh. mit Charlotte Ehlers, Bruder von Felix Gentzen, dem Großvater von Sibylle Plogstedt.

Gentzen, Gustav Friedrich (1816-1876), Torgelow und Königsberg, Gutsbesitzer, verh. mit Amanda Louise Karoline Evert, Ururgroßvater von Sibylle Plogstedt.

Gentzen, Ilse, (1913-2001), Rastenburg und Berlin, Sekretärin und Kauffrau. Verh. mit Ernst Plogstedt, Berlin, Mutter von Sibylle Plogstedt.

Gentzen, Irmingard geb. Lübs (1914-2011) Hannover, Bonn, Brühl, 1. Ehefrau von Felix Heiner Gentzen. 2. Ehe: Karger, Tante von Sibylle Plogstedt, Mutter von Heiner Gentzen-Lübs.

Gentzen, Johann Friedrich Gustav (1776-1871) Friedland und Neustrelitz, Archäologe und Archivar beim Großherzog Mecklenburg-Strelitz.

Gentzen, Joachim Friedrich, (1740-1826) Brauer, Altentreptow a.d. Tollense.

Gentzen, Joachim Friedrich, (1777-1845) Bäckermeister und Ratsmann, Altentreptow a.d. Tollense.

Gentzen, Marie (1888-1953) Königsberg u. Berlin, Tochter von Anna Gertrud Sandmann und Felix Günter Adolf Gentzen, verh. mit Benno Frank, Schwester von Felix Gentzen

Gentzen, Sibylle (1945) Geburtsname von Sibylle Plogstedt vor der Adoption.

Heumann, Fritz (1835-1905) Schwiegersohn von L.Steinfurt, ab 1886 Alleininhaber der Waggonfabrik L.Steinfurt.

Hilbert, David (1862-1943) Königsberg und Göttingen, Prof. für Mathematik, Schwiegersohn von Julie Anna Caroline Ruffmann. Verh. mit Katharina Jerosch. Gerhard Gentzen hat für ihn gearbeitet.

Ostendorff, Artur (1908-1980) Insterburg, Doberan und Hambühren, Dr. med. Arzt, verh. 1. Ursula Lewek (gest. 1945 – nahm sich und vier Kindern das Leben), 2. Annelotte Skrodizki, 3. Marga Liesegang. Vater von Dietrich Ostendorff.

Ostendorff Arthur (1850-1891) Sohn von Gottfried Ostendorff, Vorstand Union Gießerei.

Ostendorff, Dietrich (1946) Rostock und Bremen. Sohn von Dietrich Ostendorff. Verh. mit Edith.

Ostendorff, Georg (1909 -1995), Lyck und Kiel, Oberlandesgerichtspräsident.

Ostendorff, Georg (1910-1946?), Landrichter in Kiel, verschollen in russ. Kriegsgefangenschaft.

Ostendorff, Gottfried, (1880-1946), Dr. Jur, Königsberg, Landgerichtspräsident, verheiratet mit Gertrude Leopoldine Amanda Gentzen.

Ostendorff, Johann Gottfried Diederich Wilhelm (1812-1876) Weddinghofen, Königsberg, Neuhäuser, Klempner und Kenner des engl. Lokomotivbaus, verh. 1. mit Berta Schnell, 2. Charlotte Negenborn, ab 1845 Leiter der Union-Gießerei.

Ostendorff, Hans-Jürgen (1936-1978), Allenstein und Berlin, Journalist, verh. mit Inga Kratzmann.

Ostendorff, Margarete (1917-2010), Königsberg Bremen, Arbeitsdienstleiterin und Bibliothekarin, Cousine von Ilse Gentzen/Plogstedt.

Ostendorff, Walter (1918-1989) Königsberg und Bremen, Geschäftsführer, verh. mit Erika Schulze, Cousin von Ilse Gentzen/Plogstedt.

Ostendorff, Werner Gottfried Richard (1903-1945) Königsberg, SS General. Sohn des Regierungspräsidenten in Ostpreußen Ernst Ostendorff und seiner Frau Frida Helene Gerlach.

Plogstedt, Ernst (1920-1997) Berlin. Stiefvater von Sibylle Plogstedt.

Plogstedt, Sibylle (1945), Berlin, Bonn, Dannenberg, Dr. phil., Soziologin und Journalistin, Tochter von Ilse Gentzen und Walter Fenske. Adoptiert von Ernst Plogstedt.

Ruffman, Alastair (1962) Newcastle upon Tyne, Großbritannien.

Ruffman, Bruce Barrington (1950), Gosforth/Newcastle upon Tyne, Reisebüro, Großbritannien.

Ruffman, Chrystobel Jane (1947), Gosforth/Newcastle upon Tyne, Arzthelferin, Großbritannien.

Ruffman, (Namensänderung von Ruffmann) Louis C. (1880-1961) Newcastle upon Tyne,verh. Gertrude Fair (Gertie) Brigham, (1880-1971), Großvater von Alastair, Bruce, Jane, Tessa, William.

Ruffman, William Fleet (1953) Newcastle upon Tyne, Manager und Internetfirma, Großbritannien.

Ruffman, Tessa (1951), Gosforth/Newcastle upon Tyne und Australien, Krankenschwester und Farmerin, Großbritannien/Australien.

Ruffmann, Arnulf (1927-2021), Königsberg, Andreashof, Engelskirchen, Zimmermann, Ahnenforscher der Familie Ruffmann, Vater von Eckehard Ruffmann. (Er macht derzeit die Stammbaumarbeit.)

Ruffmann, Ida Marie Natalie (1844-1928), leitete den Haushalt von Julius Ruffmann nach dem Tod seiner Frau Margarete.

Ruffmann, Julius Carl (1809-1869), Pillau und Königsberg, Geh. Rat, Stadtgerichtsdirektor, verh. mit Marie Henriette Schnell (1818-1897), Vater von Julius Richard, Ida Marie Natalie (1844-1928).

Ruffmann, Julius Richard (1850-1932) Mohringen u. Königsberg, Zimmermann verh. mit Margarete Sandmann. Inhaber der Fa. Sandmann, Schwiegersohn von Rudolf Sandmann.

Ruffmann, Kai (1950), Hamburg und Baden Baden. Arzt, Dr. med., Sohn von Klaus Ruffmann und Isabel Maria Susana Altgeld.

Ruffmann, Marta (1884-1964) Königsberg und Hamburg, Tochter von Julius Richard Ruffmann und Margarete Sandmann.

Ruffmann, Vivian (1950) Essen, Pädagogin, Tochter von Klaus Ruffmann und Isabel Maria Susana Altgeld.

Ruffmann, Wilhelm Ludwig (1737 -1794), Bankdirektor, Pillau und Königsberg.

Sandmann, Anna Gertrud (1857-1941), Königsberg, verh. mit Felix Gustav Adolf Gentzen, Urgroßmutter von Sibylle Plogstedt.

Sandmann, Carl-Rudolf (1825-1880), Königsberg, Baugeschäft, Zimmermeister und Zivilingenieur. Verh. mit Amalie Leopoldine Steinfurt.

Sandmann, Emilie Amalie Margarete (1854-1891) Königsberg, Anteilseignerin der Fa. Steinfurt, verh. mit Gustav Julius Richard Ruffmann, Mutter von Marta Ruffmann.

Schäfer, Ernst Heinrich Martin (1859-1937), Korbach, Hamburg. Ehemann von Frieda Wispler.

Schäfer, Ernst Wolfgang (1908-1982), Hamburg, verh. Clara Clara, Westermann. Sohn von Frieda Wispler.

Schnell, Berta (1823-1863), Königsberg, erste Frau von Johann Gottfried Diederich Wilhelm Ostendorff.

Schnell, Gustav (1793-1864) Königsberg, Geh. Kommerzienrat. Verh. mit Friederike Dultz.

Schnell, Marie (1818-1897) Königsberg, Verh. mit Julius Carl Ruffmann

Scholz, Sabine (1948) Walsrode, Peru, Hamburg, verh. mit Wolf Hermann Bensinger.

Scholz, Wolfgang (1906 – 2002) Königsberg u. Hamburg, Dr. med, Internist, verh. mit Edith Marta Bolle, Vater von Sabine Scholz.

Steinfurt, Amalie Leopoldine, (1832-1907) Ehefrau von Carl Rudolf Sandmann.

Steinfurt, Benjamin Leopold (1804-1864) Bremen und Königsberg, Maschinenbauer, Begründer der Fa. L. Steinfurt, verh. mit Erdmuthe Amalie Wulff, Sohn von Johann Heinrich Leopold.

Steinfurt, Berta (1837-?), Schwester von Amalie Leopoldine Steinfurt.

Steinfurt, Johann Heinrich (1780 - 1851) Bremen und Königsberg, Klempnermeister, verh. mit Maria Dorothea Kollhoff geb. Haberkorn.

Tippel, Maria Bettina (1941-2019), Berlin, medizinische Laborantin, verh. mit Karsten Wispler.

Wagner, Christa, (1920-2013), Leipzig, Ehefrau von Felix Heinrich Gentzen.

Wispler, Almut (1922-2002), Hamborn, antroposophische Lehrerin, Tochter von Kurt und Lise Wispler. Cousine von Ilse Gentzen/Plogstedt.

Wispler, Anna Caroline (1910-2001) Jersey City u. Albertson, USA, verh. mit Robert James Putland, Tochter von Carl Wispler.

Wispler, Anne (1961), Berlin, Journalistin, Tochter von Karsten Wispler.

Wispler, Carl (1879-1928), Bad Münder, New York, Färber und Schnitzer, Ehefrau Anna Margarethe Möller, Großeltern von Susan Wispler Lyons, Großonkel von Sibylle Plogstedt.

Wispler, Charles Henry (1913-1983), Jersey City u. Floral Park USA, Rollschuhakrobat im Team mit seiner Frau Helen. Sohn von Carl Wispler, Vater von Susan Wispler Lyons, Cousin von Ilse Gentzen/Plogstedt.

Wispler, Frauke Caroline (1942) Detmold, Stuttgart, Herausgeberin von Werken von Rudolf Steiner, Tochter von Kurt und Lise Wispler, Cousine von Ilse Gentzen/Plogstedt.

Wispler, Friederike, gen. Frieda (1880-1955), Hamburg. Verheiratet mit Ernst Schäfer.

Wispler Hans (1881-1965), Münder, Hannover, Dr., Architekt und Heimatmaler.

Wispler, Heide Anna Caroline (1924-2008) Bochum, stud. Architektin, verheiratet mit Ludolf Cronjäger, Tochter von Leo Wispler, Schwester von Karsten Wispler, Cousine von Ilse Gentzen/Plogstedt.

Wispler, Heinrich Christian (1852-1914), Münder, Fabrikbesitzer. Verheiratet mit Marie Antoinette Daniel. Vater von Sophie Wispler und Geschwistern. Urgroßvater von Sibylle Plogstedt.

Wispler, Henny Mathilde Adeline Sofie (1877 -?), Hannover, verh. mit August Louis Julius Lange, Kaffeefirma, Schwester von Sophie Gentzen.

Wispler, Karl (1878-1878) Münder, als Kind verstorben, Bruder von Sophie Gentzen.

Wispler, Karsten Johann Wolfgang (1933 - 2013), Berlin, Architekt, 1. Ehe Renate Griesebach, 2. Ehe Bettina Tippel-Wispler, Vater von Anne Wispler, Cousin von Ilse Gentzen/Plogstedt.

Wispler, Kurt (1892-1970) Hamburg, Detmold, Hamborn, verh. mit Lise Menzel, Bruder von Sophie Gentzen, Großonkel von Sibylle Plogstedt.

Wispler, Leo (1890-1958), Münder, Hamburg, Baurat, Architekt und Schriftsteller. Verheiratet mir Wilhelmine Amalie Berta Margarete Pellens. Vater von Karsten, Heide und Eicke Wispler, Bruder von Sophie Gentzen, Großonkel von Sibylle Plogstedt.

Wispler, Michael (1940-2020), Detmold, Hamborn, Sohn von Kurt und Lise Wispler.

Wispler, Maria (1925-2021), Hamborn Borchen. antroposophische Musikerin, Flötistin, verheiratet mit Ewald Bölger, Cousine von Ilse Gentzen/Plogstedt.

Wispler Renata, geb. Findeisen (1946), Hamborn, antroposophische Ärztin, Ehefrau von Michael Wispler.

Wispler, Sophie (1888-1959), Münder u. Berlin, Ehefrau von Felix Gentzen, Großmutter von Sibylle Plogstedt.

Wispler Lyons, Susan Elaine (1947), Long Island und Florida/USA, verh. mit Josef Robert Lyons, Tochter von Charles Henry Wispler.

# Mein Dank

... geht an alle, die mich bei meiner Arbeit unterstützt haben. Vor allem an:

Marlis Adjanor, Sabine und Wolf Bensinger, Marlene Brennan, Lydia Düsterbeck, Prof. Christian Fenske, Susanne von Imhoff, Ebi Naumann, Dietrich und Edith Ostendorff, Gabriele Teckentrup, Prof. Barbara Tietze, Dr. Cora Titz, Anne Wispler, Caroline Wispler, Susan Wispler-Lyons, Sabine Zurmühl.

Dank auch an alle, die mir während meiner Entdeckungen zugehört haben.

SIBYLLE PLOGSTEDT ist 1945 in Berlin geboren, absolvierte ein Studium der Sozialwissenschaften in Berlin. Sie war Mitglied des Sozialistischen Studentenbundes und während des Prager Frühlings in der Opposition gegen den Einmarsch der Truppen des Warschauer Pakts aktiv. 1969 geriet sie in Prag in politische Haft. 1976 war sie Mitgründerin der Berliner Frauenzeitung COURAGE. Von 1986 bis 1989 war sie Redakteurin des VORWÄRTS in Bonn, danach freie Journalistin für verschiedene Fernseh-, Hörfunk- und Internetredaktionen. Sibylle Plogstedt lebt als freie Autorin im Wendland.

## WEITERE PUBLIKATIONEN VON SIBYLLE PLOGSTEDT BEI HELMER:

»Im Netz der Gedichte. Gefangen in Prag nach 1968«
Paperback, 198 S., ISBN 978-3-89741-416-7

»Erbenstreit. 25 Familienfälle«
Paperback, 288 S., ISBN 978-3-89741-414-3

»Frauenbetriebe. Vom Kollektiv zur Einzelunternehmerin«
Paperback, 232 S., ISBN 978-3-89741-196-8